Wiebke Lübbers studierte Pädagogik und Anglistik in Berlin und Flensburg. In der unterrichtsfreien Zeit arbeitete sie fast ein Jahrzehnt lang ehrenamtlich als Campleader in internationalen Workcamps in Deutschland und Israel des *Aufbauwerks der Jugend* (heute *prointernational e. V.*). Sie war 22 Jahren Schulrektorin und lebt heute in der Nähe von Hannover. Sie ist mit einem Rechtsanwalt verheiratet und hat drei erwachsene Kinder. Von ihr liegen bereits die historischen Romane *»Fra Moriale«* (2006), *»Carmagnola«* (2008), *»Gattamelata«* (2008) und *»Colleoni«* (2010) bei Buch&media vor.

Wiebke Lübbers

Colleoni

Teil 2:

Der Triorchid

oder

Vetternwirtschaft

buch & media

Weitere Informationen über den Verlag und sein Programm unter
www.buchmedia.de

Juli 2014

Herstellung: Buch&media GmbH, München
Umschlaggestaltung: Kay Fretwurst, Freienbrink
Lektorat: Frauke Link
Printed in Europe
978-3-95780-011-4

»Dreifach
hatte er im
unbesiegten Schild
das fleischliche Zeichen
der männlichen
Macht.«

Gabrièle d'Annunzio 1904

Inhalt

KAPITEL 4
ZYPERN / ENDE MAI 2002

KAPITEL 5
ISRAEL / ENDE MAI 2002

… alias Bartolomeo Colleoni

(Prolog)

A*lle im Dorf nannten ihn nur* Colleoni. *In der Schule stellte der Lehrer erst anhand seiner Listen fest, dass* Colleoni *sowohl einen Vornamen als auch einen völlig anderen Nachnamen besaß. Aber der Name* Colleoni *blieb trotzdem und er ein Gefangener dieses Namens.*

Der Stiefvater, ein in der Anarchistenbewegung groß gewordener, wortkarger und kompromissloser Mann, ließ seine Mutter nie vergessen, dass er sie trotz ihres unehelichen Sohnes geheiratet und ihm durch Adoption seinen Namen gegeben hatte.

Sein Stiefvater schleppte ihn trotz des Protestes seiner Mutter schon als Dreijährigen zu allen Anarchistenkongressen, von denen der erste weit vor seiner Geburt, ziemlich bald nach dem letzten großen Krieg, in Carrara stattgefunden hatte, und der Keim des Revolutionärs entfaltete sich und wuchs früh in ihm. Seine uneheliche Geburt hatte ihn in dieser kleinen Dorfgemeinschaft zum Außenseiter gestempelt, und dieser Rolle entkam er bis zu seinem Tode nicht, auch wenn er sich äußerlich mehr als angepasst verhielt.

Bis zu seinem vierzehnten Lebensjahr hatte er den Namen Colleoni *als Schimpfnamen empfunden. Als sein Vater durch einen Unfall starb, geriet* Colleoni *an einen Lehrer, der ihn von da ab stark beeinflusste. Auf der einen Seite bekannte er sich auch zu anarchistischen Gesellschaftsstrukturen, auf der anderen übertrug er seine Begeisterung für die Seeschlachten des zweiten Großen Krieges auf den pubertierenden Jüngling.*

Zu diesem Zeitpunkt lüftete seine Mutter auch das Geheimnis seiner Geburt. Sein Vater war Bootsmann auf dem Leichten Kreuzer Bartolomeo Colleoni *gewesen, seinen wirklichen Namen hatte sie nie erfahren; er erzählte unglaublich spannend und mit einem Leuchten in den Augen, dem keine Frau widerstehen konnte, von seinem Leben auf und dem Untergang mit der* Bartolomeo Colleoni. *Aber er war ein Seemann, wie so viele andere mit einer Braut in jedem Hafen, wie sie zu spät erfahren hatte. Seine Eloquenz vererbte er seinem Sohn nicht, dafür aber seine Kleinwüchsigkeit.*

Fortan identifizierte Colleoni *sich mit diesem Namen, und seine Entwicklung hätte noch eine durchaus positive Richtung nehmen können, wenn dieser bewunderte Lehrer nicht so früh gestorben wäre.*

Colleoni *trat freiwillig in die Marine ein und eiferte seinem leiblichen Vater nach, aber bald sollte er merken, dass er mit seiner geringen Schulbildung keine großen Aufstiegschancen besaß und wie sein Erzeuger sein Leben lang ein kleiner Bootsmann bleiben würde. Dass es noch einen anderen großen Mann des Namens* Colleoni *gab – den eigentlichen Namensgeber für den Leichten Kreuzer – blieb ihm verborgen; und die Renaissancezeiten, in denen Leistung als alleinige Karrierevoraussetzung genügte, gehörten seit Langem der Vergangenheit an.*

Verbissen arbeitete er nächtelang daran, die Berechtigung für ein Universitätsstudium zu erwerben, und als er sie schließlich bekam, machte er sich an der Universität einen Namen als kompromissloser Anhänger radikaler Ideen, obgleich die große Zeit der brigate rosse *längst vorbei war.*

Trotzdem gründete er mit Gleichgesinnten am 20. Januar 1980 die Anarchistische Front zur Befreiung des italienischen Volkes vom eigenen Imperialismus, *kurz* XX. Gennaio *genannt, und arbeitete sich in jahrelangem Bemühen zäh als* IL Primo *an dessen Spitze. Ein Studienkollege und Mitbegründer war Abu Samur, der dieses Gedankengut und den Namen des* XX. Gennaio *in seine palästinensische Heimat mitnahm und es dort aussäte.*

Unter seinem im Geburtsregister eingetragenen Namen machte Colleoni *ein Prädikatsexamen und baute sich eine bürgerliche Existenz auf, er kletterte die Karriereleiter langsam und stetig hoch, begleitet von eiserner Disziplin und guten anarchistischen und terroristischen Beziehungen.*

Seinen Traum, ein Platz unter Parlamentariern, meinte er wegen seiner Herkunft und fehlender Geldressourcen nicht verwirklichen zu können, und es fraß an ihm, dass es immer jemanden gab, der besser, beliebter, sprachgewandter, intelligenter oder reicher war als er.

So wandte er sich einer dritten, profitorientierten Karriereschie-

ne zu, er wurde Mitglied eines toskanischen Drogensyndikats mit guten Verbindungen zu den Tre Condottieri *im Veneto, und als dieses seine drei Führer innerhalb eines Jahres verlor, stieg er als* Colleoni *in das höchste Führungsgremium auf, aus dem* Tre-Condottieri-*Syndikat wurde das* Colleoni-*Syndikat, dessen administratives Organ die* Serenissima *war.*

Sie wurde geführt von Angela, der Witwe Erasmo Saccardos, der erst ein erfolgreiches Doppelleben als Drogenboss Carmagnola *und als erfolgreicher Rechtsanwalt geführt hatte, bis er – wie sein historisches Vorbild – als Verräter hingerichtet wurde.*

Nun waren Angela und Colleoni in einer Schicksalsgemeinschaft gefangen, und der gemeinsame Hass auf den marchese *kettete sie aneinander; sein Untergang war ihnen beiden zur Obsession geworden.*

Schade nur, dass der XX. Gennaio *wie Schnee in der Sonne dahingeschmolzen war. Seit der palästinensische Zweig abtrünnig geworden war, fehlte dem* Colleoni-*Syndikat die preiswerte Lieferquelle von Kokain und Heroin. Zwar gab es noch genug Vorrat für die nächste Zeit, und das Hauptquartier, wo es lagerte, war hundertpro sicher vor jedweder Entdeckung, aber Angela hatte auf neuen Quellen bestanden. Recht hatte sie, doch ihre Besserwisserei liebte er nicht.*

Colleoni schritt in seinem Arbeitszimmer unruhig auf und ab. Hier in seiner Privatvilla gönnte er sich den Luxus, ein überdimensionales Ölgemälde der Bartolomeo Colleoni *an die Wand zu hängen. Er hatte es nach dem Gemälde von Geoff Hunt in riesiger Größe malen lassen, es nahm die gesamte Querseite ein, und es zeigte den* Leichten Kreuzer *am Morgen des 19. Juli 1940 auf dem Weg in die Schlacht.*

Wer sollte seinen Decknamen schon mit der legendären Bartolomeo Colleoni *in Verbindung bringen? Angela dall'aria? Das Zweckbündnis mit ihr hielt. Todsicher. Der* marchese *vielleicht? Unwahrscheinlich, denn der suchte nach wie vor nach gemeinsamen Charaktereigenschaften zwischen dem Syndikatsboss und dem* condottiero *Bartolomeo Colleoni aus Renaissancezeiten.*

Damals bei den drei Syndikatsbossen hatte das ja gestimmt, sie alle drei besaßen Charaktereigenschaften ihrer historischen Vorbilder, aber bei ihm, Colleoni, war eher das Gegenteil der Fall. Ihm hatte es nur der Leichte Kreuzer Bartolomeo Colleoni *aus dem 2.*

Weltkrieg angetan. Dort lagen seine Wurzeln. Da konnte der marchese *bis zu seinem Untergang in der Renaissance graben, auf ihn würde er nie kommen.*

Versonnen blickte er auf den riesigen Kommandoturm mit der Brücke, gekrönt von der Feuerkontrollbrücke, die in der Morgensonne schimmerte, der Geschützturm Zwei *davor mit seinen beiden 152-mm-Zwillingsgeschützen, dreihundert Grad drehbar, zwei im hinteren Geschützturm, acht insgesamt, von denen jedes allein über sieben Tonnen wog. Ansaldo in Terni hatte sie gebaut.*

Schwarzer Rauch verwehte nach hinten im hellblauen Julihimmel, und er und die Bugwelle zeigten an, wie schnell dieser Kreuzer unterwegs war.

Deine 39,85 Knoten pro Stunde haben dir nichts genützt, *murmelte er; er kannte alle Daten über sein Lieblingsschiff.*

Fast friedlich und wie eine zarte Libelle sah das kleine Wasserflugzeug mit seiner 8,45 m Spannweite aus, das auf dem Abschusskatapult über dem Bug stand, noch die alte Cant 25, die dann später von der IMAM Ro 43 ersetzt worden war. Es schien in der Morgensonne zu lächeln.

Wäre sie am Morgen des 19. Juli aufgestiegen, hätte sie die feindlichen Verbände orten können, und bei ihrer Geschwindigkeit hätten die beiden italienischen Schiffe entkommen können, aber so war das Ende der Bartolomeo Colleoni *unabwendbar, und nur die noch schnellere* Giovanni della Bande Nere *hatte den Feinden entkommen können.*

Damals bei Kap Spada war es noch ein Leichtes gewesen, Freund und Feind auseinanderzuhalten, die Alliierten auf der einen Seite, die Italiener und die Achsenmächte auf der anderen.

Heute war das alles viel schwieriger, wer bekannte sich noch zu seiner Allianz? Die Reste des XX. Gennaio *verkrochen sich wie feige Hyänen.* La Leonessa? *Die Geheimdienste? Auf die hatte er noch nie gebaut, sie nur als Zweckalliierte benutzt, so wie auf diesen kleinen, wieselhaften Henry Salzmann, durch den er den* Betrieb *gegen die* Firma, *das* Institut *gegen beide oder sie in jeder beliebigen anderen Konstellation gegeneinander ausgespielt hatte.*

Colleoni verlangsamte seine Schritte und sah aus dem Fenster in seinen perfekt angelegten, barocken Garten, den er Angela zuliebe erhielt.

Ach, Angela! Nur gut, dass er La Leonessa *durch seine Abartig-*

keit fesselte. Nie wieder, hatte sie ihm bedeutet, würde sie einen Mann in sich spüren wollen, und Ekel hatte ihre Züge verzerrt. Aber die dreifache Kraft der männlichen Macht zu fühlen und sie in ihrer Ohnmacht zu liebkosen, das erfüllte sie mit höchster Wonne. Und auch er genoss es, war sie doch die erste Frau, die ihn nicht lächerlich fand oder hänselte, und es gefiel ihm, sie im Arm zu halten und nichts beweisen zu müssen, was er auch gar nicht gekonnt hätte, denn eine Laune der Natur hatte ihn mit drei Hoden, aber ohne funktionstüchtigen Penis ausgestattet; er musste sich zum Wasserlassen wie eine Frau aufs Becken setzen.

Bevor Angela den questore *heiratete, eine wahrhaft gelungene Strategie, musste er noch ihr Hochzeitsgeschenk in Auftrag geben, die Liquidierung des* marchese, *den er als einzigen Gegenspieler ernst nahm.*

Der, Roberto Bassner als dirigente *der Mordkommission, musste ausgeschaltet werden, denn nur er verhinderte, dass er dieses lästige Versprechen einlösen konnte, das er den Geheimdiensten gegeben hatte, nämlich ihre* strategia della tensione, die Strategie der Spannung, *zu unterstützen!*

Vielleicht konnte er seine Rachegelüste gegen die Frau des marchese *mit dem Tod ihres Mannes verknüpfen; diese impertinente kleine … nein, klein konnte man sie beim besten Willen nicht nennen mit ihren ein Meter neunundachtzig. Sie hatte ihn im Frühling vor seinen Männern lächerlich gemacht, als sie sich als kaum italienisch sprechende Studentin ausgegeben hatte, und er – Colleoni – war darauf hereingefallen und hatte sie laufen lassen!*

Wie er große Menschen hasste! Seufzend zog Colleoni die Vertikallamellen vor das große Bild und ging nach unten.

Kapitel 1

Veneto/Frühling 2002

Colli Euganei: Dienstag

Klischees, die zu einem ausgesprochen strahlenden Frühlingsmorgen gehörten: zwitschernde Vögel, Julia, die im Garten saß und malte, beide Töchter neben sich im Kinderwagen, wo sie mit ihren Fingerchen nach dem pendelnden Spielzeug griffen. Die beiden Schäferhunde Fulmine und Tuono lagen dösend in der warmen Sonne, während Luciano in blendender Stimmung am Brunnen bastelte. Bianca war mit Robertos Volvo zum Einkaufen gefahren, Julia hatte ihren Dienst im Hospital auf den Nachmittag verschoben.

Gegen zehn Uhr morgens hielt ein Polizeiwagen vor dem *Cá Vecchia* Brandolin – einer Seicento-Villa, Palladios Badoera im Kleinformat – und Umberto stieg aus. Hier endete die Idylle.

Er machte einen sehr niedergeschlagenen Eindruck und kam auf Julia zu. Sie sah ihm erwartungsvoll entgegen, es musste schon etwas passiert sein, wenn er in Uniform und mit so ernster Miene bei ihr auftauchte.

»Giulietta«, sagte er mit einem für ihn ungewöhnlichen Ernst in der Stimme, »Giulietta, es tut mir so leid.«

»Was ist passiert? Irgendetwas mit Micha? Oder Francesca?«

»Nein, Giulietta, du musst jetzt sehr tapfer sein. Heute Morgen ist in der Questura eine Bombe explodiert.«

»Ach du liebe Güte!«

»Ich wünschte, ich müsste es dir nicht sagen, aber es hat Roberto getroffen.«

Sie blickte ihn fassungslos an.

»Aber das kann nicht sein, Umberto!«

»Doch, *bimba*. Seine Sekretärin im Nebenzimmer ist durch die Wucht der Explosion auf den Flur geschleudert worden und liegt bewusstlos im *ospedale*.«

»Wie schrecklich! Die arme Frau!«

»Giulietta, begreifst du nicht! Es war Robertos Büro!«
»Doch, doch, Umberto. Aber er war nicht da.«
»Giulietta, du musst die Tatsachen sehen!«
»Wolltest du nicht immer schon die Adresse unserer Schutzengel-Dynastie haben? Er, nicht der Schutzengel, sondern Roberto, liegt oben im Bett und schläft einen tierischen Rausch aus.«
»Ehrlich, Giulietta? Aber sein Wagen ist nicht hier!«
»Bianca benutzt ihn zum Einkaufen.«
Der als Bodygard im *Cà Veccia* Brandolin stationierte Luciano kam herzu, während Julia Umberto von letzter Nacht erzählte, in der Roberto und der britische Journalist Steven sich in ihrer Trauer über den Tod von David und Gabriella mit Grappa getröstet hatten, und dass sie am Morgen vergeblich versucht habe, ihren Mann zu wecken. Als das nicht möglich war – er roch immer noch wie eine ganze Destille – habe sie in der Questura angerufen und Roberto beim Pförtner krankgemeldet. Der habe das wohl nicht weitergegeben.
»*Dio mio*«, war Lucianos Kommentar, als er die Einzelheiten hörte, »den Chef wollen sie in letzter Zeit aber mit aller Macht vom Fließband schubsen!«
»Darf ich mal nach ihm sehen?«, Umberto konnte es immer noch nicht ganz glauben.
»Klar, ich koch erst mal einen *caffè* für uns und einen doppelten für Roberto und Steven!«
Erleichtert, aber erbarmungslos zerrte Umberto seinen Freund unter die Dusche, drängte ihn zum Anziehen und flößte ihm den *caffè* ein. Roberto verlangte nichts als nach Aspirin, Vitamin C und einer Sonnenbrille, es sei so entsetzlich hell.
»Nie wieder Grappa«, stöhnte er, »o Giuli, warum hast du mir die Flasche nicht weggenommen?«
»Gott sei Dank nicht«, sagte sie ernst und meinte es auch so, »sonst wärst du heute pünktlich im Büro gewesen.«
»Und dein Schutzengel müsste Sozialhilfe beantragen!«
Tommi Gentile, der Sprengstoffexperte der Questura, ein lebhafter Mann in Robertos Alter mit quicklebendigen Augen und einer angenehm weichen Stimme, die zu seinem Namen, aber nicht zu seinem Beruf passte, erklärte Roberto in seiner burschikosen, alle Welt duzenden Art, dass der Sprengstoff in einer von Robertos Schreibtischschubladen versteckt gewesen sei.

»Der gleiche Plastiksprengstoff wie beim Lockerbie-Absturz«, erklärte er, »aber nicht, dass du jetzt glaubst, Eure Terrorbande vom XX. *Gennaio* habe da schon ihre Finger im Spiel gehabt. Ich will damit nur sagen, dass dieser Sprengstoff überall leicht erhältlich ist, kinderleicht wie Kaugummi da festzukleben, wo man ihn haben will, und per Post oder Internet in Tschechien zu bestellen, wie Witzbolde behaupten. Ein Fernzünder ist leicht einzubauen.«

Robertos Büro glich einem Trümmerhaufen, und die Überreste eines Menschen waren überall zu sehen. Ihm drehte sich nicht nur bildlich der Magen um, und ein großer Teil des Restalkohols kam auf diese Weise heraus. Aber er konnte nun wenigstens wieder klar denken.

Zurückgekehrt in sein Büro, hörte er Tommi Gentile gerade fragen, ob jemand wisse, wer das sei. Er blickte von der Decke zum Fußboden und die Wände entlang. Alle schüttelten den Kopf.

»*Ispettore capo* Chiarazione«, sagte Roberto, »ich hatte ihn heute Morgen um 8:45 zur Vernehmung einbestellt.«

Chiarazione war ins Visier der Ermittler geraten, als man erfuhr, dass er ein Bruder des im Trachytsteinbruch getöteten Fabio Chiarazione war, Student der Philosophie und Mitglied des XX. *Gennaio*.

Der Plastiksprengstoff konnte von keinem Fremden angebracht worden sein, der Pförtner war zuverlässig, außer dass er tatsächlich Giulias Anruf nicht weitergegeben und die Sekretärin *ispettore capo* Chiarazione in Robertos Büro gelassen hatte, in der Meinung, der *dirigente* käme gleich.

Misstrauen kroch durch die Questura, der XX. *Gennaio* hatte hier gute Kontakte, jeder konnte der Täter sein, Gentile ebenso wie ein Mann aus Robertos Squadra.

Padova: Freitag

Seine Sekretärin Marietta aus dem Hospital abzuholen, überließ Roberto seiner Frau und Luciano. Er hatte versprochen, es zu tun, kam aber nicht rechtzeitig aus einer wichtigen Besprechung, die zum Inhalt hatte, den Abschlussbericht einer nutzlosen Untersuchungskommission vorzubereiten, der ebenso nutzlos wie die Kommission selbst war.

Marietta hatte sich nur an einen großen Krach erinnern können und wachte dann im Krankenhaus wieder auf, den *ispettore capo* Chiarazione habe sie im Büro des Chefs warten lassen, sonst sei niemand da gewesen. Vielleicht habe er ja den Sprengstoff mitgebracht, er habe eine schwarze Aktentasche bei sich gehabt. Ein Selbstmordattentäter? Eine neue Variante, der man nachgehen musste. Oder doch ein Fernzünder?

Zum Glück war Marietta mit ein paar blauen Flecken und Prellungen und einer Beule am Kopf glimpflich davongekommen.

Roberto hatte nie viel von seiner Sekretärin erzählt, außer dass sie ungeheuer tüchtig sei, und Julia hatte sich eine Frau mittleren Alters vorgestellt. So überraschte es sie sehr, eine überaus attraktive junge Frau, knapp über zwanzig, vorzufinden, klein und grazil gebaut, ein Minrock aus Leder rückte die Schönheit ihrer Beine ins rechte Licht, die netzbestrumpft in Schuhen mit hohen Absätzen steckten. Gepflegte blonde lange Haare, glutvolle, dicht bewimperte Augen, dunkel umrandete Lippen, gleichfarbig lackierte Fingernägel, kurz, eine junge Italienerin, gegen die sich Julia in ihren Jeans, sportlicher Jacke und schnell zusammengerafftem Pferdeschwanz ziemlich zweitklassig vorkam.

Marietta zeigte ihre Enttäuschung deutlich, dass der Chef nicht selbst kommen konnte, sie stöckelte elegant vor ihnen her den Krankenhausflur hinunter, Luciano trug ihren Koffer und eine Reisetasche, Julia diverse Täschchen und Tüten. Ihr wurde ganz heiß, mit dieser Circe arbeitete Roberto tagtäglich zusammen!

Auf der Rückfahrt zum *Ca'Vecchia* Brandolin, Marietta war wohlbehalten zu Hause abgeliefert worden, sah Luciano sie von der Seite mehrmals an.

»Warum so nachdenklich, *La Tedesca*? Hat dich Marietta so beeindruckt?«

»Wie lange arbeitet sie schon für den Chef?«

»Seit seiner Rückkehr aus Deutschland im vergangenen Herbst, er hatte vier Bewerbungen.«

»Hat der Chef sie ausgesucht?«, Julia befürchtete eine Bestätigung, die dann auch kam.

»*Chiaro*! Marietta himmelt ihn an, und er hat es nicht einmal bemerkt«, sagte Luciano grinsend, »dabei ist sie ein supergeiles Sahnetörtchen.«

Julia musste über seine Wortwahl kichern.

»Mich kleine Kaffeebohne guckt sie ja nicht einmal an«, fuhr er fort, auf seine afrikanischen Wurzeln mütterlicherseits anspielend, nur wehe jemand anderes als er tat das, »und als sie hörte, dass der Chef verheiratet ist, hat sie erst einmal ihre Depressis genommen. Hat er aber auch nicht gemerkt. Sie war ganz schön mies drauf, extrem schlechte Laune und so. Hat er aber auch nicht gemerkt. Wenn Blicke töten könnten, wärst du vorhin im *ospedale* tot zu Boden gesunken, Chefin!«

Es muss Roberto doch missfallen, dass ich meistens in Jeans und einem T-Shirt oder gar einem abgelegten Hemd von ihm herumlaufe, dachte Julia. Er selbst legte viel Wert auf gepflegte und modische Kleidung in der Stadt, während er im *Ca'Vecchia* Brandolin auch gern leger gekleidet war.

Sonntag hatten sie Umberto und seine ganze Familie eingeladen, und auch Steven wollte herüberkommen, er hatte sich bei den Zanellas im Alten Hof eingemietet.

Eine gute Gelegenheit, etwas für ihr Äußeres zu tun, und so ging Julia erst einmal zum Friseur, kaufte frischen Lidschatten und neue Wimperntusche und ließ sich von Luciano in eine Boutique mitnehmen.

Er trug ihre Einkäufe, immer einen kessen Spruch auf den Lippen, und da er genau wusste, was auf dem Modesektor lief, ließ sie sich von ihm beraten. Sein Vokabular erheiterte sie immer wieder, egal, ob er vom rattenscharfen Minirock oder dem teuflisch galaktischen Blusenfummel oder dem ultrakrassen Strumpfhosenmuster sprach. Schließlich fand er sie hipp und gegen Abend kehrten sie ins *Ca'Vecchia* Brandolin zurück.

Als er Robertos Wagen und die Motorradeskorte hörte, verabschiedete er sich, und Julia zog noch schnell die Konturen der Lippen nach. Sie hörte die Männer draußen ein paar Worte wechseln und wartete gespannt auf die Reaktion ihres Mannes.

Die kam auch prompt, aber anders als erwartet. Er schluckte und machte einen ziemlich fassungslosen Eindruck.

»Sag mal, Giuli, willst du zum *carnevale*? Jetzt? Wer hat dich denn in diese Verkleidung gesteckt?«

Julia, die eine ganz andere Wirkung hatte erzielen wollen, vergoss Tränen der Enttäuschung, die ihre ganzen kosmetischen Bemühungen ruinierten.

»Ich … ich wollte genauso modern und chic wie all die vielen hübschen Italienerinnen aussehen ... ff, so wie Mari... ff ... etta.«

»Manchmal bist du weise wie eine Hundertjährige«, Roberto unterdrückte seine Heiterkeit mühsam, doch die äußeren Enden seines Schnurrbarts zitterten verräterisch, und das traf Julia besonders, »aber manchmal bist du noch ein richtiges Kind! Schau, *ragazza*, ich bin zwar stolz auf die vielen hübschen, gepflegten Mädchen in meiner Heimat, aber wenn ich eine von ihnen hätte haben wollen, wäre ich doch wohl schon seit zwanzig Jahren verheiratet gewesen, *giusto*?«

Sie nickte und hielt den Blick gesenkt, ein Streifen schwarzer Wimperntusche kringelte sich die Wange hinunter und ordnete sich in die Tränenspur ein.

»Ich wollte aber jemanden wie dich, *l'anima mia*, ein lebensfrohes, unangepasstes Mädchen aus Deutschland, verstehst du?«

Julia war eigentlich ganz froh, denn in dieser Verkleidung kam sie sich selber fremd vor, und suchte jetzt nach einem ehrenvollen Rückzug. Er half ihr.

»Meinetwegen musst du dich also nicht so zurechtmachen. Zieh an, worin du dich wohlfühlst. Und für gesellschaftliche Ereignisse warst du mir bisher durchaus chic genug.«

Als Luciano sie dann am Montag fragte, wie sie beim Chef angekommen sei, antwortete sie in seinem Jargon: »Alles Asche!«

Er grinste über sein ganzes milchschokoladenfarbenes Gesicht und erwiderte: »Ehrlich, Chefin, so wie jetzt gefällst du mir auch besser. In den anderen Fummeln sahst du aus wie eine von diesen Schnecken, die man so leicht angraben kann!«

»Da hätte der Chef bestimmt was dagegen«, lachte sie, und damit war diese Episode beendet.

Padova: Dienstag

Roberto überlegte, wie das Gespräch mit Angela Saccardo wohl gelaufen wäre, wenn sie ein paar Wochen eher erschienen wäre, als er noch an Giulias Integrität gezweifelt hatte. Wahrscheinlich nicht anders, er wäre ebenso unhöflich, ironisch und abweisend wie jetzt, aber hinterher innerlich noch mehr verunsichert gewesen.

Am Dienstag nach Ostern erschien *La Leonessa* unangemeldet

in seinem Büro, wie immer durchgestylt bis in die Haarspitzen. Diese kleine, energiegeladene Person sah aus wie aus dem Modejournal, die venezianisch blonde Haarpracht warf sie immer wieder temperamentvoll zurück, und ihr sichtbar teures Schneiderkostüm betonte ihre erstklassige Figur, der angelegte Schmuck für seinen Geschmack wie immer ein wenig zu üppig und das Parfum mehr als nur ein bisschen zu aufdringlich.

Dass hinter dieser durchgestylten Fassade eine diamantharte Immobilienmaklerin und mit allen Wassern gewaschene promovierte Juristin steckte, verbarg sie gekonnt. Als sie und Roberto damals in Bologna zusammen studiert hatten, war diese Fassade noch nicht vorhanden gewesen; ihr inzwischen zur Obsession gewordener Hunger auf Roberto allerdings schon.

»Du hast dich rar gemacht in der Gesellschaft«, begann sie in belanglosestem Konversationston und bürstete mit einer für sie typischen Bewegung ein nicht vorhandenes Stäubchen von ihren tief dunkelrot lackierten Fingernägeln.

»Ich habe wenig Zeit«, Robertos ungeduldig geäußerte Bemerkung konnte mehrerlei bedeuten, und sie pickte sich heraus, was ihr gefiel.

»Der Ehestress! Du siehst wirklich überarbeitet aus.«

»Eher die politischen Umstände.«

»Ah, du weichst aus! Es stimmt also, dass deine Frau dich betrogen hat? Mit diesem sagenhaft gut aussehenden, baumlangen David Salzmann?«

David war tot und Robertos Eifersucht auf ihn nicht mehr existent; er hatte sich als treuer Freund und nichts anderes herausgestellt.

»Du verrätst mir deine Quellen sicher nicht.«

»Sicher nicht. Ich habe dich vorvergangenes Jahr schon gewarnt, als sie mit ebendiesem Amerikaner und seinem Freund – Steven heißt er, glaub ich – herumgezogen ist. Champagnerpartys im Pedrocchi und so weiter, na du weißt schon. Junge Frauen schätzen das reifere Alter eben nur kurzfristig.«

Roberto antwortete nicht, er würde ihr nicht auf die Nase binden, dass Julia voll rehabilitiert war, der italienische und der amerikanische Vertreter ihrer jeweiligen Geheimdienste hatten versucht, ihn zu manipulieren, und sich vergeblich seiner Eifersucht und gefälschter Überwachungsberichte bedient, um seine Frau zu diskreditieren. Roberto ärgerte sich maßlos über diese intrigante Person, bedachte aber auch, dass sie gute Kontakte in der Questura und bei den Geheimdiensten haben müsse. Woher sonst sollte sie diese Interna kennen?

Er hatte sie im letzten Herbst aus diesem Büro mehr oder minder hinausgeworfen, als sie ihn mit zwei antiken Goldmünzen, in Manschettenknöpfen eingelassen, hatte bestechen wollen; aber es hatte nichts genutzt, und sie würde ihre schamlosen Angebote sicher wiederholen. Und tatsächlich!

»Mein Angebot steht noch, Roberto. Du und ich, wir sind doch aus demselben sozial wertvollen Material geschnitzt, warum verweigerst du dich deinem Schicksal? Warum hängst du so an dieser kleinen, untreuen Klette aus Deutschland?«

Robertos Zorn auf diese impertinente, selbstsüchtige Frau stieg, mühsam hielt er den Deckel auf dem brodelnden Topf seiner Gefühle, und er war stolz auf sich, dass er es schaffte.

»Mein Gott, Roberto, was hatten wir damals während des Studiums für hochfliegende Pläne! Wir könnten sie immer noch verwirklichen und in die Politik gehen. Mit deiner Reputation und meinem Geld wären wir unschlagbar, ich verspreche es dir!«

»Du verschwendest deine Zeit, *La Leonessa*, such dir ein Löwenmännchen, das du formen und manipulieren kannst. Ich stehe nicht zur Verfügung! Und jetzt wäre es nett, wenn du mich meine Arbeit tun lassen würdest, Angela. *Arrivederci*!«

Es entging ihm nicht, dass sie vor Wut fast zersprang.

»Dann werde doch glücklich mit deinem deutschen Flittchen! Aber ich werde alles tun, damit du es nicht wirst!«, zischte sie und stand auf, die überhöhten Absätze ihrer dunkelroten Lackstilettos ließen sie größer erscheinen als sie war, verursachten aber auch ein Straucheln auf dem Weg zur Tür. Zwar fing sie sich wieder, doch nach Robertos sie lächerlich machenden Bemerkung, sie solle auf diese unsichtbaren Schildkröten achten, knallte sie die Tür mit aller Macht ins Schloss.

La Leonessas Weg führte von Roberto direkt zu Colleoni. Sie konnte sich kaum beherrschen, und als er ihre aufgeregte Stimmungslage sah, bot er ihr erst einmal einen Cognac an. Ihre Hände zitterten vor mühsam unterdrückter Wut, und es dauerte geraume Zeit, bis sie sich einigermaßen wieder unter Kontrolle hatte.

»Ich nehme an, du hattest einen Zusammenstoß mit dem *marchese*. Nur er kann dich in eine solche Gemütslage versetzen!«, Colleoni lehnte sich zufrieden in seinem Schreibtischsessel zurück. Je unbeherrschter sie war, desto eher konnte er die gesamte Kontrolle über die Serenissima erlangen, der Verwaltungsebene des Syndikats. *La Leonessa* hatte gute Arbeit geleistet, indem sie Polissena Deganello und Ludovica Gallardi ausgeschaltet hatte. Nun beherrschten sie beide die Drogenszene und die Geldverwaltung. Und irgendwann würde einer von ihnen beiden alles managen.

»Jetzt ist er fällig!«, mit zitternden Fingern holte sie eine Zigarette aus dem Etui und ließ sich von Colleoni Feuer geben, der seine gute Laune zu verbergen suchte.

»Was lange währt, wird endlich gut! Meine Liebe, hättest du auf mich gehört, gäbe es ihn schon seit einiger Zeit nicht mehr«, er musste ihr ja nicht auf die Nase binden, dass er schon Schritte in genau diese Richtung eingeleitet hatte, nachdem der indirekte Angriff auf den *marchese* gescheitert war; manche Leute konnten trotz Eifersucht noch denken.

»Aber es muss aussehen, als habe ihn der XX. *Gennaio* erledigt. Bekommst du das hin, Colleoni?«

»Überlass das mir! Und was ist mit dall'aria?«

»Den werde ich heiraten, das war doch so ausgemacht. Oder hast du plötzlich Bedenken deswegen?«

»Nein, *La Leonessa*. Das Arrangement ist perfekt. Du hast dann ganz legal deine Ohren in der Questura, kein Mensch wird Verdacht schöpfen, wenn du deinen Mann, den Questore, dort öfter besuchst, außer dem *marchese*, denn der traut dir nicht über den Weg.«

»Du sagst es, deswegen muss er vom XX. *Gennaio* zum Schweigen gebracht werden. Steht dir *IL Terzo* noch zur Verfügung?«

»*Ma certo*, cara, *IL Terzo* wird alles zu deiner Zufriedenheit arrangieren, noch hält die Fassade des XX. *Gennaio*. Ah, ich arrangiere es als Hochzeitsgeschenk. Du hast ihn doch eingeladen? Gut! Für den Rückweg von der Feier werden wir uns etwas für ihn einfallen lassen!

Er muss dich sehr verletzt haben, dein *marchese*, denn bisher hast du doch immer dafür gesorgt, dass er mit heiler Haut davonkam.«

»Das geht dich nichts an!«, und Angela steuerte das Gespräch in geschäftliche Bahnen.

Padova, Cimitero Maggiore: Mittwoch

Traurigkeit erfüllte Julia, weil Gabrièllas Wunsch, in der Nähe von David begraben zu werden, nicht erfüllbar gewesen war. David war auf dem jüdischen Friedhof, Gabrièlla auf dem katholischen Zentralfriedhof beigesetzt worden, mehr als eintausendvierhundert Meter Luftlinie lag zwischen ihren beiden Gräbern.

An einem Mittwochnachmittag brachte sie in Lucianos Begleitung Blumen an das Grab ihrer Freundin. Sie traten durch das große Eingangsportal auf den eigentlichen *Cimitero Maggiore*, die Glocken läuteten gerade, und Julia kroch eine Gänsehaut über den Rücken, die Sinnlosigkeit von Gabrièllas Tod überfiel sie wieder einmal. Luciano hatte eine rote Rose in der Hand und wirkte sehr nachdenklich.

Das riesige, von einer hohen Mauer umgebene Friedhofsareal bedrückte sie besonders an diesem klaren, sonnendurchfluteten Frühlingstag. Als die Glockentöne verklangen, setzte getragene Trauermusik aus Lautsprechern ein, und Julia dachte, dass die Stimmung hier eine ganz andere war als die auf deutschen Friedhöfen.

Die eng zusammenstehenden Familienkapellen vermittelten mit den vielen kleinen Gässchen den Eindruck einer oberirdischen Totenstadt. Sie schritten an den zum Teil kunstvollen kleinen Gebäuden vorüber, in denen sie durch Glastürchen Gebetsnischen und kleine Altäre mit Erinnerungsstücken und Bildern der Verstorbenen sehen konnten.

Julia schauderte, der Tod schien hier so greifbar nahe. Gabrièllas Grab war eines von vielen an der äußeren Mauer. Zu ihrer großen Überraschung fand sie Angela Saccardo dort, sie begrüßten sich, und Julia stellte Luciano vor, aber er kannte *signora* Saccardo schon, und eine fast peinliche Pause kehrte ein.

»Sie hätte ich hier nicht erwartet, *La Leonessa*!«, durchbrach Julia schließlich die Stille.

»Ich Sie auch nicht, *La Tedesca*.«

»Gabrièlla und ich waren befreundet, ich war bis kurz vor ihrem Tod bei ihr. Und Sie?«

Angela drehte sich von den beiden weg, blickte über die Reihen von Gräbern, und ihre Antwort kam wie gehaucht.

»Gabrièlla war meine Tochter. Aus erster Ehe.«

Julia glaubte, nicht richtig gehört zu haben.

»Ihre Tochter?«

»Es ist lieb von Ihnen, dass Sie ihr Blumen bringen, *La Tedesca.*«

Damit ließ Angela sie stehen und ging zum Ausgang.

»Komm, *La Tedesca*!«, drängte Luciano, seine rote Rose in eine Mauerspalte klemmend. »Mir ist es hier zu unübersichtlich. Lass uns hier verschwinden!«

»Ein Friedhof, Luciano! Was kann da schon passieren!«

Aber sie folgte ihm, und sie strebten eilig dem Ausgang zu.

»Hast du das gehört?«, Julia war mit ihren Gedanken bei dem eben Gehörten. »Gabrièlla war Angela Saccardos Tochter!«

»Es gibt merkwürdige Verbindungen!«

»Manchmal habe ich das Gefühl, alles kommt mir so nahe«, Julia sprach mehr zu sich selbst, »Verbrechen geschehen doch normalerweise nur anderen! Aber bei mir passieren sie im engsten Freundeskreis.«

An diesem Tag kam Roberto früh nach Hause und war über Julias Informationen ziemlich verblüfft, sie dagegen über seine:

»Wir sind zur Hochzeit eingeladen, Ende April. Rate mal, bei wem?«

»Keine Ahnung!«

»Angela! So nahe kann der Tod ihrer Tochter ihr nicht gegangen sein, wenn sie nur einen Monat später heiratet.«

»Und wen?«

»Cesare dall'aria, den Questore. Sie ist eine Schlange.«

»Dann hat sie alle Ansprüche auf dich aufgegeben, gelobt seien alle Heiligen!«

»Du klingst ja schon fast katholisch!«

»Vielleicht ist es tatsächlich Liebe?«

»Angela und Liebe! Sie will Besitz! Und da sie kein Geld braucht, weil sie es massenhaft besitzt, will sie Menschen besitzen. Und Macht. Nun hat sie mit dem Erwerb von dall'aria ihr Ohr sehr dicht an der Questura!«

»Warnst du dall'aria?«

»Den Teufel werde ich tun. Und ihm gegenüber noch viel vorsichtiger sein. Ein genialer Schachzug von Angela, wirklich genial! Und er scheint wirklich verliebt zu sein.«

»Ach weißt du, wo die Liebe hinfällt, da wächst kein Gras mehr, würde Umberto sagen, es finden ja manchmal die merkwürdigsten Menschen zusammen, nicht wahr, Roberto Bassner?«

Er griff nach ihrem Handgelenk und zog sie zu sich.

»So, merkwürdig findest du mich. Das ist es allerdings würdig, sich zu merken!«

Sie waren sich sehr nahe, Spannung knisterte zwischen ihnen, und Julia wäre ihm am liebsten um den Hals gefallen. Aber wie immer nach ihrer Aussprache zog er sich vor ihr zurück.

»Was gibt es heute Schönes zu essen? Es duftet köstlich aus deiner Küche.«

»*Osso buco*. Bianca hat es vorbereitet.«

»Lecker.«

»Es ist so viel, dass ich auch Luciano eingeladen habe.«

Gemeinsam brachten sie die Kinder ins Bett und blickten auf die beiden nieder.

»Ich brauche mehr Zeit für sie«, murmelte Roberto und suchte ihre Hand, »und für dich. Und dann einen anderen Beruf.«

Sie verflocht ihre Finger mit seinen und meinte, er solle sich nicht selbst unter Druck setzen mit Forderungen, die sich im Augenblick nicht verwirklichen ließen.

»Ach, Giuli, deine Großzügigkeit …«

Sie gingen zum Essen zu Luciano hinunter und sprachen über die verlorene Liste, von der sich die Geheimdienste so viel versprachen.

»Ich habe übrigens auch eine Liste von Gabriëlla bekommen, damals am Po di Goro, und sie genauso in meinem Schuh versteckt«, bekannte Julia zögerlich und stockend.

Das Schweigen im Raum war ein gespanntes, als Julia verstummte und puterrot anlief. Luciano saß auf dem Sprung wie eine Wildkatze, und Roberto hatte die Augen zusammengekniffen. Sie sah von einem zum anderen, und Angst ergriff sie, als sie Robertos konzentrierte Miene sah und sie als Vorwurf nahm.

Damals am Po di Goro war sie mit Micha übereingekommen, dass sie nur seine Liste, die er unter seiner Turnschuheinlage versteckt hatte, erwähnen wollten, damit Roberto nicht noch wütender auf ihre Einmischung würde. Nur wenn mit Michas Liste etwas nicht in Ordnung gehen sollte, wollten sie auf Julias zurückgreifen; das war jetzt geschehen, und sie holte den Schuh herbei und entnahm ihm das in Plastik eingeschweißte Stück Papier.

Das erklärte sie den beiden, aber Robertos Miene blieb düster.

»Hab ich etwas falsch gemacht?«, eine Spur von Panik klang aus ihrer Stimme.

Roberto schreckte aus seinen Gedanken hoch, stand auf und trat hinter ihren Stuhl, legte ihr die Hände auf die Schultern und ignorierte Lucianos Anwesenheit völlig.

»Nein, *l'anima mia*, hast du nicht! Wenn jemand in letzter Zeit Fehler gemacht hat«, er versenkte sein Gesicht in ihr duftendes Haar und klang nun etwas gedämpft, »dann hauptsächlich ich, und besonders in Bezug auf dich. Ich habe dir dein Selbstwertgefühl mir gegenüber fast systematisch zerstört, und meine allererste Pflicht ist es nun, es wieder aufzubauen. Luc, erzähl ihr, warum wir so überrascht sind!«

Lucianos Brust schwoll an, der Chef hatte ihn geduzt! Das erste Mal in fünf Jahren! Und voller Eifer erzählte er Julia von Michèles verschwundener Liste. Der Chef habe das überall verbreiten lassen, und nun müsse Michèle nicht länger in Schutzhaft bleiben, er käme morgen frei.

»Soll ich das Ding aufmachen?«, fragte er gespannt seinen Chef.

»Nur mit geheimdienstlichen Zeugen. Wir rufen Ari Hirschfeld an, und dann erzählt Julia ihm die ganze Geschichte.«

»Kannst du das nicht machen, Ro? Mit den Geheimdienstagenten möchte ich am liebsten nicht mehr zusammentreffen. Ich glaube, ihnen kam Davids und Gabrièllas Tod ganz recht!«

»Außer bei Ari vielleicht. Den anderen traue ich nicht, sie haben schon zu viel Beweismaterial manipuliert oder vernichtet. Aber nicht Ari!«, wandte Roberto ein.

»Wohl wahr, Chef! Wenn die anderen nicht sogar ihre Finger in dem dreckigen Spiel mit unseren Freunden hatten, vielleicht sich auch dieselben eigenhändig schmutzig gemacht haben!«

Roberto begleitete sie nach oben.

»Hat das denn nie ein Ende, Ro?«

»Vielleicht mit dieser Liste. Ich hoffe es für uns, nun schlaf gut, *l'anima mia!*«

Ca Vecchia Brandolin

»Ich glaube, es hat keinen Zweck, Ihrer Frau etwas vorzumachen«, meinte Ari Hirschfeld, und Robertos Vetter Coglione senkte zustimmend den Kopf, »sie ist couragiert und realistisch. Ja, wenn ich an den Po di Goro denke, sogar kaltblütig. Wie sie den XX. *Gennaio* mit einer falschen Identität getäuscht hat, alle Achtung!«

Roberto seufzte und nickte dann, nahm den Rat des Älteren an und schob seiner Frau einen Stuhl unter.

»Ja, das ist sie.«

Julia errötete bei soviel Lob, besonders Robertos tat ihr gut.

»Hör zu, Giulia! Der XX. Gennaio ist so gut wie vernichtet, aber leider besteht die Gefahr, dass der italienische Kopf dieser Terroristen sich wie eine Hydra mit mehreren Köpfen erhebt, vielleicht doch noch etwas Spektakuläres plant.«

»Deine Vernichtung? Als ihr Feind Nummer eins?«

»Die Experten befürchten es«, ließ sich Coglione vernehmen.

Roberto hatte seinen Vetter eine Zeitlang nicht gesehen, sein Misstrauen ihm gegenüber blieb latent vorhanden, seine Affinität dem Faschismus gegenüber ließ Roberto auf der Hut sein, auch wenn Omeo Coglione behauptete, ihm abgeschworen zu haben.

»Obwohl du das nie gewollt hast? Terroristen bekämpfen, meine ich«, Giulia blickte ihren Mann mit der Erwartung an, er möge es abstreiten, aber sie wurde enttäuscht.

»Es ist nun einmal so gekommen. Ich habe doch schon zwei Kollegen zu meinem Schutz, für dich und die Kinder bleiben Luciano und Sandro im Wechsel hier.«

Er sah ihre Bestürzung.

»Kein Grund zur Panik, Giulia, wir wollen nur vorbeugen. Am liebsten sähe ich dich und die Kinder jenseits der Alpen bei deiner Familie, aber wie ich deinen Dickkopf kenne, lehnst du das ab, deshalb sind Luciano und Sandro die Alternative.«

»Irgendwie verstehe ich das alles nicht. Jetzt, wo die Liste mit den Namen der Terroristen bekannt ist, braucht man sie doch nur zu verhaften!«

»Ja, das dachten wir auch«, mischte Ari Hirschfeld sich wieder ein, »aber Gabrièlla und David haben uns genauso wie den XX. *Gennaio* getäuscht. Sie hatten sich Menschlichkeit auf die Fahne für ihren privaten Krieg gegen das Böse geschrieben und deshalb eine Liste mit den Namen der gefährdeten und in die Sucht getriebenen Studentinnen und Studenten erstellt. Diese Liste haben wir …«, er senkte den Kopf, »… und ich will alles tun, um ihre Aufgabe zu einem guten Ende zu bringen.«

»Das wird Sie in Konflikt nicht nur mit dem Institut bringen!«, sagte Bartolomeo mit gerunzelter Stirn.

»Das hat es schon«, Ari straffte die Schultern, »was meinen Sie, warum man *la signora senza perdono*[1] auf meinen Posten berufen hat. Man ist gerade dabei, mich auf einen höheren Posten im Innendienst abzuschieben. Passen Sie nur auf, *colonnello*, dass es Ihnen in ihrem Betrieb nicht genauso geht!«

»Wie viele vom XX. *Gennaio* gibt es denn überhaupt noch?«, wollte Julia ganz konkret wissen.

»Was gäbe ich nicht dafür, wenn ich diese Frage beantworten könnte«, es kam wie ein Stoßseufzer aus der Brust des *colonnello*.

»Sie muss eher lauten: Wen vom XX. *Gennaio* gibt es noch?«, meinte Roberto.

»*IL Primo* gleich Colleoni gleich unbekannt; *IL Secondo* gleich völlig unbekannt«, zählte Luciano auf, »*IL Terzo*, mein persönlicher Feind, offensichtlich der Killer der Truppe, ebenfalls unbekannt; *IL Quarto* ebenfalls unbekannt; alle anderen sitzen entweder hinter Schloss und Riegel oder sind tot. *Vero*?«

»*Vero*!«, bestätigten die anderen unisono.

»Die sind vier, wir sind vier«, sagte Luciano ein wenig überheblich, »was soll da schon groß passieren!«

Robertos Eskorte geleitete ihn morgens ins Büro und abends wieder zurück, Julias Sorgen um seine Sicherheit wurde langsam weniger. Luciano und Sandro hatten die Umgebung des *Ca'Vecchia* Brandolin sorgfältig durchkämmt und nichts Verdächtiges gefunden, trotzdem wechselten sie sich in der Betreuung der Familie des *marchese* sehr sorgfältig ab.

Schwierigkeiten gab es eigentlich nur, weil Bianca sich weigerte, auch nur die Luft mit Luciano zusammen in einem Raum zu atmen. Sie sprach kein Wort mit ihm und blickte durch ihn hindurch, als sei er ein Geist.

Auch Julias Vermittlungsversuche scheiterten kläglich, Bianca antwortete einfach nicht. Aber vielleicht half die Wundermedizin Zeit auch hier, es entging weder Julia noch Sandro, dass Luciano äußerst zerknirscht und Bianca doch noch an ihm interessiert war, denn die Blicke, die sie ihm manchmal folgen ließ, sprachen für Hoffnung.

An einem Dienstagabend saßen Luciano und Julia im Untergeschoss, er vor dem Fernseher und sie an ihrem Schreibtisch, um

1 *Die Frau ohne Gnade.*

einen Gartenentwurf für ein Haus in der Polèsine zu entwerfen, Clemente hatte es dringlich gemacht. Plötzlich fuhr sie hoch, als in den Nachrichten davon berichtet wurde, dass in Padova eine komplette Liste mit den Namen der Terroristen des XX. *Gennaio* vom *dirigente* der Mordkommission, *dottor* Bassner, sichergestellt worden sei.

»Das ist doch eine Lüge!«, entfuhr es ihr, und sie stand auf und setzte sich mit vor den Fernseher.

Dieser Personenkreis werde jetzt sorgfältig observiert, und alle seien zur Fahndung ausgeschrieben.

»Ist es das, was er nicht tun sollte?«, fragte Julia beklommen.

Luciano nickte.

»Aber er wird gut bewacht, Chefin. Du brauchst wirklich keine Bedenken zu haben. Sie wollen so den Rest des XX. *Gennaio* in die Flucht jagen. Oder aus ihren Löchern locken.«

Sandro erwies sich als genauso angenehm wie sein Freund Luciano, auch wenn sie äußerlich nichts gemein hatten. Sandros igelartig kurzgeschnittene Haare standen gegelt von seinem Kopf ab, viele kleine Sommersprossen gaben ihm ein Aussehen, als nähme er nichts auf der Welt ernst, und seine wasserhellen Augen hätten ihn in jedem europäischen Land Heimat finden lassen.

Aber seine Vorliebe für das weibliche Geschlecht teilte er mit seinem Freund, und so zogen sie in ihrer Freizeit gern durch Diskotheken, banden sich aber nie ernsthaft.

Bis auf Bianca, die hatte einen neuen Akzent in Lucianos Leben gesetzt, an dem er nun litt, und so ließ er seinen Freund allein durch Bars und Diskotheken ziehen.

Da nichts passierte, langweilten sich die jungen Männer, doch auch das löste sich auf natürliche Weise. Die Genehmigung des Anschlusses an das Wasser- und Kanalsystem kam, und Julia überlegte laut, wie sie die Kosten senken konnte, ihr Konto wies immer noch ein Defizit auf, und das von Roberto sowieso.

»Ich könnte einen Kleinbagger von Clemente bekommen. Kann einer von euch Bagger fahren?«

»Das lernen wir, ich wollte immer schon mal die Botanik umpflügen«, meinte Luciano, und Sandro wollte nicht nachstehen.

»*Chiaro*, La Tedesca. Ich kann Trecker fahren, wäre doch gelacht, wenn zwei talentierte Kriminalbeamte das nicht lernten! Vielleicht können wir das mal für einen Undercover-Einsatz gebrauchen!«

Nach einer Einweisung durch einen von Clementes Mitarbeitern gelang es ihnen nach mehreren unfreiwilligen Tiefbohrungen, einen einigermaßen geraden Graben für die Versorgungsleitungen auszuheben.

Da Roberto einige Tage wieder in Padova geblieben war, bemerkte er die archäologischen Grabungsversuche seiner Mitarbeiter nicht, wunderte sich nur über die unebene Zufahrt und freute sich mit Julia über die erfolgten Neuerungen.

Die Duschkabine in dem kleinen Gästeraum zwischen Halle und Küche fand er ebenso praktisch wie das Gäste-WC daneben; Clemente hatte ihr einen Vorschuss auf zu erwartende Gelder überwiesen, was sie aber für sich behielt.

Die Langeweile kehrte wieder ein, und Julia erfand neue Arbeiten, die sie natürlich honorieren wollte, aber nach hartnäckigem Widerstand der beiden aufgab.

»Deine Kochkünste und natürlich die von Bianca«, Luciano riskierte einen Seitenblick, aber als keine Reaktion erfolgte, fuhr er fort, »sind mehr als genug Honorar. Und wir machen das gern! Außerdem werden Nebenjobs zurzeit nicht genehmigt.«

Rechtwinklig vom Haus wegführend wie eine Mittelachse, wurde hinter dem Haus ein Weg angelegt, gesäumt von Töpfen mit den verschiedensten Kräutern, der zu einer Quelle im Buschwald hoch führte, die aus einem unter Moos und Farn verdeckten, steinernen Faunkopf plätscherte. Ihn anzulegen, gaben sich die beiden jungen Polizisten alle Mühe, und Julia sparte nicht mit Lob. Clemente lieferte junge Zypressen, die als Begrenzung angepflanzt wurden.

Wenn Julia manchmal nachmittags zu einigen von Clementes Gartenbaustellen fuhr, begleitete Luciano sie, und wenn sie dann auf dem Rückweg diese oder jene Villa besuchten, konnte er sich vor Verwunderung über so viel verkommene, alte Steine kaum beruhigen, saugte aber die kostenlose Bildung, die Julia ihm angedeihen ließ, begierig in sich auf. Nie zuvor hatte sich jemand die Mühe gemacht, die italienische Hälfte seiner Herkunft zu bilden.

Er revanchierte sich auf seine Weise. Eines Tages brachte er ein geheimnisvolles Paket mit, das er vor Julias Augen auspackte, Bianca hatte wieder einmal demonstrativ das Zimmer verlassen, obwohl er das Geschenk auch für sie mitgebracht hatte.

»Gestern Abend hatte ich Besuch von einem Kollegen aus dem Nachbarland«, Luciano tat ebenso geheimnisvoll wie am Vorabend, als er spät noch nach Padova zurückgefahren war, er erwarte Besuch.

Natürlich hatten Roberto und Julia an weiblichen Besuch gedacht und gemeint, nun habe er Bianca wohl endgültig aufgegeben. Weit gefehlt.

»Ich hatte ihn gebeten, mir etwas zu besorgen und vorbeizubringen.«

Das geheimnisvolle, von vielen Gummibändern umschnürte Paket enthielt zu Julias Enttäuschung nur eine Pistole und ein Reservemagazin, ein anderes Fabrikat allerdings als Robertos Dienstwaffe, das konnte selbst sie erkennen, sowie eine Schachtel mit Patronen.

»Nimm sie mal in die Hand, *La Tedesca.*«

»Auf gar keinen Fall.«

Aber er sah sie aus seinen bernsteingelben Augen so traurig an, dass sie weich wurde.

»Darf ich sie dir wenigstens erklären?«, sein Blick ähnelte dem eines treuen Cockerspaniels, und sie schmolz dahin. Nun wurde sie von dem Waffennarren, dessen einziger Kummer darin bestand, dass sein Chef ein besserer Schütze war als er, von Informationen förmlich überschüttet.

Er sprach von Kaliber, Lauflänge, Visierlänge, Drall-Länge, Laufprofil, Abzugswiderstand und Druckpunkt, ohne jede Ahnung konnte Julia nur überwältigt nicken.

»Diese Pistole hier«, erklärte er begeistert, »hat mir mein Kollege aus Graz besorgt, eine Glock 17, die leicht, aber präzise ist und leer keine 700 Gramm wiegt. Deshalb dachte ich, dass sie für dich, *La Tedesca*, ideal ist. Die Patronen sind hier im Handel nicht erhältlich, mein Freund hat sie hintenherum irgendwie bekommen, es sind Polizeipatronen. Die sind leichter und schneller als die normale Hirtenberger 9 mm Para.«

Julia verstand praktisch nichts von dem, was Luciano ihr erzählte, während er das hässliche schwarze Ding verliebt ansah, das sie nur widerwillig in die Hand nahm.

»Ich habe bei einem Kollegentreffen drüben in Lienz mit ihr geschossen, nach dreißig Schuss hatte ich sie voll im Griff. Die amerikanische Polizei hat schon teilweise umgerüstet, aber bis unsere italienische Bürokratie die Vorteile der Glock 17 oder der kompakteren Glock 19 erkennt, vergeht wohl noch ein Jahrhundert.«

Die fremden Begriffe schwirrten durch Julias Kopf, aber er ließ nicht locker, bis sie alle Funktionen kannte und ohne Patronen das Spannen und Entsichern übte.

An einem anderen Tag nahm er sie mit zu seinem Sportschützen-Club, und sie musste trainieren. Sie hatte mit dem Argument, Roberto sei das sicher nicht recht, versucht, diese Übungsstunde zu blockieren, aber Luciano machte eine wegwischende Handbewegung und meinte, der Chef sei der beste Schütze, den er kenne, und der schätze sicher, wenn seine Frau nicht ganz ahnungslos sei.

Bei den ersten Probeschüssen schloss Julia erschreckt die Augen, traf einmal sogar die Nachbarscheibe, aber zum Schluss gelang es ihr tatsächlich, ihre eigene Karte zu treffen, und sie meinte, nun sei es genug.

Roberto erzählte sie lieber nichts davon, ließ es aber geschehen, dass Luciano das Ding, wie Julia es nannte, hinter dem Besteckkorb in der Küchenschublade deponierte.

Provinz Padova: Sonntag

Am zweiten Sonntag im April musste Roberto dall'aria bei einem Traditionstreffen der Polizeispitze aus Padova, Treviso und Venezia vertreten, es war ein seit Langem gepflegtes, gesellschaftliches Ereignis mit Damen. Als gastgebende Questura war die Reihe an Padova, und so blieben sowohl die Begrüßungsrede als auch die Einführung des Gastredners Serpente und die Moderation der Podiumsdiskussion an Roberto hängen.

»Ich hasse diese Art von Treffen«, sagte er erbost zu seiner Frau, »man vergeudet wertvolle Zeit mit sinnlosem Geschwätz, muss nett mit Leuten reden, die man für bescheuert hält, und die Ehefrauen beäugen einander misstrauisch, sind scheinfreundlich, während sie ausschließlich an die Karriere ihrer Männer denken.«

Roberto kam jetzt ziemlich regelmäßig nach Hause; da keine zusätzlichen Drogentoten aus dem Studentenmilieu mehr zu beklagen waren, hoffte Julia, dem XX. *Gennaio* sei die Luft ausgegangen. Ihr Mann brachte nun viele seiner Bücher mit ins *Ca'Vecchia* Brandolin, sie mussten sogar einen neuen Bücherschrank kaufen, es freute Julia, denn es zeigte seine Bereitschaft, das *Ca'* als Lebensmittelpunkt der Familie zu akzeptieren.

»Wie gut, dass Umberto die Damenrede bei Tisch hält«, murrte er.

»Warum hast du die Reden übernommen, wenn sie dir so zuwider sind?«, Julia saß am Küchentisch und arbeitete in ihren medizinischen Büchern, registriert, aber unkommentiert von Roberto.

»Ach, dall'aria und ich kommen in letzter Zeit gut miteinander aus, er lässt mir in allem freie Hand und mich völlig in Frieden. Das wollte ich durch eine Ablehnung nicht gefährden, obwohl seine Ausrede, er müsse seine Hochzeit vorbereiten, mehr als fadenscheinig ist. Ich glaube, er redet nicht gern öffentlich.«

Da Roberto nichts halb tat, arbeitete er am Küchentisch nächtelang an den Vorbereitungen der Konferenz und der Reden.

»Ich fürchte, es wird eher eine Vorlesung als eine Rede.«

»Du scheinst Spaß daran zu haben«, Julia saß über einer Anzahl von Fotos, die Robertos Mitarbeiterin Anca von den Gärten des *Ca'Rosso* und des *Ca'Vecchia* Brandolin gemacht hatte, und die Auswahl für eine Ausstellung fiel Julia schwer, Anca war eine ausgezeichnete Fotografin.

»Nicht an Reden, schon eher an Vorlesungen«, aber er erklärte sich nicht näher, und zu ihrer Bemerkung, sie sollten an die Anschaffung eines zweiten Schreibtischs denken, nickte er zustimmend, wenn auch ein wenig abwesend.

All ihre Aktivitäten und Nebenbeschäftigungen hatte Julia ihrem Mann noch immer nicht offengelegt, sie wartete auf eine passende Gelegenheit. Zwar verheimlichte sie ihm auch nichts, breitete ihre Unterlagen über ihre Geschäftsverbindungen mit Clemente demonstrativ auf dem Schreibtisch aus, aber Roberto arbeitete so konzentriert an juristischen Themen, dass er keine Notiz davon nahm.

Vielleicht ergibt sich während der versprochenen Hochzeitsreise eine Gelegenheit, dachte sie.

Die Veranstaltung der Questura fand in einem stilvollen Hotel am nördlichen Stadtrand Padovas statt. Die im 18. Jahrhundert erbaute Villa, die seit einigen Jahren als Hotel geführt wurde und schon König Victor Emanuele 1915 bis 1918 als Quartier gedient hatte, lag nicht weit von der *autostrada* Serenissima entfernt in einem gepflegten Park nahe der Abfahrt Padova Ovest.

Dall'aria hatte auf Uniformzwang gepocht und Roberto das ungeliebte Stück widerwillig angezogen. Julia fand ihn beeindruckend offiziell, aber er verbat sich jede ironische Anspielung und musterte sie.

Ein hellgraues Kostüm, silbergraue Strümpfe und silberne Pumps, eine farblich abgestimmte Seidenbluse, eine Perlenkette und Ohrstecker aus Perlen ließen sie sehr elegant aussehen, und sie freute sich über sein bewunderndes Lächeln, kam sich trotzdem reichlich verkleidet vor.

Sie betraten die Eingangshalle, geschmückt mit bombastischen Kronleuchtern, mit freigelegten Fresken dekoriert, und sie bildeten das Begrüßungskomitee für etwa dreißig Ehepaare. Julias Lampenfieber galt nicht etwa der gesellschaftlichen Verpflichtung an sich, sondern Robertos Auftritt, sie hatte ihren Mann noch nie öffentlich reden gehört, und während er immer ruhiger wurde, fühlte sie sich innerlich ganz zappelig.

Seine Begrüßungsrede, in der er den Gastredner, Professor Serpente, ausführlich würdigte, war sehr anspruchsvoll, nie hätte Julia geglaubt, dass er rhetorisch so brilliant war. Ob alle Anwesenden seine Ausführungen über Demokratieverständnis im italienischen Staatswesen, besonders in der Exekutive, verstanden, bezweifelte Julia, aber zumindest der Gastredner schien begeistert.

Roberto bekam von einigen Kollegen immer wieder Zwischenapplaus, bemerkte das Unverständnis anderer Herren und wollte sich hinter seine Festung aus Arroganz zurückziehen, sah dann Serpente an, bremste sich und fuhr schließlich eindringlich fort, seine Anliegen zu vermitteln.

Man begab sich zum vorzüglich zubereiteten Essen, und Umberto hielt eine launige Damenrede, die er mit vielen Zitaten aus Boccacios Decamerone würzte, und Heiterkeit machte sich breit bei den vielen Anzüglichkeiten.

Während sich die Herren zu Referat und Diskussion in den Konferenzsaal zurückzogen, tranken die Damen *caffè* in der Lounge.

Gegen vier Uhr war der offizielle Teil beendet, und man fuhr in zwei Bussen zur Villa Nazionale nach Strà. Wer wollte, konnte sie besichtigen oder nur im Park spazieren gehen.

Professor Serpente sprach Julia an.

»Sie kennen die Villa doch sicherlich? Ja, ich auch. Lassen Sie uns zwei etwas durch den Park bummeln! Ihr Mann hat sicher noch andere Verpflichtungen!«

Roberto reagierte amüsiert.

»Lass dich nicht einwickeln von ihm, Giuli, er kann sehr überzeugend sein.«

Sie bildeten ein ungleiches Paar, er mindestens fünfzehn Zentimeter kleiner als sie, mit einer spiegelnden Glatze und einem dekorativen, weißen Haarkranz versehen, die Fünfundsechzig hatte er bereits weit überschritten, gab sich aber äußerst lebhaft und umtriebig.

»Ich muss Sie mir etwas genauer anschauen, Giulia. Ich darf Sie doch so nennen? Was treibt eine junge Frau wie Sie dazu, einen mehr als zwanzig Jahre älteren Querkopf zu heiraten?«

Julia lachte und antwortete nicht.

»Und was treibt einen zwanzig Jahre im Polizeidienst ergrauten Vollblutpolizisten plötzlich in den Hafen der Ehe?«

»Auf beide Fragen gibt es dieselbe Antwort.«

»Sagen Sie nicht Liebe, Giulia, das ist doch altmodisch!«

Sie antwortete wieder nicht, stellte aber eine Gegenfrage.

»Wie war Roberto vor zwanzig Jahren? So lange kennen Sie ihn doch schon, oder?«

Sein Blick wurde nachdenklich.

»Er war ein von Hass zerfressener, junger Mann, der den Polizeiberuf nur ergreifen wollte, um seinen Rachefeldzug legal starten zu können.«

»Sie meinen, den Mord an seiner Schwester sühnen zu können?«

»Nicht zu sühnen, mein Kind, zu rächen. Und zwischen Sühne und Rache klaffen Welten.«

Er schwieg einen Moment.

»Wenn ich in meinem Leben auch nicht sonderlich viel bewirkt habe, kann ich doch eines auf der Haben-Seite meines Lebenskontos verbuchen, nämlich dass es mir gelungen ist, Roberto von der Schiene des Hasses herunterzubekommen und ihn zu einem überaus erfolgreichen Gesetzesvertreter zu machen. Glücklich ist er zwar dabei nicht geworden, das haben erst Sie geschafft!«

Sie schlenderten an den Stallungen vorbei und blickten vom Ende des langen Wasserbeckens zurück auf die Villa Pisani, deren Rückseite fast ebenso dekorativ wie die vordere gestaltet war, besonders die schön geformten Kaminaufsätzen gefielen Julia, die das Dach dominierten.

Der alte Professor ergriff wieder das Wort.

»Er hat mir heute ausnehmend gut gefallen, ihr Roberto. Die Moderation war perfekt, bei der Beschränktheit mancher Beiträge aus dem uniformierten Teilnehmerkreis keine ganz leichte Aufgabe, er hat sie gut gemeistert. Und seine Begrüßungsrede heute Morgen war brillant.«

Julia errötete bei so viel Lob eines kritischen Mannes über Roberto. Er sah es und lächelte.

»Er sollte dieses Räuber-und-Gendarm-Spiel langsam aufgeben, seine Fähigkeiten liegen auf einem ganz anderen Gebiet. Ich habe ihm ein attraktives Angebot gemacht, reden Sie ihm zu, es anzunehmen!«

Julia versuchte, klug in die Gegend zu blicken, obwohl sie keine Ahnung hatte, wovon er redete. »Beruflich muss mein Mann ganz allein entscheiden, was er will. Ich rede ihm auf keinen Fall hinein.«

»Sie sind ein seltenes Exemplar von einer Frau! Welche Frau gibt ihrem Mann nicht gern Ratschläge?«

Auf ihrem Weg zum Irrgarten trafen sie unvermutet auf einen anderen *professore*, der wie sie im Park spazieren ging, Julias alter Freund da Santes, mit dem sie sich manchmal im Botanischen Garten traf und fachsimpelte. Die beiden Herren kannten sich, Serpente erstaunt und da Santes abwehrend, die beiden schätzten sich offensichtlich nicht sehr.

»Die Signora betreibt mein Fachgebiet sehr talentiert als Hobby«, erklärte da Santes dem anderen ihre Bekanntschaft, »wir haben im Botanischen Garten Freundschaft geschlossen und diskutieren ohne Ende ihre Entwürfe für Renaissancegärten.«

»Und was macht Ihre Weltanschauung?«, erkundigte sich Serpente, und Julia meinte, eine Spur Ironie – oder war es Herablassung – herauszuhören.

»Sie wird alt mit mir«, entgegnete da Santes und verabschiedete sich.

»Er war ein sehr fähiger Professor für Politische Wissenschaften, damals in Bologna«, erklärte Serpento ihr, »wussten Sie das?«

»Nein, ich hielt ihn für einen Kunsthistoriker.«

»Na, das beruhigt mich.«

»Wieso?«

»Er stolperte über die Studentenunruhen, damals in den Siebzigern in Bologna. Er stellte sich auf die Seite der extrem links von den kommunistischen Studenten operierenden Gruppen, die letztlich in die BR, die *brigate rosse,* mündeten.«

»Sie meinen, da Santes war ein Terrorist?«, fragte Julia erschrocken.

»Nein, nein, mein Kind, er hatte sich nur ideologisch falsch gebunden und musste daraufhin seinen Hut nehmen. Er hat dann tatsächlich eine zweite Karriere als Kulturhistoriker begonnen. Er gab die Politik für die Ästhetik auf. Nein, Terrorist im landläufigen Sinne ist er nie gewesen, eher ihr Opfer.«

Für Julia lag das alles unendlich weit zurück, sie war gerade erst geboren, als die allerheftigsten Stürme der Studentenunruhen schon über Europa gefegt waren, aber Roberto musste mittendrin gewesen sein, sie sollte ihn gelegentlich danach fragen.

Sie trafen auf Robertos Gruppe, und Serpente verabschiedete sich.

»Haben Sie versucht, meine Frau zu beeinflussen, *professore*?«, fragte Roberto.

»Aber nein! Sie gehört zu der Spezie von Frauen, deren Existenz ich bis heute geleugnet habe, sie will sich in Ihr berufliches Leben nicht einmischen.«

»Ein löblicher Vorsatz!«, ihr Mann blinzelte ihr zu.

»Wenn ich dreißig Jahre jünger und zwanzig Zentimeter größer wäre«, antwortete der alte Charmeur, »müssten Sie meine Konkurrenz fürchten, *dirigente*! Passen Sie beide auf sich auf!«

Roberto hob fragend eine Augenbraue.

»Die Götter sind manchmal sehr neidisch auf irdisches Glück!« Keine halbe Stunde später bekamen sie den Neid der Götter zu spüren.

Villa Nazionale, Strà: Sonntagnachmittag

Die Steine, auf denen er schon seit dem Morgengrauen lag, schickten ihre Kälte durch seinen Schneeanzug, die perfekte Tarnung auf dem weißen Marmoruntergrund. Sendungsbewusstsein erfüllte ihn, er war der Auserwählte, um den XX. *Gennaio* zu rächen, ihm war es gegeben, ihren größten Feind zu eliminieren.

Die alten Stallungen unter ihm waren leer, die Wendeltreppe, die heraufführte, mit einem Tor verschlossen. Der Hubschrauber, der das Gelände von oben sicherte, hatte ihn mehrmals überflogen und ihn nicht bemerkt. Er lag auf dem Gewehr. Die Sturmhaube mit der eingestrickten Nummer Dreizehn war unter der Kapuze des Schneeanzugs verborgen. Er wartete.

Der italienische *IL Primo* hatte ihn persönlich ausgewählt, *IL Terzo* ihn instruiert und mit der Waffe versorgt, ihn, einer der Letzten, die noch kämpfen konnten, die Nummer Dreizehn des XX. *Gennaio*. Die Stunden rannen dahin, er schluckte noch eine von den Pillen, die *IL Terzo* ihm gegeben hatte. Sie machten Mut. Sie vertrieben die Kälte. Sie schürten die Rache. Sie stabilisierten das Zittern des Zeigefingers. Sie löschten den Durst. Sie stillten den Hunger. Sie halfen beim Träumen.

Yazer bewegte die Finger in den weißen Handschuhen, sie mussten geschmeidig sein, wenn er den Mann treffen wollte, der seinem Bruder vor genau einem Monat, am 14. März, den Tod gebracht hatte.

»Er hat ihn in den Fluss gestoßen«, hatte *IL Terzo* gesagt, »obwohl er wusste, dass die Strömung reißend und eiskalt war. Ich stand am anderen Ufer und konnte nichts machen. Er hat ihn höchst eigenhändig in den Fluss gestoßen, deinen Bruder Órkan. Der *marchese* hat deinen Bruder ermordet!«

Der *marchese* hat Órkan ermordet! Der *marchese* hat Órkan ermordet!, hämmerte es in seinem Kopf, und voller Wehmut dachte er an die Zeit mit Órkan, als sie noch in ihrem Haus bei Jericho gewohnt hatten, bevor die militanten israelischen Siedler sie vertrieben. Damals hießen sie noch anders, aber dank der Pillen hatte er sich schnell an den Namen Yazer gewöhnt.

Sie waren nach Nablus zu Verwandten gegangen, und bei der ersten Straßenschlacht dort hatten israelische Soldaten seinen zwölf Jahre alten Bruder Tarik erschossen, er selbst war erst zehn gewesen.

Bis dahin hatte er wie eine Klette an seinem großen Bruder gehangen, aber als der ein Stipendium von ihren Erzfeinden in Haifa annahm, wandte er sich ab von ihm, nicht wissend, dass Órkan sich die perfekte Tarnung zugelegt hatte und später im XX. *Gennaio* ein ziemlich hohes Tier werden sollte.

Yazer dachte an all die Straßenschlachten gegen israelische Panzer; bis er vierzehn war, hatte er viel gelernt, allerdings in keiner Schule. Ein Jugendausbildungslager in Syrien bei der Hamas, ein

Fortbildungslager im Irak und als Krönung, siebzehnjährig, die Reise nach Afghanistan zu Osama bin Laden, den er zwar nie zu Gesicht bekommen, aber über den man unendlich viel Heldentaten erzählt hatte.

Und dann hatte Órkan ihn nach Italien gerufen. Im Februar dieses Jahres war er an- und irgendwo in Treviso untergekommen, und er hatte auf seinen Einsatz gewartet, bis endlich *IL Primo* der italienischen Fraktion nach ihm schickte und ihm mitteilte, dass sein großer Bruder, sein über alles geliebtes Vorbild, den Märtyrertod gestorben sei. Und an ihm, Yazer Sadqi, war es, ihn zu rächen.

Drei Uhr Nachmittag. In der nächsten Stunde mussten sie kommen. Yazer sah sich das Foto noch einmal genau an, niemals würde er dieses Gesicht vergessen, niemals, bis es zerfetzt von seinen Gewehrkugeln für immer zerstört sein würde.

Die verhasste Uniform dieses Italieners würde blutbespritzt sein, und nie, nie wieder würde dieser Mörder einem Araber gefährlich werden.

Yazer dankte Allah, dass er ihm die Gnade erwiesen hatte, ihn mit der Begabung eines Scharfschützen zu versehen, und er schluckte die vorletzte Pille.

Sie waren da! Irgendwie war seine Seele eine Zeitlang gewandert, er hatte ihr Kommen nicht bemerkt. Aber nun, direkt auf dem Weg zu den alten Pferdestellen, kam der *marchese* auf ihn zu, neben ihm eine junge Frau und neben ihr wiederum ein anderer italienischer Polizist, sehr dick und auch in Uniform.

Yazer zerrte sein Gewehr unter seinem Körper vor, alles verschwamm vor seinen Augen, blutrote Nebel wallten vor seinem Gesicht, und er kniff die Augen zusammen. Hatte er eine Pille zuviel genommen? Nein, als er durch das Zielfernrohr blickte, hatte er das Gesicht des Mörders groß und kristallklar im Fadenkreuz. Nein, nicht das Gesicht, hatten seine Ausbilder gesagt, das Herz. Wenn man sichergehen will, ist der Körper leichter zu treffen als der Kopf. Vorsichtig spannte er den Hahn.

Jetzt hatte er die Ordensspangen des Polizisten genau im Fadenkreuz. Ich bin der letzte aus der Familie Sadqi! Ich räche dich, Órkan! Ich räche dich, Tarik!, schoss es ihm durch den Kopf, und dann zog er den Abzug durch.

Villa Nazionale, Strà: Sonntagnachmittag

»So etwas habe ich schon lange erwartet!«, ärgerte Roberto sich und ließ den Streifschuss an seinem linken Arm verbinden. »Nur natürlich nicht heute! Mit so viel Polizeikräften um mich herum!«

»Du solltest mir die Adresse deines Schutzengels geben«, brummte Umberto und betrachtete den ruinierten Uniformärmel seines Freundes, »er wäre jetzt arbeitslos, wenn du dich nicht in dem Moment, als dieser XX. *Gennaio*-Terrorist abdrückte, zu mir herübergebeugt hättest. Das einzig Positive ist, dass du deine ungeliebte Uniform so nicht mehr wirst tragen können.«

Julia hatte bis hierher kein Wort gesagt, sie fürchtete, das Zittern ihrer Stimme könnte ihre schreckliche Angst um Roberto verraten. Als der Schuss gefallen war, hatte er sie im selben Augenblick zu Boden gerissen und sich über sie geworfen. Sie war benommen liegen geblieben und hatte überhaupt nicht mitbekommen, was um sie herum geschah. Die Sicherheitskräfte griffen ein, Schüsse peitschten allenthalben durch den Park der Villa Nazionale, und sie wurde mehr gezerrt und getragen, als dass sie lief, und in die Innenhöfe der Villa gebracht, wohin sich auch die übrigen Festteilnehmer flüchteten.

Ziemlich bald kam die Entwarnung, der Terrorist war ein Einzeltäter gewesen, aber unzweifelhaft ein Mitglied des XX. *Gennaio,* und auf der Flucht von den italienischen Sicherheitskräften erschossen worden: Sadqi Yazer, dreiundzwanzig Jahre alt, Palästinenser aus Nablus, voller Drogen. Aber nicht sie hatten ihn getötet, sondern sein Hass.

Julia wollte so schnell wie möglich zu Luciano und den Kindern ins *Ca'Vecchia* Brandolin, und Roberto sollte unbedingt mitkommen. Aber er beruhigte sie, schickte sie mit einem Polizeiwagen nach Hause und versprach, sofort nach einer Lagebesprechung in der Questura nachzukommen.

Sie schloss die Augen, atmete dreimal tief durch, öffnete sie wieder und sah ihren Mann gefasst an, er hatte Sorgen genug, brauchte nicht auch noch welche durch sie.

»*Signorsi, dirigente*!«, sie lächelte sogar ein wenig und sah die Erleichterung und auch ein bisschen Hochachtung in seinen Augen.

Luciano hörte ihren Bericht voller Sorge.

»Wieder einer weniger vom XX. *Gennaio*!«, sagte er voller Ingrimm. »Viele können es nicht mehr sein. Nur gut, dass sie nicht *IL Terzo* auf den Chef angesetzt haben, der hätte nicht so gepfuscht.«

Seine Gedanken behielt er für sich. Sie wollten uns nur zeigen, dass sie jederzeit und überall in der Lage sind, zuzuschlagen, und haben diesen jungen Araber als Zicklein an der Tigerfalle benutzt, er hatte keine Chance, zu entkommen. Und sie wollten die Aussagen auf dem Video, der palästinensische XX. *Gennaio* habe sich aufgelöst, als falsch hinstellen.

Was genau den Überlegungen seines Chefs entsprach.

Während der nächsten beiden Wochen geschah absolut nichts, außer dass Roberto wieder so ein mysteriöses Fax erhielt; aber da er Giulia von den anderen nichts erzählt hatte, behielt er auch den Eingang dieses, die schrecklichen, von dem Beobachter Luzifer geschilderten Vorkommnisse für sich, denn Julias Nerven beruhigten sich langsam, besonders die Ablenkung durch ihre Arbeit im Hospital half ihr. Fra Ioannis Laborleiterin hatte sie mit einer spannenden Testserie betraut, und Julia stürzte sich tief in die Arbeit.

Roberto informierte Ari, aber der wusste schon davon, hatte das gleiche Fax erhalten.

»Sie hatten recht, Roberto, mein Verdacht gegen Gabrièlla El-Atasoy als Verfasserin ist nun hinfällig.«

»Aber wer kommt dann dafür infrage?«

»Ich habe nicht die geringste Ahnung.«

Roberto auch nicht, er zeigte Luciano und Umberto das Fax:

»Neuigkeiten von Luzifer:
Jacov Brovekean * 14. Oktober 1975 in Nahariyya
Órkan Sadqi * 7. Juni 1975 bei Jericho
Studenten an *IL Bò*«

Sie kamen beide aus Israel, hatten eine gemeinsame Sprache und dieselbe Universität besucht, und sie gehörten beide Minderheiten an.

Dennoch lebten sie in zwei verschiedenen Welten. Die gemeinsame Sprache sollte für einen von ihnen zur Todesfalle werden.

Jacov war Amenier und gehörte wie seine Eltern zur Minderheit gregorianischer Christen in Israel, die zwar durch ein Patriarchat in Jerusalem vertreten war, aber trotzdem von nicht wenigen israelischen Mitbürgern und Behörden mit Misstrauen gesehen wurde.

Jacovs 1900 geborener Großvater war dem Pogrom durch die Türken 1915 als Einziger seines Dorfes entkommen, die übrige Familie des Goldschmieds Brovekean wurde am Musch, einem Taurusausläufer, niedergemetzelt. Bei Verwandten in Bethlehem fand er Zuflucht. 1920, als im Frieden von Sèvres ein freier Armenierstaat beschlossen wurde, kehrte er zurück, musste aber vor erneuten Massakern durch die Türken flüchten, als 1923 im Frieden von Lausanne das armenische Land erneut den Türken überlassen wurde.

Jakovs Vater, der 1935 im obergaliläischen Rama geboren wurde, kämpfte als Vierzehnjähriger für die Unabhängigkeit Israels, aber voll integriert sollte er in den neuen jüdischen Staat nie werden.

Weil Armenier zumindest in Israel nur Armenierinnen heiraten, verlobte Jakov sich mit einer Cousine aus Bethlehem, deren Vater vom Schnitzen schöner Krippenfiguren aus Olivenholz lebte. Als ein anderer Onkel, der in Italien lebte, ihn zu einem zweijährigen Studium dorthin einlud, verließ Jacov schweren Herzens seine Francine und siedelte nach Italien über.

Sehr bald kam er durch Mirella, eine Kommilitonin der philosophischen Fakultät, in einen amerikanisch-israelisch-italienischen Diskussionsclub, der von Gabrièlla geleitet wurde, einer halben Palästinenserin aus Sabatiya. Hier lernte er Órkan kennen, und sie stellten fest, dass sie zusammen in Haifa an der Universität gewesen sein mussten.

Órkans Eltern hatten ursprünglich in der Nähe von Jericho gelebt, bis militante, jüdische Siedler sie vertrieben. Sein zwölfjähriger Bruder kam bei einer Straßenschlacht mit israelischen Soldaten in Nablus ums Leben, Órkan selbst erhielt ein Stipendium an der Universität in Haifa.

Aber er konnte die Ungerechtigkeit und die unwürdigen Bedingungen, unter denen seine alten Eltern in einem Flüchtlingslager leben mussten, nicht vergessen, und so schloss er sich der kleinen, im Ausland operierenden Terrorgemeinschaft des XX. *Gennaio* an, denen er wegen seiner italienischen Sprachkenntnisse – die er ebenso wie Jacov an der Universität von Haifa erworben hatte –

hoch willkommen war, und sie setzten ihn an der Universität von Padova auf israelische Kommilitonen an.

Jacov und Órkan wurden unzertrennliche Freunde, die Minderheitsgemeinschaft schläferte Jacovs Wachsamkeit ein. Ein amerikanischer Kommilitone, dem Namen nach ein Jude, warnte ihn vor Drogen und arabischen Kontakten.

»Du bist Jude!«, hatte Jacov David Salzmann geantwortet. »Ich bin Christ und mein Freund Moslem, aber beide sind wir Israelis. Uns brauchst du nicht voreinander zu warnen.«

Jacov erzählte Órkan davon, und beide lachten über den Amerikaner, den sie für einen Spitzel vom FBI, CIA oder der DEA hielten. Sie vermieden weitere Begegnungen mit dem Mann.

Henry, ein in Israel geborener Student, kam in die Diskussionsrunde und hielt einen Vortrag über die Gefährlichkeit von Crack, aber er bewirkte das Gegenteil, machte sie neugierig, denn ihnen war der Umgang mit Drogen nicht unbekannt. Jacov hatte an der Uni in Israel Bekanntschaft mit Pot und Maria Johanna – wie sie Marihuana damals verniedlichend nannten – gemacht und behauptete von sich, gegen Rauschgift immun zu sein.

Er war es – Ironie des Schicksals –, der Órkan zum Rauchen von Joints brachte, und der revanchierte sich mit Crack, der neuen Wunderdroge aus USA. Als Jacov am Beginn des Wintersemesters nach Padova zurückkehrte, empfing Órkan ihn mit einer Pfeife voller Crack, der Flash erreichte ihn nach fünf Sekunden, und Jacov verlangte eine zweite.

Als er danach betäubt liegen blieb, führte ihm Órkan die Hand mit der Spritze voller Heroin, Jacov erwachte nie wieder. Òrkan verschwand aus Padova, er hatte sich vorsichtshalber in Bologna unter anderem Namen mit anderen Papieren immatrikuliert.

Bei einer Polizeirazzia am 20. März des kommenden Jahres, die gegen den XX. *Gennaio* gerichtet war, fiel Órkan aus einem Fischerkahn in einen Seitenarm des Po di Goro.

Der Fluss führte Hochwasser, Órkans Leiche wurde nie gefunden, die Aale des Podeltas leisteten ganze Arbeit.

»Jacov Brovekean † 6. Oktober 2001
Órkan Sadqi † 20. März 2002
Yazer Sadqi † 14. April 2002«

»Wieder dieser Chronist Luzifer«, sagte Luciano und schüttelte sich, »den müsste man wegen unterlassener Hilfeleistung zur Rechenschaft ziehen!«

»Wegen Mittäterschaft!«, berichtigte Umberto.

»Ari hat bei den ersten beiden Faxen Nachforschungen anstellen lassen, alles, was nachprüfbar war, stimmt, außer natürlich die Namen der palästinensischen Täter«, erklärte Roberto, »diesmal wird es genauso sein! Aber warum schickt Luzifer es jetzt? Ich könnte mir denken, es soll die Existenz der Terroreinheit XX. *Gennaio* untermauern.«

»Seh ich auch so«, sagten Luciano und Umberto gleichzeitig, »aber wer ist er?«

»Ari hatte Gabrièlla in Verdacht, ich nicht«, sagte Roberto und dachte bei sich: Vielleicht hat Bartolomeo Coglione seinen Geheimdienstdaumen in der Suppe? Sein Vetter!

Thiene: Samstag

Der saß vertieft in ein altes, zerfleddertes Buch auf einer kleinen Steinmauer vor der Marienkapelle, außerhalb der Stadtmauern von Thiene und durch eine Straße getrennt von der hohen Mauer, die das Castello da Porto Colleoni umgab.

Julia und Roberto konnten nicht ungesehen an ihm vorbei, und so sprach er, innerlich mit den Zähnen knirschend, seinen Vetter an.

»Sind wir irgendwie verabredet?«

Überaus überrascht – und das schien nicht gespielt – blickte Bartolomeo Coglione von seiner Lektüre auf.

»Alle hätte ich hier, nur euch nicht erwartet«, er stand auf und begrüßte Julia herzlich mit einem Wangenkuss, machte aber nach einem Blick auf Robertos abweisendes Gesicht keine Anstalten, ihm auch nur die Hand zu geben.

»Ich habe auf dem Kommissariat zu tun, und anschließend wollen wir das Castello besichtigen«, bemüßigte der Padovaner sich zu erklären und streifte das Buch in der Hand seines Vetters mit einem abwertenden Blick, »d'Annunzio? Das passt zu dir.«

»Hat er mich erwischt!«, Bartolomeo verdrehte gespielt verzweifelt die Augen und hielt Julia den Titel hin. »*IL Fuoco*. Aber es hat überhaupt nichts mit Faschismus zu tun. Es ist große italienische Literatur. Magst du d'Annunzio, Cousinchen?«

Julia musste zugeben, dass sie den Namen zwar schon gehört habe, aber mit ihm nichts verbinden könne; und gerade, als Bartolomeo den Mund aufmachte, um über seinen Lieblingsschriftsteller in begeisterte Reden auszubrechen, meinte Roberto, sein Termin warte nicht auf ihn, hakte seine Frau unter und wollte mit ihr weitergehen.

»Du willst doch wohl deine entzückende Frau nicht mit in das verstaubte Kommissariat nehmen! Lass sie mir hier, ich passe auf sie auf und lade euch nachher zum Mittagessen ins *Al Portegheto* ein! Und keine Widerrede, du hast genauso dienstfrei wie ich.«

Jede Faser sträubte sich in Roberto; ihm waren das wiederholte Zusammentreffen und eine gewisse Vertrautheit zwischen seiner Frau und seinem ungeliebten Vetter nicht entgangen, die meistens im *Ca'Rosso,* wo er zurzeit bei Robertos Mutter wohnte, aufeinander getroffen waren. Es war keineswegs Eifersucht, die ihn quälte, nur der Gedanke an die undurchsichtigen Machenschaften seines Vetters. Es bedurfte nur so eines kleinen Hinweises wie die Vorliebe Bartolomeos für d'Annunzio, den literarischen Wegbereiter des Faschismus, der Robertos tiefes Misstrauen mit neuer Nahrung versorgte.

Julia sah ihren Mann erwartungsvoll an, und in ihm regte sich sein Gewissen ein klein wenig; sie für unbestimmte Zeit in der Wachstube abzustellen, dazu war der Frühlingsmorgen viel zu schön, das hatte sie wirklich nicht verdient.

»Zwei Stunden werde ich wohl brauchen, treffen wir uns hier wieder?«, und ohne auf eine Antwort zu warten, fuhr er fort, indem er auf das Wappen über dem gotischen Spitzbogeneingang der Marienkapelle deutete: »Das Wappen hat der wortgewaltige d'Annunzio auch beschrieben. Seine Gesänge sind nicht schlecht, Giuli. Omeo wird dich sicher einführen in die Welt des d'Annunzio.«

Er drehte sich abrupt um, überquerte die Straße und war bald hinter der Ehrenkapelle für alle Opfer der Kriege verschwunden, und so entging ihm das erfreute Aufleuchten in den Augen seines Vetters; die Anrede Omeo, die Julia ganz selbstverständlich gebrauchte, ging Roberto normalerweise schwer oder gar nicht über die Lippen.

Julia blickte auf das Wappen des Colleoni, und Omeo wies sie auf das gleiche Wappen hin, das über dem jetzt verschlossenen Eingang zum Castello da Porto Colleoni jenseits der Straße angebracht war, die drei Hodenpaare, im Sandsteinhalbrelief schön ausgearbeitet und gut renoviert.

»Dreifach hatte er im unbesiegten Schild das fleischliche Zeichen der männlichen Macht! Das Zitat von d'Annunzio hat dein Mann wohl gemeint.«

»Was hat denn Bartolomeo Colleoni hier gemacht?«, sie ging nicht auf den ihr unbekannten Dichter ein, und ihr Erstaunen war echt. »Nach seinen Anfangsjahren in Mittelitalien waren doch das westliche Veneto und die damals dazugehörenden Städte Brescia und Bergamo sein Lebensmittelpunkt, wenn ich dich recht verstanden habe, und nicht das nördliche Veneto?«

»Hast du! Es ist das Wappen des Guardino Colleoni.«

»Seines Urgroßonkels?«

»Lass uns frühstücken gehen, dabei erkläre ich es dir gern. Ich habe nämlich hier in Thiene eine fabelhafte Entdeckung gemacht.«

Gespannt folgte ihm Julia zu einer Bar, die im Schatten der hohen Schlossmauer lag, und nach einem *capuccino* und einem *brioche* vor sich, wartete sie gespannt auf die Enthüllung seiner Erkenntnisse.

»Mich treibt schon lange um, ob dieses triorchide Wappen von Bartolomeo Colleoni erstmals geführt wurde oder schon ein älteres Familienwappen ist. Die Geschichte von Königin Giovanna, die es ihm verliehen hat, weil er so gute Dienste in ihrem Bett geleistet haben soll, ist nachweislich falsch, sie hat ihm die zwei Löwenköpfe, die ein schräges, rotweißes Band im Maule halten, als persönliches Wappen verliehen, und es gibt verschiedene Hinweise, dass das Wappen mit den drei Hodenpaaren tatsächlich schon älter ist. Und den Beweis habe ich hier gefunden, durch ebenjenes Wappen des Guardino Colleoni hier in Thiene.«

»Bartolomeo Colleonis Urgroßonkel?«

Als sie ihre Frage jetzt zum zweiten Mal stellte, bekam sie eine Antwort.

»Nein, dieser Guardino Colleoni hier hieß mit vollem Namen Orazio Guardino Colleoni, wurde 1796 geboren und stammt in direkter Linie von Testino Colleoni ab, einem der vier mörderischen Onkel, die den Vater des großen Condottiero Bartolomeo Colleoni ermordet haben.

Aber nachtragend war der nicht, sondern ungemein großherzig und großzügig wie sein Vater. Er hat seinen Vetter, Testinos Sohn Giovanni Guardino, zum Präsidenten der Pio Luogo gemacht. Weißt du, was das ist? Nein? Eine Stiftung Colleonis in Bergamo für mittellose Mädchen, für die der Pio Luogo eine Mitgift bereitstellte. Mit vollem Namen heißt diese übrigens heute noch bestehende Stiftung Pio Luogo della Pièta di Bergamo.

Und mindestens neun direkte Nachfahren Testino Colleonis haben den Posten eines Präsidenten der Pio Luogo innegehabt. Aber wo war ich stehen geblieben?«

»Orazio Guardino Colleoni. Wie ist der hierhergekommen?«, Julia war ehrlich interessiert.

»Er wurde 1817 von seinem Onkel, dem Grafen Porto, adoptiert als Orazio Guardino Colleoni-Porto; und diese Linie hieß bis zum Erlöschen der männlichen Linie 1918 Colleoni-Porto. Das ist ziemlich verwirrend, wenn man nicht in der Materie steckt. Hier«, er zog ein zusammengefaltetes Blatt aus seiner Brusttasche, »da siehst du, dass Orazio Guardino in direkter, nachweisbarer Linie von Testino Colleoni abstammte, dem Onkel Bartolomeos. Und wenn Orazio Giuardino dieses Wappen hier hat anbringen lassen, beweist das, dass auch andere Zweige des Coglione-Geschlechts dieses Wappen schon in Vor-Bartolomeo-Colleoni-Zeiten geführt haben.«

»Testino Coglione ist also der, der seinen Vetter Puhò, Bartolomeos Vater, mit umgebracht hat?« Julia sah voller Interesse auf das Blatt, auf dem die Genealogie der Guardino-Testino-Coglione fein säuberlich aufgemalt von Omeo glattgestrichen wurde.

Der Ausdruck seines Gesichts, vom Jagdeifer geprägt, wirkte so vollkommen anders, interessiert, offen und erwartungsfroh, dass Julia in diesem Augenblick aufging, warum Roberto und er immer wieder aneinandergerieten. Einer stellte seine Arroganz gegen die des anderen, in ihrem Jagdeifer waren sie sich so gleich wie Brüder, und ihre Ähnlichkeit wollten beide nicht wahrhaben, pochten auf ihre Unterschiedlichkeit, die bei dem einen in einen gnadenlosen Antifaschismus und bei dem anderen in einen von Julia als trotzig empfundenen Faschismus mündete.

»Du hörst mir ja gar nicht zu, Cousinchen!«

»Aber sicher! Und nach diesem Stammbaum wird mir auch einiges klar«, sie blickte voller Interesse auf das Blatt. »Ich musste eben daran denken, wie ähnlich ihr euch seid«, bemerkte Julia.

»Testino Coglione und ich?«, er hob abwehrend die Hände. »Ich habe keinen Onkelmord auf dem Gewissen. Und Testino eigentlich auch nicht richtig, er hat seinem Bruder Giovanni vertraut und den Mord nicht verhindert. Er wurde später sogar Bürgermeister von Bergamo.

Bartolomeo Colleonis Großzügigkeit ist mir zwar nicht ganz verständlich, aber sie war sprichwörtlich; er hat auch seinen Vetter Guardino, den Sohn Dondaccios, des jüngsten der vier Mörderbrüder, als Condottiero in seiner eigenen Elitetruppe beschäftigt und vertraut; also Rache bis ins dritte und vierte Glied fand bei Bartolomeo Colleoni nicht statt.«

Julia studierte den Stammbaum und lächelte.

»Du lenkst ab! Nein, ich meine Roberto und dich, ihr seid euch in einigem ziemlich ähnlich.«

Omeo schaltete sofort um und sein charmantestes Lächeln ein.

»Natürlich! In der Verehrung deiner Person! Aber sonst verbindet ihn nur Verachtung mit der meinen.«

»Provozierst du ihn nicht dauernd mit deinem dick aufgetragenen faschistischen Gehabe? Und eure Arroganz! Wenn ihr euch vor der übrigen Welt schützen wollt, und voreinander, setzt ihr sie bisher mit großem Erfolg ein, auch gegeneinander.«

Er antwortete nicht, nippte an seinem inzwischen erkalteten *cappuccino* und sah sie dann entwaffnend lächelnd an.

»Du solltest Seelenklempnerin werden, Cousinchen! Unglaublich, wie du uns durchschaust! Nicht einmal mir ist das bisher so klar geworden!«

Er seufzte tief.

»Roberto hatte eben die besseren Startbedingungen. Gradlinig von der *caramba* zur Kriminalpolizei und die italienische Verfassung mit der Muttermilch eingesogen!«

»Da machst du dir etwas vor, Omeo! Robertos Vater war ein Südtiroler Nationalist und er wollte unbedingt, dass Roberto dort Weinbauer werden sollte. Und er hat ziemlichen Streit mit dem Alten gehabt, der nie verstanden hat, warum sein ältester Sohn eigene Wege gehen wollte.«

Die Nachkommen Testino Colleonis (einer der mörderischen Onkel, die Colleonis Vater Puhó ermordeten); bis 1746 leiteten sie das von Bartolomeo Colleoni gegründete Pio Luogo in Bergamo.

Guardino Coglione (gest. nach 1403, Bartolomeo Colleonis Urgroßonkel)

↓

(Die 4 mörderischen guelfischen Onkel des Bartolomeo Coglione:)

Giovanni C. ∞ Orsina Suardi — Paolo C. — **Testino C.** — Dondaccio C.

(Vettern und Cousinen von Bartolomeo Colleoni:)

Galeazzo C. — **Giovanni Guardino C.** **(Pio Luogo bis 1466)** — Simone

↓

Alessandro C. — **Testino C.** **(Pio Luogo 1495–1510)** — Febo C. — Paolo C. — Margharita

↓

Guardino C. ∞ Margharita Suardi **(Pio Luogo 1532–1550)** — Giovanni Antoni C.

↓

Margharita — Francesco C. — Allessandro C. — Giulia — Paolo C. — **Febo C.**∞ Agostina Passi **(Pio Luogo 1564–1605)**

↓

Elena — 1. Conte di Solza **Guardino C.** ∞Giulia Franchetti **(Pio Luogo 1630–1658)**

↓

Alessandra — 2. Conte di Solza **Febo C.**∞Cornelia Grumelli **(Pio Luogo 1660–1666)**

↓

Antonio C. — **Alessandro C.**∞ Vittoria Benaglia bis 1712 **(Pio Luogo bis 1686)**

↓

3. Conte di Solza **Francesco Colleoni** **(Pio Luogo bis 1746)**

↓

4. Conte di Solza **Alessandro Colleoni**

↓

Orazio Colleoni

↓

Alessandro C. (1738-1806) ∞ Teresa Capra

↓

Claudio Francesco (1775 - 1794) — Ortesia (1779 - 1872) — **Orazio Guardini Colleoni** ∞ Cristina dei Conti Roncalli (1796–1848) **(Colleoni-Porto ab 1817)**

↓

Gentile Alessandro Colleoni-Porto ∞ Teresa dei Conti Bissarro (1818–1868) — Giulia — Teresa — Olimpia — Elisa

↓

Orazio — Olimpia — **Guardino Vicenzo Colleoni-Porto** ∞ Donna Carolina Giustiani Bandini **(1846–1918)**

»So? Aber er hat sich durchgesetzt. Ich dagegen bin in die Fußstapfen meines Vaters gestiegen und habe mein Leben lang versucht, sie auszufüllen, ihm alles recht zu machen. Aber er war nie mit mir zufrieden, ich war ihm zu lasch und zu lau. Dabei ... oh, beinahe hätte ich Staatsgeheimnisse verraten!«, er flüchtete sich in seinen spöttischen Humor.

»Wie Roberto!«, Julia lächelte über das erneute Hervortreten familiärer Ähnlichkeiten.

»Sag mal, Cousinchen«, sein Ablenkungsmanöver war allzu offensichtlich, »verstehst du etwas von Anatomie?«

Sie sah ihn über den Rand ihrer Sonnenbrille gespielt gekränkt an, und er erhob die Hände, wie um sich zu ergeben.

»*Mi dispiace*! Natürlich weiß ich, dass du an deiner Doktorarbeit schreibst, unserem Geheimdienst entgeht nicht alles!«

Wieder dieser spöttische Humor, aber als er sah, dass Julia sich kerzengerade hinsetzte, die Sonnenbrille abnahm und ihn inquisitorisch anblickte, fühlte er sich gar nicht wohl in seiner Haut.

»Woher weißt du das? Und versteck dich ja nicht wieder hinter Staatsgeheimnissen!«

»Hat Roberto dir nicht davon erzählt? Von dem Staatsgeheimnis, meine ich. Eigentlich dürfte ich nicht ... na, was soll's, es ist ja sowieso vorbei ...«, überlegte er laut.

»Also! Unser italienischer Geheimdienst ...«

»... der Betrieb, so unwissend bin ich nun auch nicht ...«

»... der Betrieb hat David beobachtet, wie er vierzehn Tage lang in euer Haus gegangen ist, um den *dirigente* des Drogendezernats ...«

»Umberto?«

»Umberto Tamassia zu treffen. Aber sie haben deinen Mann in dem Glauben gelassen, David habe dich besucht, um ...«

»... um Robertos Eifersucht zu schüren!«, Julia war blass geworden, als ihr bewusst wurde, was an Inrigen hinter ihrem Rücken gelaufen war. »Aber du hast gewusst, dass ich zu der Zeit immer schon im Hospital war, und du hast Roberto aufgeklärt?«

Der befehlsgewohnte Polizeioffizier schien im Straßenpflaster versinken zu wollen, und Julia kamen leichte Zweifel, ob er wirklich einer war.

»Na ja, dein Mann ist von selbst draufgekommen. Du musst wissen, Befehle …«

Aber Julia hörte gar nicht mehr zu; Glück erfüllte sie, dass Roberto seine eifersüchtigen Fehleinschätzungen selber korrigiert hatte; zwar mithilfe seiner wahren Freunde Umberto und Luciano, hatte er angedeutet, aber letztendlich doch allein!

»Du hast ein anatomisches Problem«, Julia kam in die Gegenwart zurück und blickte den in Schweigsamkeit versunkenen Omeo an, der blicklos auf die gegenüberliegenden Geschäftsauslagen starrte, mit der linken Hand seinen rechten Oberarm umspannte und ihn von oben nach unten rieb, immer wieder, eine Geste, die Julia auch schon im *Ca'Rosso* aufgefallen war. Er antwortete nicht.

»Du hast Schmerzen?«

Auch er kam in die Gegenwart zurück, nahm fast hastig seine linke Hand zurück und schien irgendwie dankbar, dass der Kellner in diesem Augenblick einen neuen, heißen *cappuccino* vor ihn hinstellte. Er war ein ausgeprägter Linkshänder und drehte den Henkel der Tasse auf die andere Seite, bevor er sie aufnahm.

»Du hast Schmerzen?«, Julia ließ nicht locker.

»Das ist unwichtig, nur manchmal. Die Knochen, aber ich werde wohl auch langsam älter. Nein, ich meine, ob du etwas von der Eigentümlichkeit der Triorchiden weißt.«

»Lass dich lieber durchchecken«, Julia blieb bei ihrem Thema, »du machst diese Bewegung öfter.«

»Manchmal wache ich nachts vor Schmerzen auf.«

»Siehst du. Ich kann einen Termin für dich bei Fra Ioannis machen.«

»Könntest du nicht …?«

»Nein, dazu braucht es einen erfahrenen Arzt mit allen klinischen Untersuchungsmöglichkeiten. Versprich mir, dass du einen Termin mit ihm machst?«

»Wenn du mir etwas über Triorchiden erzählst!«

»Abgemacht. Ich kann dir aber nichts über die neueste Forschung dazu berichten, nur über die Erkenntnisse der pathologischen Anatomie bis etwa in die Dreißigerjahre des vorigen Jahrhunderts.«

»Wieso?«

»Weil meine Vorlesung in Deutschland die Geschichte der pathologischen Anatomie zum Thema hatte.«

»Und da kamen auch die Triorchiden vor?«

»Und ob!«, Julia kicherte in Erinnerung an den skurrilen Professor, dessen geheimes Steckenpferd dieses Thema war. »Der Professor hatte eine Vorliebe für mich, und immer, wenn sich jemand für die Übungen zur Vorlesung nicht vorbereitet hatte, musste ich den Professor ablenken.

Sagen Sie mal, Her Professor, war der sizilianische Tyrann Agathocles wirklich der erste nachgewiesene Triorchide? Und er war dann sofort abgelenkt und zitierte seinen Gerhard Blaes von 1670: ›… tres, ut in Agathocle Siciliae Tyranno …‹

Oder: Herr Professor, ich habe gehört, der Humanist Francesco Filfelfo hatte tatsächlich drei Hoden, hat man festgestellt, als er 1481 starb? Und der Prof zitierte Filfelfo selbst, der von sich geschrieben hatte, ›… testes tres mihi bella movent.‹ Aber am schönsten und ausgedehntesten waren seine Kommentare zu dem hessischen Landgrafen Philipp dem Großmütigen, wenn er über dessen Poliorchidie ins Schwärmen kam. Wenn er sich nicht vorbereitet hatte, referierte er mit Vorliebe darüber.«

»Poliorchidie? Hatte der Graf mehr als drei Hoden?«

»Wohl nicht, aber an seiner Leiche wurden tatsächlich drei mit Sicherheit festgestellt: ›… inspecto a medicis corpore triorches repertus.‹ Dieser Reformationsförderer – ihr Italiener nennt ihn Filippo Generoso – hat seine Triorchidie als Rechtfertigung für seine zweite, geheime Heirat mit Margarethe von der Saal angegeben.«

»Dein Gedächtnis ist nicht schlecht. Sind Triorchiden eigentlich potenter als normale Männer?«

»Mein Prof war davon überzeugt, aber es gibt keine Beweise, außer, und da kommen wir jetzt zu dem Mann, den mein Prof natürlich auch erwähnt hat und um den es dir ja wohl eigentlich geht, nicht wahr, Coglione?«

»Bartolomeo Colleoni, was wusste dein Prof über ihn?«, wieder dieser Jägerblick, den auch Roberto ebenso aufgesetzt hätte.

»Eigentlich hauptsächlich das, was du heute herausgefunden hast: dass es sich um ein schon vor Lebzeiten des *capitano generale* aufgetretenes Familienwappen der alten Langobarden-Familie Coleus, Colius, Coleo, de Colionibus, Colleonus, Culione, Collioni, Coglioni, Coijoni handelte. Vielleicht hat ein Vorfahre wirklich unter Triorchidie gelitten.«

»Wieso gelitten?«

»Na, unter einer Rüstung stelle ich mir das sehr unbequem vor.«

»Das ist alles?«, Coglione war enttäuscht.

»Na ja«, Julia dachte nach, was ihr Prof noch von sich gegeben hatte, »die vermeintliche Triorchidie Bartolomeo Colleonis stützt sich zumindest auf Leonardo da Vincis Ausführungen in seiner Anatomia: ›... come i coglionj sono causa d-ardjmento, wie die Hoden Ursache des Mutes sind‹, und davon hatte Colleoni wohl mehr als andere. Und ein Autor namens Spontone ...«

»Circo Spontone, dessen unveröffentlichtes Manuskript in der Stadtbibliothek von Bergamo liegt?«

»Der wird es wohl sein, er hat Bartolomeos Triorchidie als bewiesen angesehen und beschreibt ihn so: ›... er besaß einen großen Kopf, eine gebogene Kehle und einen dicken Hals; und d r e i Hoden; wodurch er bekanntlich aus natürlichen Gründen geneigt war, weise, mutig, klug, kühn, verschwiegen, geistreich, standhaft, treu, lebhaft und mit allen liebenswürdig zu sein‹.«

»Da würde man mehr Männern drei Hoden wünschen! Du hast ein phänomenales Gedächtnis, Cousinchen.«

»Was meinst du, wie oft ich mir das anhören musste! Ein ganzes Semester lang! Und da der Prof sehr vergesslich war, hat er alles mindestens viermal erzählt!

Die Sage von der Triorchidie hat damals jedenfalls viele gelehrte Männer beschäftigt, die Anatomen Caspar Bauhin, Thomas Bartolinus, Werner Rollfinck und Reinier de Graaf, alle im 16. oder 17. Jahrhundert lebend, haben sie als bewiesen weitergegeben, und sogar der 1620 gestorbene Rechtsgelehrte Kornmann meint, Bartolomeo Colleonis triorchide Vorfahren hätten die genetisch bedingte Dreihodigkeit dem Helden Bartolomeo vererbt.«

»Ich bin beeindruckt, *dottoressa*! Aber aus deinen Worten schließe ich, dass du nicht daran glaubst.«

»Poliorchidie, also auch die Triorchidie, ist seltener, als man glaubt, meistens eine Pseudotriorchidie.

Die Fortschritte in der anatomischen Forschung seit dem 18. Jahrhundert haben die zahlreichen Fälle von vermuteter Triorchidie auf dem Seziertisch meist als irgendwelche pathologischen Veränderungen entlarvt, der Wunsch nach mehr sexueller Potenz der Vater des Gedanken.

Und weil Bartolomeo Colleoni dem weiblichen Geschlecht so zugeneigt war und drei Hoden im Familienwappen führte, ist seine vermeintliche Triorchidie vermutlich nur ein Überschuss an Testosteron gewesen.

Und leider können wir den *condottiero* ebenso wenig befragen wie Filippo Generoso, den nicht seine Triorchidie, sondern seine Bigamie ein schlimmes Ende hat finden lassen.

Also erstens gibt es äußerst selten echte Triorchiden, und deshalb gibt es zweitens mangels Versuchspersonen auch keine Untersuchungen darüber, ob sie mehr Potenz besitzen als normale Männer.

O, es ist schon spät, wir sollten zum Treffpunkt mit Roberto gehen.«

»Danke, *dotoressa*.«

Sie erhoben sich und machten sich auf den Weg. Vor dem Tor zur Villa Porto Colleoni blieb Julia stehen und sah sich das Wappen der Colleonis noch einmal genauer an.

»Triorchidie würde ich ausschließen und etwas ganz anderes schlussfolgern«, sagte sie nachdenklich, »schau mal genau hin! Das Wappen zeigt nicht drei *testiculi*, sondern sechs, nämlich drei Hodenpaare.«

»Jetzt, wo du es sagst! Und welche Schlussfolgerung ziehst du daraus?«

»Du bist der Polizist.«

»Wenn wenigstens du das glaubst!«

»Ich würde meinen, dass einer der Vorfahren Bartolomeo Colleonis drei Söhne hatte, die jeweils reich an männlichen Nachkommen waren, und dass dieser Vorfahr deshalb die drei Hodenpaare zum Wappen erkor.«

Er schwieg ein Weilchen und nickte dann zustimmend.

»Da hätte ich wirklich selber draufkommen können! Das könnte Capilliata Ghisalberto Coglione gewesen sein, ein *capitano generale* der Kirche, der bis 1371 Botschafter in Bologna war. Ghisalberto könnte dieses Wappen mit insgesamt sechs *coglioni* begründet haben. Der 1371 erwähnte Ghisalberto hatte vier Söhne, und nur drei von ihnen begründeten neue Linien: Guardino mit den vier mörderischen Söhnen, die Colleonis Vater töteten; Guidotto mit zwei Söhnen, von denen einer die Bartolomeo-Colleoni-Linie begründete; und schließlich Tommaso, auch mit vier Söhnen.

Oder aber«, er sah nach innen, »das triorchide Wappen entstand noch früher. 1102 wird ein noch älterer Ghisalberto Coglione erwähnt, der sechs Söhne hatte, im Wappen sind drei Hodenpaare, also sechs Hoden, zu sehen, einer für jeden Sohn. Und der fünfte dieser Söhne, Alberto, gestorben nach 1173, begründete die Coglione-Linie, aus der letztlich Bartolomeo Colleoni stammt.«

»Du hast aber auch kein schlechtes Gedächtnis, wenn du alle jemals erwähnten Coglioni samt Jahreszahlen im Kopf hast«, Julia bewunderte ihn ehrlich. Er freute sich über ihr Lob und zog ein weiteres Blatt mit einer Kurz-Genealogie aus der Tasche, sein Vorrat schien unerschöpflich.

»Hier!«

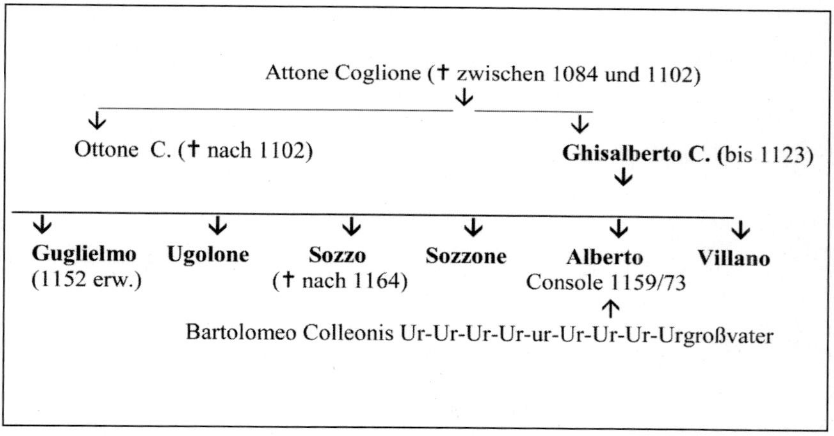

»Cousinchen, du hast mir heute sehr geholfen! Ich danke dir. Hast du auch so einen Bärenhunger?«

»Riesigen! Tust du mir einen Gefallen, Omeo?«

»Wenn ich kann, jeden!«

»Erwähne das Thema *ospedale* und Doktorarbeit in Gegenwart Robertos nicht!«

»Ist er etwa dagegen?«

»Er weiß es nicht einmal.«

»O, o, Cousinchen, du hast also auch einige Geheimnisse vor dem *marchese*? Keine Angst, ich schweige«, und er sagte ihr nicht, dass das Gerücht ging, der Syndikatsboss Colleoni sei unglaublich potent dank seiner Triorchidie. Henry Salzmann hatte es irgendwo aufgeschnappt und ihm erzählt.

Thiene, Samstag

Sie fanden Roberto nicht vor der Marienkapelle, dafür aber klingelte Julias Handy, und Roberto informierte sie, dass er etwas später zum Essen käme, sie sollten ruhig schon anfangen.

Im *Al Portogheto*, das in einem unscheinbaren Haus außerhalb des historischen Stadtkerns lag, bestellten sie erst einmal nur Vorspeisen, um danach auf Roberto zu warten.

»Nach meiner Vorlesung über Triorchiden erwarte ich nun eine von dir, Omeo!«

»Worüber?«

»D'Annunzio. Was an diesem Mann macht Roberto so ungehalten?«

»Drei Dinge, dass Gabriele ein Chauvinist, zweitens ein Exzentriker und vor allem der literarische Wegbereiter des italienischen Faschismus war, so einfach ist das«, er reichte Julia die Platte mit dem hauchfeinen geräucherten Lachscarpaccio, träufelte sich noch etwas Olivenöl darüber und streute den geraspelten Grana Padano darüber.

Er isst genauso konzentriert genießend wie Roberto, sie beobachtete ihn heimlich, er ließ sich – genauso wie Roberto es getan hätte – den Korken des aufgezogenen Valpolicellaweins reichen und roch daran, nickte dann zustimmend, und Julia entdeckte immer mehr Gemeinsamkeiten zwischen den beiden Vettern.

»Na, dann hat er bei meinem Mann keine Chance«, Julia erwiderte den Toast Omeos, »aber was hat Roberto gemeint, die Gesänge seien nicht schlecht?«

»Bei ihnen handelt es sich um eine 1903 bis 1904 erschienene Trilogie, die als Meilensteine in der italienischen Lyrik der Neuzeit gelten. Ich liebe besonders ihren zweiten Teil, die Elettra, denn tatsächlich war d'Annunzio ein großer Bewunderer Bartolomeo Colleonis, und in dem Teil *Le città del silenzio* besingt er ihn unter Bergamo I bis III, und da kommt auch das von Roberto genannte Zitat vor.«

Er drehte den Stiel seines Weinglases mit der rechten Hand, während seine linke schon wieder den rechten Oberarm massierte, Julia begann sich Sorgen zu machen. Plötzlich hob er den Blick, und seine dunklen Augen schienen Blitze zu schleudern, als er mit nicht sehr gedämpfter Stimme zu deklamieren begann:

»… Dolce correa per la città di Tasso
la melode a destar la verginetta Medea sepolta presso il Coleoni.«[2]

Einige Leute an den Nachbartischen drehten sich um, und zwei junge Mädchen kicherten. Julia fühlte sich ziemlich peinlich berührt, aber Omeo ließ sich nicht halten und wurde sogar noch lauter.

»Oder im zweiten Teil:

… non diemmi forse l'altro Condottiere,
benigno a' suoi ed a'nimici crudo,
col suo gesto il segnal della riscossa?[3]

Oh seme delle nostre primavere!
Triplice egli ebbe nell'invitto scudo
il carnal segno della maschia possa.«[4]

Julia wäre am liebsten im Erdboden versunken, aber Omeo merkte nun selbst, welche Aufmerksamkeit er erregte, und mäßigte seine Stimme.

»Hast du das verstanden? Er war ziemlich sprachgewaltig und wortschöpferisch, die Rechtschreibung interessierte ihn nicht; aber er lässt meinen Colleoni literarisch weiterleben, und das allein zählt für mich.«

Die Gespräche an den Nachbartischen wurden wieder aufgenommen, und Omeo fuhr leiser fort, dass er indirekt noch eine andere Stelle mit Bezug zur Colleoni gefunden habe, aber Julia verstand ihn nicht gleich.

»Ich habe dir doch schon einmal von meinem Großvater erzählt, der auf der Bartolomeo Colleoni gedient hat und sich bei ihrem Untergang knapp hat retten können?«

»Ach, du meinst die Bartolomeo Colleoni, den Leichten Kreuzer?«

2 *Sanfter Schatz für die Stadt des Tasso,*
der Wohlklang weckt die kleine Jungfrau Medea,
begraben dicht neben Colleoni.

3 *Vielleicht war kein andrer Kondottiero so gütig*
zu den Seinen und so hart zu den Feinden,
mit nur einer Geste das Zeichen zum Angriff gebend.

4 *O Samen unseres Frühlings!*
Dreifach trug er im unbesiegten Schild
Das fleischliche Zeichen der männlichen Macht.

»Ja, er ist Weihnachten 1938 in Shanghai angekommmen und dort mit ihr fast ein Jahr geblieben, um italienische Bürger zu schützen. Damals 1900, bei dem Boxeraufstand in China, war kein Schiff dort, um die Italiener zu evakuieren, und fast alle sind grausam ermordet worden. Und d'Annunzio hat seinen berühmten Gesang *Per i marinai d'Italia morti in Cina* geschrieben.«

Julia hoffte, er würde nicht wieder zu deklamieren anfangen, obwohl seine Ausführungen sie durchaus interessierten, ihre Neugier auf alle Lebensbereiche brauchte immer wieder neue Nahrung. Sie fragte deshalb schnell dazwischen.

»Aber hat d'Annunzio den Einsatz der Bartolomeo Colleoni denn noch miterlebt?«

»Den Stapellauf 1932 schon und ihren Einsatz in China auch. Aber da hatte er die Gesänge schon lange geschrieben.

Die Trauer der Mütter aus allen Teilen Italiens um ihre getöteten Söhne ist schwer beeindruckend. Ich gebe dir den Text gelegentlich.«

»Ach, du redest über d i e Gesänge!«

Sie hatten Robertos Kommen nicht wahrgenommen.

»Du meinst sicher, ich rede über die Gesänge der Taten jenseits der Meere«, etwas wie Provokation lag in Omeos Stimme, und Julia wusste instinktiv, dass die beiden sich wieder streiten würden; aber immerhin redeten sie noch miteinander.

»Shanghai liegt doch jenseits der Meere«, versuchte sie zu vermitteln, »und ihr habt beide gesagt, die Gesänge seien ganz große Dichtung. Da wart ihr euch doch einig. Oder habe ich etwas verpasst?«

»Hast du«, Roberto blätterte nebenbei in der Speisenkarte und wandte sich dann ihr zu, »die große Lyrik bezieht sich auf die Gesänge von 1904, nicht auf die Gesänge der Taten jenseits der Meere von 1911, denn die beziehen sich auf die Eroberung Libyens und sind der Inbegriff nationalistischer Dichtung. Die Gesänge von 1904 sind der Höhepunkt von d'Annunzios literarischem Schaffen, danach ist er nur noch der Wegbereiter des Faschismus.«

»Also ist er nach 1904 kein Dichter mehr, nur noch ein Demagoge, ein Kriegsheld, der als Kampfflieger mit dem Flugzeug über Wien Propagandamaterial abwirft, bei einem Luftkampf ein Auge verliert, nach dem 1. Weltkrieg mit Freischärlern die Stadt Rijeka besetzt und dafür von Victor Emanuele III. als Fürst von Nevoso geadelt wird?«, Omeo berichtete jetzt eher, als dass er d'Annunzio verherrlichte.

»So ähnlich«, auch Roberto klang erstaunlich sachlich, so als wolle er die totale Konfrontation vermeiden, »ich frage mich, was wohl aus ihm geworden wäre, wenn er dreiunddreißigjährig nicht die Philosophie des Übermenschen im Werke Friedrich Nietzsches kennengelernt hätte! Danach sah er sich in der Rolle eines nationalen Führers und hat als Redner in Rom 1915 die Massen für den Kriegseintritt begeistert.«

»Ja, und was, wenn er nicht mit Mussolini zusammengetroffen wäre und 1922 mit ihm für die Machtergreifung der Faschisten agitiert hätte«, Omeo nahm einen Schluck Wein und schien nicht unfroh über den Verlauf des Gesprächs, während Julias Harmoniebedürfnis langsam empfindlich gestört wurde.

»Und wenn er sich nicht als übermächtige Führerpersönlichkeit empfunden hätte, dem sich jedes menschliche Einzelwesen unterordnen musste«, Roberto stellte sein Weinglas hart auf den Tisch.

Julia nahm die Ankunft des Obers dankbar zur Kenntnis, der ein wunderbar duftendes Spargelrisotto brachte, das leicht schmelzend auf der Zunge lag und trotzdem noch Biss hatte, und das Gespräch bewegte sich nun zivilisiert italienisch im kulinarischen Bereich.

Beim *caffè* lenkte Omeo das Gespäch in familiäre Bereiche und lud seinen Vetter und Julia zu seinem Geburtstag nach Bergamo ein, dann könnten sie endlich seine Frau kennenlernen und natürlich seine drei Töchter.

Julia merkte förmlich, wie Roberto nach einer Ausrede suchte, um nicht in zu nahen Kontakt mit seinem Vetter zu kommen, aber sie schnitt ihm den Rückzug ab, indem sie die Einladung begeistert annahm; und ihre Begeisterung war echt, denn sie war gespannt auf die ihr von Roberto bisher vorenthaltene Verwandtschaft. Omeo hatte Robertos überlanges Zögern wohl bemerkt und reagierte schroff.

»Ich muss los«, er blickte auf seine Armbanduhr und stand auf, »und so falsch liegt er nicht, wenn er sagt: *Das Einzelwesen hat nur insofern Daseinsberechtigung, als es im Staate ist und sich den Staatsnotwendigkeiten unterordnet – und dass die Freiheit des Einzelwesens immer größere Beschränkungen erfährt, je kompliziertere Formen die Zivilisation annimmt.*«

Seine Worte waren Provokation pur, aber Roberto reagierte gemäßigt ironisch.

»Das könnten auch die Worte von d'Annunzios geistigem Zwillingsbruder sein.«

»Sind sie auch, und zwar am 14. September 1929 beim großen faschistischen Rapport von Benito gesprochen. Lass deine Brieftasche stecken, Roberto! Ihr wart eingeladen.«

»Nein, danke! Ich zahle für das Einzelwesen, das meine Frau ist und auch für mich ganz individuell.«

Julias vorwurfsvoller Blick in Richtung Omeo schien zu fragen: Musste das Mussolini-Zitat unbedingt sein?

Er konnte ihm nicht standhalten, und das Senken seines Blickes schien zu sagen: Nein, musste es eigentlich nicht.

Geschichtssplitter

1438: Colleoni contra Filippo Maria Visconti

Er raste die S 237 entlang, als sei der Teufel hinter ihm her. Seit sie ihm vor zwei Wochen gesagt hatten, was sie von ihm erwarteten, hatte er keine ruhige Minute gehabt. Und gestern nun hatte er ein neues Rutenbündel auf seinem Schreibtisch gefunden.

Gestern Abend dann hatte General Bonluca ihn zu sich nach Hause bestellt und ihm ein verlockendes Angebot gemacht, ein kometenhafter Aufstieg zum Generale di Brigata war der Preis, wenn … ja, wenn er seinen Auftrag erfolgreich abschloss.

Er hatte sich drei Tage Bedenkzeit erbeten, und die wollte er nutzen. Auf den Spuren Colleonis würde sein Geist vielleicht wieder frei werden.

In Bovezzo bog er ins Gebirge ab, es war, als suche sich sein Wagen den Weg selbst. Er jagte die Serpentinen hoch, hielt auf der Passhöhe von Sant' Eusebio an und sah sich um. Grüne Hügel, ein lieblicher Maimorgen, und hoch oben jubilierte eine Berglerche.

Damals, Ende September 1438, war der Winter früh hereingebrochen, die Reiter führten ihre Pferde am Zügel, der Weg war vereist und rutschig gewesen. Aber sie folgten dem von Colleoni und seiner Vorhut aufgezeigten Weg.

IL Invincibile kannte keine Zweifel, nur die Sicht nach vorn, einen Weg finden für die Hauptstreitmacht. Und der führte über diesen Pass, hinunter ins Valsabbia. Auf seine Männer konnte er sich verlassen, die allermeisten dienten seit Jahren unter ihm, kannten seine Härte, doch auch seine Loyalität und seine Großzügigkeit, aber auch seine Forderung nach Disziplin und hundertfünfzigprozentigem Einsatz.

Hinter sich wusste Colleoni viele seiner Freunde und Kampfesgefährten mit ihren Männern; sie alle gedachten, ihre condotta mit

Venedig treu auszuüben und Piccinino zu schlagen, irgendwann einmal vernichtend; hier im Schnee kämpften sie erst einmal ums pure Überleben.

Colleoni dachte an Leonardo und Antonio Martinengo, die beiden Brüder, die im August des Vorjahres von ihrem Vetter Cesare, dem einzigen Martinengo im Lager des Feindes, kontaktiert worden waren, er wollte sie zu Filippo Maria Visconti abwerben: vergebens. Den venezianischen provvoditore war das nicht entgangen, sie steckten ihre Nase überall hinein, und tatsächlich hatte es einer von ihnen sogar geschafft, bis hier herauf in die Berge mitzukommen und den Rückzug zu beobachten. Aber die Anwesenheit des provvoditore Antonio Marcello sollte sich noch zum Guten wenden.

Vor nicht allzu langer Zeit hatten Leonardo und Antonio Martinengo unter Colleonis Führung im sehr heißen Juli das Valcamonica zurückerobert, leider nur für kurze Zeit.

Auch Tiberto Brandolin kämpfte sich hinter ihm durch den Schnee, während Colleonis bewährte Recken Jagd machten auf die vom Trienter Erzbischof aufgewiegelten Bergbauern, die als Heckenschützen ihre Pfeile aus dem Hinterhalt abschossen und die Brunnen an den Höfen vergiftet hatten.

Auch Guglielmo Cavalcalbò, mit dem er damals die Rocca di San Luca erobert hatte, ihn wusste Colleoni als verlässlichen Kämpen in seinem Rücken; und natürlich Erasmo da Narni, sein capitano generale, der ihm mehr bedeutete als nur als Vorgesetzter. Sie beide harmonierten prächtig, Colleoni die bedachtsam traditionelle Vorgehensweise des Alten akzeptierend und Gattamelata die strategische Fantasie des Jüngeren lobend und oft nutzend.

Mehr als ein Drittel ihrer Pferde und Männer sollten die Strapazen des Frühwinters in den Bergen nicht überleben, und ohnmächtig musste Colleoni zusehen, wie einer seiner Männer nach dem anderen abstürzte oder erfror.

Aber er brachte sie voran, ritt den Weg weisend an der Spitze, dann wieder seine Männer von hinten anfeuernd, ein ewiges Vorbild an Mut und Entschlossenheit. Sie mussten nur ins Tal der Chiese gelangen, es bis zum Lago d'Idro schaffen, dann kamen sie ins Gebiet der Lodrones und waren unter Freunden. Dachten sie.

Der alte Paride di Lodrone und seine beiden Söhne Pietro und Giorgio waren in erster Linie Todfeinde des Trienter Erzbischofs, in zweiter Linie Lodrones und erst in dritter Linie Venezia zugewandt. Nach einigen zähen Verhandlungen des jetzt ganz nützlichen provvoditore Marcello erklärten die Lodrones sich bereit, für 1500 Dukaten den capitano generale nicht nur passieren zu lassen, sondern ihn und seine erschöpften Männer über die Berge zu begleiten und zu verstärken; und wenn die Lodrones ihr Wort gegeben hatten, hielten sie es auch.

Mein Gott, dachte er, als er am Lago d'Idro entlangfuhr, ich habe gerade ein Stunde auf diesen gut ausgebauten Straßen gebraucht, während Gattamelata und Colleoni und ihre Männer achtundvierzig Stunden geritten, geklettert und gerutscht waren, um an diesen so idyllisch aussehenden Bergsee zu gelangen. Die über 1000 Meter hohen Berge am Westufer wurden heute von ein paar Schönwetterwolken umspielt, und ein Motorboot pflügte durch den See, weiße Bugwellen vor sich hertreibend; während damals Eisregen den See gepeitscht haben mochte und tiefhängende Wolken sich auf die Gemüter der Soldaten legte, während die Felswände immer dichter zusammenrückten.

Vorbei an den Ruinen der Stammburg der Lodrones, das castello Santa Barbara thronte hoch droben wie ein zerzauster Adlerhorst über dem Chieseta, weiter in das hübsche Örtchen Storo, wo er es sich auf der Piazza Italia in der Nähe des plätschernden Brunnens in einem eben geöffneten Straßencafé gut gehen ließ. Die bäuerlichen Häuser mit ihren Holzgalerien verbreiteten einen Hauch von Bergromantik.

Er bestellte sich einen caffè und rieb sich seinen rechten Arm. Diese verdammten Schmerzen, sie kamen in immer kürzerem Abstand, und manchmal konnte er vor Schwäche den Arm nicht heben. Giulia hatte recht, er musste sich durchchecken lassen. Er lenkte sich mit der Vergangenheit ab, in die er wieder eintauchte.

Nur ein paar Kilometer Ebene ließen das schon ziemlich dezimierte Heer der Venezianer aufatmen, und nicht nur Colleoni wusste, dass nun ein weiterer schwerer Weg hoch ins Gebirge vor ihnen lag, mit einer feindlichen Bevölkerung im Gebiet der Grafen von d'Arco und dem inzwischen bestimmt aufmerksam gewordenen Piccinino, dessen Gewaltmärsche gefürchtet waren und dessen Verbündeter der kaisertreue Erzbischof von Trento war.

Die S240 schlängelte sich langsam bergauf ins Ledrotal, und die dreiunddreißig Kilometer, die das venezianische Heer wieder einen ganzen Tag gekostet hatte, durchfuhr er in aller Ruhe mit Pausen an schönen Aussichtspunkten in einer Dreiviertelstunde. Er suchte sich eine locanda direkt am See und setzte sich entspannt unter einen Sonnenschirm. Das bronzezeitliche Pfahldorf in Molina di Ledro lag nur ein paar Hundert Meter entfernt, aber dessen Existenz hatte damals keinen im Heer interessiert.

Im Geiste sah er, wie die in Pferdedecken gehüllten Fußsoldaten hinter den Reitern herstolperten, ein eisiger Schneesturm nahm ihnen die Sicht. Wieder hatte sich Colleoni mit seinen an Entbehrungen gewohnten Lanzen an die Spitze gesetzt. Er legte Wert auf robuste Soldaten, die wie er mit widrigem Wetter, schlechtem Essen und wenig oder gar keinem Schlaf auskommen konnten.

Er ahnte, dass nun die schwierigste Strecke vor ihnen lag, bisher hatten sie gegen die Natur und das Wetter sowie ein paar bäuerliche Partisanen gekämpft; aber die d'Arcos und die von Piccinino in Marsch gesetzten Truppen versperrten ihnen mit Sicherheit den Abstieg in die Sarcaebene am Nordrand des Benaco[5]*.*

Er hatte ein paar verlässliche Späher vorgeschickt, und die hatten seine Vermutung bestätigt. Colleoni ließ umgehend Gattamelata informieren, während er selbst sich an den Abstieg nach Riva machte, die bedrohliche, fast senkrecht abstürzende Felswand greifbar nahe.

Während Barbaro, der venezianische Statthalter von Brescia, mithilfe des in allen Verteidigungsfragen brillanten Taddeo d'Este die Stadt erfolgreich vor den Angriffen Piccininos beschützte, versuchten die beiden verlässlichen condottieri Antonio Martinengo und Pietro Avogadro, die Ebene mit verwegenen Manövern zu sichern – erfolglos.

Dann kämpften sie mit aller Kraft, aber ebenso erfolglos dagegen an, dass sich am Südende des Gardasees ein starkes Kontingent milanesischer Truppen einschiffte, um das sich durch die Berge und den Schnee quälende venezianische Heer zu überholen und ihm dort, wo die Sarca am Nordende in den See mündete, den Weg abzuschneiden.

Mit dem tagsüber wehenden Südwind im Rücken gelangten die milanesischen Soldaten schnell und ausgeruht ans Nordufer und vereinigten sich in Torbole mit den Truppen der verbündeten

[5] Name des Gardasees aus römischer und fränkischer Zeit, bis heute in Gebrauch.

condottieri dal Verme und den d'Arcos, allen voran Vinciguerra d'Arco, während gegenüber gerade die erschöpfte und reduzierte Vorhut unter Colleonis Führung den Abstieg wagte.

War das ganze Unternehmen gescheitert, all die vielen Opfer im venezianischen Lager umsonst? Die Sache der Venezianer schien verloren, sie würden Verona nie erreichen, und Piccinino würde ungehindert auf venezianisches Gebiet vorstoßen können – wer sollte die Serenissima schützen?

Es gab nur einen Weg für sie, sie mussten die Sarca überschreiten, um den Weg hinauf in das Hochtal Val di Loppio und von da nach Rovereto zu nehmen.

Aber das gegenüberliegende Ufer war so stark befestigt, besonders in der Nähe der Furt an der Mündung der Sarca, dass jeder Angriff tödlich enden musste. Dal Verme und die d'Arcos versperrten den Weg nach Norden, die uneinnehmbare, hoch auf dem Felsen thronende Burg der d'Arcos und die doppelte Sicherung durch die ebenso starken Festungen Dro und Drena machten ein Ausweichen durch das Sarcatal nach Norden unmöglich.

Das rechte Ufer des Sees sicherten die vom Erzbischof von Trento aufgewiegelten Bergbewohner, das linke Ufer, beherrscht von der Festung Penede, war ebenso blockiert, die Katastrophe für die Venezianer unausweichlich, ein totales Desaster zeichnete sich ab.

Noch wollten sie es nicht wahrhaben, Gattamelata erteilte den Befehl, besonnen und in kleinen Gruppen die Feinde anzugreifen (die alte Art der Bracesken, der auch Colleoni inzwischen den Vorzug vor der sforzesken Kampfweise des kompakten, wilden Angriffs gab), damit nicht die gesamte Armee auf einmal aufgerieben wurde.

Die Berge im Rücken, in denen die Nachhut mit den Bergbewohnern zähe Gefechte führte, lagen der Tod oder die Gefangennahme vor ihnen, und genau das war der Zeitpunkt, an dem Bartolomeo Colleoni zur Hochform auflief.

Rückzug in die winterlichen Berge? Der sichere Tod! Aufgabe? Das Wort existierte für ihn nicht. Angriff? Zu risikoreich. Doch der Bergamaske, dessen Kriegsführung so überaus erfolgreich war, weil niemand vorhersagen konnte, welche neue und unerwartete Strategie ihm denn nun schon wieder einfallen würde, erinnerte sich an L'Aquila und einen erfolgreichen Umgehungsangriff.

Eine kurze Beratung mit dem capitano generale, der gab ihm freie Hand, ein letzter besorgter Blick auf Gattamelata. Würde der alte Krieger diese Strapazen durchstehen? Er musste und tat es.

Während Gattamelata weiterhin seine Scheinangriffe an der Furt in der Nähe der Sarcamündung reiten ließ, nahm Colleoni einen Großteil des Fußvolks mit sich, und in der Deckung des Ufergesträuchs pirschten sie sich nordwärts, immer gewärtig, von den Reitern Luigi dal Vermes und Vicinguerra d'Arcos entdeckt und angegriffen zu werden, die das Sarcatal nach Norden abgeriegelt hatten.

In der Höhe von San Giorgio nützte Colleoni die Strömung und ließ sich und seine fanti mit ihrem Schwung ungesehen ans andere Ufer tragen, dorthin, wo die Soldaten der Mailänder ihr letztes Lager flussaufwärts hatten. Ein wildes Handgemenge entbrannte, und die überraschten Mailänder zogen den Kürzeren, während Colleoni und die Seinen den Pass besetzten.

Nun ließ auch Gattamelata aus dem Scheinangriff einen echten werden; die Mailänder Truppen saßen in der Klemme und flohen zum See hin, sodass die Venezianer ungehindert in das Val di Loppe aufsteigen und an seinem Ende ins Val Lagarina absteigen konnten. Am Morgen des 28. September 1438 erreichten sie Verona.

Ein Drittel der venezianischen Truppen hatten die Berge und die Kämpfe verschlungen; Colleoni beklagte besonders den Verlust eines seiner besten Freunde und Kampfgefährten: Leonardo Martinengo. In den Wirren des Kampfes bei der Sarcaschlacht hatten dal Verme und die d'Arcos ihn gefangen genommen und sofort dem Herzog Gonzaga in Mantua überstellt, der ihn einkerkerte und auch nicht gegen Lösegeld freigab, alte, bittere Rechnungen wurden hier beglichen. Leonardo starb unter ungeklärten Umständen im folgenden Jahr in Mantua, sein Name wurde weiter getragen durch seinen Sohn Leonardo II, den er nie gesehen und der in seinem Todesjahr in Padernello geboren wurde.

Außerdem nahm Colleonis Sorge um Gattamelata zu; seine Gesundheit war schon vor diesem winterlichen Gewaltmarsch angegriffen gewesen. Dabei war dem Jüngeren gerade wieder einer seiner unkonventionellen Gedanken zur Kriegsführung gekommen, aber zu dessen Durchführung brauchte er seinen väterlichen Freund und dessen Einfluss bei der Serenissima, wenn es nicht klappte, würde Brescia sonst Hungers sterben.

Er stand an der Sarcamündung und blickte hoch zur Brücke, die anstelle der umkämpften Furt den Fluss heute querte, und Riva und Nago-Torbole, die damals zwei unabhängig voneinander befestigte Orte bildeten, gingen heute gleichsam ineinander über.

In Torbole ließ er sein Auto neben einer Surfschule stehen und machte sich an den Aufstieg zum jetzt ziemlich zerfallenen Kastell. Weinberge flankierten seinen Weg, und hier, wie oben bei den Ruinen, war er ganz allein. Auch mit sich, und die Geschichte Colleonis lenkte ihn nicht mehr ab, andere Gedanken überlagerten die Geschichte.

Sollte er Bonlucas Angebot annehemn? Er wusste, er meinte es gut mit ihm, und hatte er nicht seinem Vater versprochen, auf den General zu hören?

Aber was wurde dann aus seiner Polizeikarriere? Wer sollte auf seinen Vetter aufpassen, der sich mit seiner starrköpfigen Verfassungstreue sein eigenes Grab schaufelte?

Seine Blicke schweiften über den Benaco, eine ganze Anzahl von Surfern nutzte den Bilderbuchtag, viele kleine bunte Dreiecke zischten über den See. In der Saison hätte er bestimmt keinen Parkplatz unten in Torbole gefunden.

Hatte Colleoni eigentlich ein großes Ziel gehabt, damals als Dreiundvierzigjähriger? Oder verfolgte er nur das jeweilige, von San Marco gesetzte? Von einem Einjahresvertrag zum nächsten?

Er gab sich innerlich einen Ruck. Nein, auf Roberto Rücksicht zu nehmen, führte zu nichts. Dessen Vorurteile, seine faschistische Vergangenheit betreffend, würde er nie überwinden können; und so schrecklich war eine Versetzung nach Mexiko City ja nun auch wieder nicht. Vilma würde ihren alten Klavierlehrer dort wiedersehen, wie oft hatte sie von ihm gesprochen und Pläne für einen Besuch geschmiedet und dann wieder verworfen, weil er ihre Begeisterung gedankenlos gedämpft hatte?

Mit den Töchtern würde es schon schwieriger, besonders seine älteste würde ihre Freunde nicht verlassen wollen, doch gerade das war ein Grund für ihn, so weit wegzugehen; sie war in gefährliches Fahrwasser geraten. Eine italienische Schule gab es in Mexiko auch, und Sicherheitschef der Botschaft zu werden, das war schon etwas!

Bonlucas Wunsch seinen Geburtstag betreffend würde er noch erfüllen, und danach musste sein Vetter schon auf sich selbst aufpassen.

Kapitel 2

Veneto/Anfang Mai 2002

Castellfranco: Samstag

Der Hochzeitsempfang in Angelas Barockvilla verlief erwartungsgemäß unerfreulich. Ausgewählte Gäste aus Politik, Wirtschaft und Kunst waren von *La Leonessa* und Cesare dall'ria geladen worden, und das Buffet bog sich unter erlesenen Speisen. Unzählige Hummer, Langusten, Austern und Seespinnen hatten ihr Leben lassen müssen; Kristallschalen gefüllt mit Kaviar in riesigen Silberschalen voller Eis wurden angeboten, und ein französischer Suppenkoch kredenzte Edles, zwei weitere Köche servierten Vorspeisen.

Auch an Getränken gab es nur das Feinste, und das war nach dem Geschmack des frisch vermählten Ehepaares keinesfalls nur etwas aus Italien. Spitzenrotweine aus Kalifornien und Burgund, teuerste Weißweine aus Neuseeland, uralte Cognacs, Champagner, Chablis Grand Cru aus Frankreich und kostbare Whiskeys aus Irland sollten die verwöhnten Gaumen der Gäste ergötzen.

Außer den Sicherheitskräften waren der ehemalige Questore und neuer Präfekt und Roberto die einzigen Vertreter der Questura, und er durfte für sie repräsentieren, ein Geschäft, das er von Grund auf hasste, viel lieber wäre er bei Julia und seinen zahnenden Töchtern geblieben.

Angela hielt Hof, die Schickeria und die, die sich für die feine Gesellschaft hielten, benahmen sich wie erwartet. Ein Teil der Männer konnte vor Aufgeblasenheit, Wichtigtuerei und vorgetäuschter Dynamik kaum gehen; ihre Damen stöhnten unter der Last von Haute Couture und kostbarem Schmuck.

Hier fand der eigentliche *carnevale* statt, man flötete, bewunderte, schmeichelte und log, dass sich die Balken bogen; pflegte Beziehungen, tat entzückt und langweilte sich. Roberto sah verstohlen auf die Uhr und dachte: Gut, dass Giuli zu Hause geblieben ist, wann ich wohl ohne großes Aufsehen verschwinden kann?

Auch noch aus einem anderen Grund fühlte er Dankbarkeit für Julias Abwesenheit, denn Angela hatte ihn offensichtlich eingeladen, um ihr Mütchen an ihm zu kühlen, und seine Frau hätte das bestimmt nicht hingenommen. Er reizte Angela durch lächelndes Schweigen und ein bewusst arrogantes Benehmen bis zur Weißglut; aber es war nicht allein seine Schuld, wenn er *La Leonessa* den Hochzeitsempfang wenigstens zum Teil verdarb, sie hatte angefangen, und er hätte vielleicht besser seiner inneren Stimme folgen und zu Hause bleiben sollen.

Als er sie begrüßte und ihr und dall'aria alles Gute wünschte, erwiderte Angela lauter als nötig, dass Roberto hier wohl wenig Leute kennen würde, sie hoffe, er fühle sich trotzdem wohl. Und an ihren Mann gewandt fügte sie noch um einiges lauter hinzu, dass sie und Roberto Bassner zusammen in Bologna studiert hätten. Aber seine gesellschaftliche Karriere sei nicht so steil verlaufen, wie man es damals erwartet hätte.

Robertos spöttisches Lächeln ließ sie sich abwenden, und er sah, dass sie kochte, glücklich sah sie in diesem Moment in ihrem Kleid aus cremfarbenen Brüsseler Spitzen nicht aus, das sicherlich so viel wie ein Mittelklassewagen gekostet hatte.

Entgegen Angelas Hoffnungen kannte er eine ganze Reihe von Leuten und schlenderte mit einem Champagnerglas in der Hand und lästigem Small talk auf den Lippen durch die verschiedenen Räume. Allein durch seine Größe erregte er Aufsehen, und der elegante, wenn auch ungeliebte Smoking stand ihm ausgezeichnet.

Angela schaffte es immer wieder, wie zufällig in seine Nähe zu kommen und Bosheiten zu verbreiten. Einer stark gelifteten Dame, deren nun nicht mehr schätzbares Alter ihren Mann ein Vermögen gekostet haben mochte, stellte sie Roberto als *questorino* vor, einen Untergebenen ihres Mannes. Die Dame würdigte ihn keines Blickes mehr, und er war froh darüber, hob ironisch eine Augenbraue und verbarg sein Amüsement vor Angela nicht, sodass sie sich brüsk abwandte.

»Wo hast du eigentlich deine Frau?«, fragte sie ihn Augenblicke später im Nachbarzimmer, dort, wo sie ihn im vergangenen Herbst bei Kerzenschein hatte käuflich erwerben wollen. »Sie passt wohl nicht in diesen gesellschaftlichen Rahmen?«

Er konnte sich nicht versagen, zu antworten, Giulia bewache seinen Ehering. Sie presste die Lippen aufeinander, und er fügte fast friedfertig hinzu:

»Du gabst mir vorhin keine Gelegenheit. Giulia lässt sich entschuldigen, unsere Zwillingstöchter bekommen gerade ihre ersten Zähne und fieberten heute Morgen.«

»Für so etwas hat man doch Personal«, sagte sie abfällig, und seine ruhige Antwort, seine Frau nähme ihre Mutterpflichten sehr ernst, nahm sie als persönlichen Angriff auf ihre wenig erfolgreiche Rolle als Mutter und warf ihm das vor. Auf sein Schulterzucken hin änderte sie maliziös lächelnd das Thema.

»Du siehst ziemlich müde aus, Roberto. Deine zwanzig Jahre jüngere Frau schafft dich wohl, wie? Und die deutschen Mädchen sollen ja ziemlich unersättlich im Bett sein!«

Damit schritt sie davon, und er konnte ein Lächeln nicht unterdrücken, *La Leonessa*, die nach außen hin perfekte Dame mit ziemlich vulgären Gedankengängen! Roberto beschloss, das Feld zu räumen und sich langsam zum Ausgang hin zu bewegen.

Vergebens, unterwegs wurde er von dall'aria angerufen, der mit einigen anderen Herren in der Bibliothek saß.

»Setzen Sie sich zu uns, *marchese*!«

Die wertvollen, alten Schachspiele, die Angelas letzter Mann gesammelt hatte, waren weggeräumt, dall'aria schätzte Kunst nicht besonders, und Roberto fragte sich, warum er diese Villa und die kunstsinnige Angela gewählt hatte. Er mutmaßte, dass Angela den politischen und polizeilichen Einfluss, dall'aria dagegen ihr Geld und ihren Platz in der Gesellschaft geheiratet hatte, ein perfektes Arrangement für beide.

»Mein sehr geschätzter Vertreter während meiner Hochzeitsreise«, stellte er Roberto den anderen vor, von denen er nur den *conte* Bernini und seinen Onkel, den Präfekten, kannte.

»Sie wundern sich sicher, *marchese*, dass *colonnello* Coglione nicht eingeladen ist? Er trägt mir zu viel faschistische Sprüche auf den Lippen. Wie gut, dass man in Padova auch noch seine linke Gesinnung äußern darf, ohne dass man gleich als Kommunist an die Wand gestellt wird.«

Doch bevor sich die Herren in politischen Grundsatzthemen verlieren konnten, holte Angela ihren Mann aus der Runde, und man verstreute sich allgemein. Roberto und sein Patenonkel blieben zurück.

»Nun, Roberto? Bedauerst du nicht doch, den Posten des Questore abgelehnt zu haben? Unser Gastgeber ist ein ziemlich aufgeblasener Kerl, der mit seinem politischen Standpunkt kokettiert und mit *La Leonessa* in gefährliches Fahrwasser gerät.«

»Nein, *zio*. Ich bedaure es nicht. Mich zieht es eher dahin, wo ich noch Dinge verändern zu können glaube, und das ist bestimmt nicht in der Questura. Professor Serpente lockt mich mit einem attraktiven Angebot.«

»Hab ich's mir doch gedacht! Ihr schient sehr vertraut am letzten Sonntag bei dieser unglückseligen Veranstaltung in der Villa Nazionale!«

»Nur ihr Ende war unglückselig, hauptsächlich für mich. Aber entschuldige mich jetzt, ich fahre nach Hause zu Giulia.«

»Grüße meine Nichte! Und besucht uns bald einmal, mein Vater lebt jetzt bei uns.«

»Abgemacht.«

Aber auf dem Weg zum Ausgang fing ihn der *conte* Berini ab. Normalerweise vermied er, mit Roberto im Stehen zusammenzutreffen, denn er war von ausgemacht kleiner Statur, und nun sah er zu ihm hoch.

»Einen Augenblick, Roberto!«

Der registrierte, dass der *conte* sich wohl auf ihre entfernte Verwandtschaft berief, wenn er ihn beim Vornamen nannte, aber die zweite Möglichkeit, dass er angetrunken war, schied auch nicht aus.

»Wie schön für Angela, dass sie nun in seriösen Händen ist«, bemerkte er, »sie sieht um vieles glücklicher aus. Wenn ich noch an sie als Kind denke, mit diesen herrlichen, venezianisch blonden Locken sah sie aus wie ein *angelo*.«

Ein *angelo sterminatore*, ein Würgeengel, dachte Roberto, von dem nur noch das nachgefärbte venezianische Blond geblieben ist. Er verabschiedete sich mit ein paar nichtssagenden Floskeln.

Leider traf er noch einmal auf Angela, schon in der Halle und im Mantel, und sie begleitete ihn zur Tür.

»Das hätte hier alles deins sein können«, sie blickte in die Runde und an sich hinunter, und weil kein Mensch zugegen war, fuhr sie fort, »aber du hast es ja anders gewollt, Roberto. Nun hast du bei deinem bescheidenen Gehalt auch noch Frau und zwei Kinder zu ernähren. Und sie spannt dich sicher ganz schön ein. Man denke! Der *marchese* beim Abtrocknen und Windelnwechseln! Was hattest du vor zwanzig Jahren für hochfliegende Pläne, und was ist daraus geworden?«

»Mehr als aus deinen, Angela. Ich beneide dich nicht um dein Leben.«

»Ich hasse dich, Roberto! Und das werde ich euch noch spüren lassen! Mit dall'aria habe ich einen wunderbaren ...«, sie stockte.

»Mann?«, fragte er boshaft.

»Verbündeten!«, zischte sie.

Zwischen all den Nobelkarossen, viele von ihnen mit Fahrern, machte Robertos Dienstwagen, ein Lancia Thema, nicht viel her. Weil er früher als verabredet wegfuhr, war seine Eskorte noch nicht da, aber was sollte auf der kurzen Heimfahrt schon geschehen?

Froh, der für ihn bedrückenden Atmosphäre dieser Gesellschaft entkommen zu sein, gab Roberto Gas und fuhr in Richtung Treviso. Von dort wollte er die *autostrada* als schnellste Verbindung nehmen, um so bald wie möglich bei Giulia zu sein. Zwar zog sie sich immer noch vor ihm zurück, wenn er ihr körperlich zu nahe kam, wahrscheinlich konnte sie die beiden Begebenheiten nicht vergessen, bei denen er gegen ihren Willen mit ihr geschlafen hatte. Über dies Kapitel hatten sie noch nicht geredet, und er akzeptierte ihre Zurückhaltung. Aber ihre Fröhlichkeit war zurückgekehrt, und sie fühlten sich einander fast so nahe wie früher.

Dass er sie mehr denn je begehrte und trotzdem nicht mit ihr schlief, nahm er als eine sich selbst auferlegte Strafe. Erst wenn sie ganz freiwillig und allein diese Barriere zwischen ihnen beseitigte, würde alles zwischen ihnen so sein wie früher.

Manche Nacht, wenn er sie im Arm hielt, um sie vor ihren immer seltener werdenden Alpträumen zu beschützen, konnte er es kaum aushalten. Mehr als einmal hatte er den Schlafanzug wechseln, mehr als einmal unter die kalte Dusche gehen oder den Druck einfach ertragen müssen.

Die SS 53 war relativ frei, wenige Lastwagen unterwegs, nur ein Motorradfahrer fuhr hinter ihm her und hielt wie er die vorgeschriebenen 90 km/h ein.

Es geschah kurz vor der Stadtgrenze von Treviso. Der Motoradfahrer beschleunigte plötzlich, überholte Roberto, und er meinte, Andrea Longhi erkannt zu haben, ein zur Fahndung ausgeschriebenes Syndikatsmitglied.

Ein entgegenkommender Lastwagen mit Anhänger blendete plötzlich auf, die Zugmaschine wurde auf die Gegenfahrbahn gelenkt, und der Hänger stellte sich quer.

Links und rechts war die Straße von dicken, alten Alleebäumen gesäumt, und es gab kein Entkommen für Roberto, er stieg zwar voll in die Bremse, wusste aber, dass er in das Hindernis krachen würde, zu dicht lag es vor ihm. Mit unheimlicher Geschwindigkeit rutschte er auf den quergestellten Laster zu, dachte überhaupt nicht mehr, sondern reagierte einfach.

Kurz vor dem Aufprall nahm er den Fuß von der Bremse, riss das Steuer herum und krachte mit der rechten Seite gegen den Lastwagenanhänger, der Lancia prallte zurück und landete mit dem Kühler an einem der alten Alleebäume. Mit einem Knall öffneten sich Seiten- und Frontairbags, und der Sicherheitsgurt schnitt in seinen Brustkorb.

Stille. Benommen hörte Roberto, wie auf der anderen Seite des Lasters ein Motorrad mit aufheulendem Motor davonraste. Automatisch griff er zum Autotelefon, das wie durch ein Wunder noch funktionierte. Roberto informierte die Kollegen. Die Fahrertür ließ sich problemlos öffnen, und erstaunt stellte Roberto fest, dass er, bis auf eine Abschürfung an den Knöcheln der rechten Hand, unverletzt war und ohne jede Schwierigkeiten aussteigen konnte.

Er sah sich seinen fast neuen Dienstwagen an, der hatte nur noch Schrottwert, und Roberto fühlte Dankbarkeit in sich aufsteigen, dass Giulia zu Hause geblieben war. Der Motorblock war von dem Alleebaum so in den Fahrgastraum gedrückt worden, dass der Beifahrersitz völlig zerstört war.

Carabinieri erschienen als Erste am Unfallort, eine Ambulanz fuhr ohne Roberto wieder ab, und alle schüttelten den Kopf, dass Roberto überhaupt davongekommen war. Die Untersuchungen liefen, und Umberto kam, um seinen Freund abzuholen.

»Wie gut, dass dein Schutzengel schneller fliegen als du fahren konntest!«, war sein Kommentar.

Der Lastwagen war am Morgen als gestohlen gemeldet worden, der Motorradfahrer hatte den maskierten Lastwagenfahrer mitgenommen. So die Zeugenaussagen von den Autofahrern, die auf der anderen Seite rechtzeitig hatten bremsen können.

»Also ein vorsätzlich herbeigeführter Unfall«, sagte Roberto.

»Eher ein erneuter Mordversuch«, befand Umberto, und beide meinten, Roberto habe seiner Eskorte das Leben gerettet, weil er vorzeitig und ohne sie gefahren war.

»Die hätten auf dem Motorrad wenig Überlebenschancen gehabt«, Umberto schüttelte immer noch fassungslos den Kopf.

»Fahr mich nach Hause«, bat Roberto seinen Freund, »aber sag keinen Ton zu Giulia.«

Als Mordversuch des XX. *Gennaio* stellten die Zeitungen es am nächsten Morgen dar, und Roberto hatte seine liebe Mühe, Giulia zu beruhigen.

Kein Mensch hörte auf ihn, als er die Täterschaft dem Colleoni-Sydikat anlasten wollte, die im Führerhaus des Lastwagens gefundenen Waffen und eine dunkelrote Strickmütze mit einer schwarzen Drei wiesen eindeutig auf den XX. *Gennaio* hin, meinten alle maßgebenden Stimmen in der Questura, allen voran *colonnello* Coglione, der plötzlich wieder präsent war.

Und es ging Roberto nicht aus dem Kopf, dass immer kurz vor oder nach einem dem Terrorismus zugeschriebenen Ereignis der *conte* Berini auftauchte.

Er hatte Robertos Abfahrt auf dall'arias Hochzeitempfang genau registrieren können. Aber seine Immunität als Abgeordneter schützte ihn vor weiteren Ermittlungen.

Venezia: Samstag

»Er hätte seinen vierzigsten Geburtstag ruhig auf der *terra ferma* feiern können!«, voller Ingrimm zog Roberto sein Jackett an und trug die Zwillinge zum Wagen. »Aber wir fahren von Montegrotto Terme nach Venezia mit dem Zug! Für die Parkgebühren auf dem Tronchetto kann ich mir ein neues Auto kaufen!«

Julia lachte, immer wieder trat Robertos Ärger zutage, wenn er Venezia besuchen musste, und er umging es nach Möglichkeit, aber für diesen Anlass hatte sie ihm jede Rückzugschance abgeschnitten. Vittorio hatte eingeladen, basta!

»Mit dem Kinderwagen ist es in Venezia unmöglich, längere Strecken zurückzulegen! Überall Treppen, wohin du auch schaust!«

»Wir sind zu zweit, kein Problem!«, Julia blieb gelassen.

»Ich hab Samstagmorgen eine Dienstbesprechung mit Umberto!«

»Dass du sogar zu Lügen greifst!«, sie reagierte gespielt empört. »Umberto und Gina sind auch eingeladen. Es gibt weit und breit keine Dienstbesprechung!«

»Ich habe so viel nachzuarbeiten!«

»Ach! Und warum hast du das nicht am Freitagnachmittag gemacht? Gestern noch hast du gesagt, du hättest deinen Schreibtisch freigearbeitet!«

»Na gut«, hatte er grimmig gesagt, »aber wir bleiben nur kurz.«

»Man wird sehen«, Julia packte den kleinen bronzenen Türklopfer, der einen Mohren zeigte und den sie auf einem Antikmarkt in Piazzola sul Brenta gefunden hatte, in hübsches Papier, »und mach ein etwas liebenswürdigeres Gesicht! Deine Töchter fürchten sich sonst vor dir.«

Die Freundlichkeit auf dem Linienboot nahm Roberto als Ausnahme hin, man griff zu, um den Kinderwagen an Bord zu bekommen, machte Platz für ihn, und Roberto nahm die bewundernden Komplimente zweier Venezianerinnen für seine bildhübschen Zwillingstöchter gemessen entgegen.

»Merkwürdig«, murmelte er, sodass nur Julia es hörte. Roberto hielt alle Venezianer für unhöflich und potenzielle Strandräuber, schließlich hatten sie seine Heimatstadt vor beinahe 600 Jahren erobert.

Er nahm seine Töchter auf den Arm und zeigte ihnen den Palazzo Vendramin Calerghi.

»Hier ist Wagner gestorben«, erklärte er ihnen ernsthaft, »und daneben liegt der Palazzo Marcello Ricchetti, und jetzt fahren wir hinüber zur Kirche San Stae. Und da seht ihr schon das Ca d'Oro.« Die beiden krähten, Papas Stimme begeisterte sie, und Julia fühlte sich rundherum glücklich, allzu oft gab es solche Momente nicht.

Beinahe hätten sie das Aussteigen am Ca d'Oro vergessen. Vittorio wohnte ganz in der Nähe der Kirche von San Pietro und Paolo – Zanipolo auf Venezianisch. Es gab bis dahin tatsächlich einige Brücken zu überqueren, und Robertos Vorurteile bekamen einen neuen Riss, als mehr als einmal junge Burschen und Männer zugriffen und das Gefährt samt begeisterndem Inhalt über die Brücken ans andere Ufer brachten.

Vittorio sah auch ohne seine Uniform sehr gut aus und begrüßte besonders Julia mit einer langanhaltenden Umarmung.

»Na, hat er meine Stadt schon wieder madig gemacht?«, erkundigte er sich bei ihr und bewunderte gleich darauf lautstark die Zwillinge.

»Maddalena! Komm her! So etwas Süßes hast du lange nicht mehr gesehen!«

»Über uns war er nicht so begeistert«, ein etwa Siebzehnjähriger wandte sich an Roberto und stellte sich als Vittorio II vor, dann den vierzehnjährigen Antonio, die siebzehnjährige Isabel, den zwölfjährigen Gianni, die zehnjährige Lena.

»Ich wusste gar nicht, dass du Kinder hast, Vittorio!«, Julia sah sich die quirlige Schar an, und Vittorio lachte, während er Maddalena in den Arm nahm.

»Das sind meine, ihre und unsere Kinder«, erklärte er Julia, »aber frag nicht, wer was ist. Ich verliere manchmal den Überblick.«

»Die Buchführung mache schon ich«, Maddalena lächelte zu ihm hoch.

Umberto mit seinen vier kleinen Kindern erschien, und es versprach ein Hexenkessel zu werden, als nun auch noch weitere Gäste kamen, die verschiedenen Mütter und Schwiegermütter, Brüder und Schwestern, und Julia fühlte sich etwas benommen – die Familienzusammenhänge zu ergründen, war an diesem Tag bestimmt nicht zu schaffen.

Zum Glück brach man bald auf, eine *locanda* wartete auf die ganze Gesellschaft, und die Geschichte entzerrte sich. Langsam bewegte sich der Zug über die Piazza Zanipolo, und Vittorio ergriff Julias Arm.

»Schau ihn dir an, unseren raffgierigen Bartolomeo Colleoni!«, sagte er und zeigte auf die Reiterstatue des *condottiero*. »Er reitet hier schon seit 1498, und die Venezianer haben ihm nicht vergessen, dass sie ihm horrende Summen an Sold zahlen mussten!«

»*Sciochezze*, Giuli! Hör nicht auf ihn! Die Vorurteile eines Venezianers, der nur den Eigennutz seiner Stadt im Auge hat!«, endlich konnte Roberto seinem Freund und Kollegen widersprechen. »Diese undankbaren Venezianer haben bis heute nicht begriffen, was sie Colleoni verdankten und was sie ihm angetan haben! Bis heute besudeln sie sein Ansehen mit Lügen! Haben seinem Denkmal, das er übrigens selbst bezahlt hat, sogar einmal einen Sack umgehängt und einen Besen in die Hand gegeben, um darauf anzuspielen, wie viel venezianische Golddukaten er angeblich zusammengerafft hätte.«

»Hat er auch! So stinkreich wie er ist kaum ein *condottiero* geworden!«, Vittorio gab nicht nach.

»Und auch nicht so großzügig! Immer wieder hat die Serenissima Soldrückstände nicht bezahlt! Und als Colleoni die Konsequenzen zog und eine *condotta* mit Mailand schloss, hat sie ihn als Verräter verunglimpft.

Selbst in seinem Testament hat Bartolomeo Colleoni der Serenissima 100 000 Golddukaten für den Krieg gegen die Türken vermacht, aber sie hat den Hals nicht vollbekommen können und hat sein Erbe zum größten Teil an sich gerissen, selbst die Schenkungen, und erklärt, es seien alles Lehen gewesen, personengebundene. Nur die Besitzungen Malpaga und Carvernago haben sie seinen Erben gelassen, eine Mordssauerei war das!«, Roberto erregte sich gern über die Ungerechtigkeiten, die zwar schon über fünfhundert Jahre zurücklagen, aber das reale Geschichtsbild Colleonis hier in Venezia hinter den Gerüchten und Verleumdungen immer noch versteckten.

»Lass uns weitergehen«, Julia sah noch einmal zu dem Bronzestandbild hoch, dessen Gesichtszüge scharf und herrisch geprägt nichts von seiner Großzügigkeit verrieten; sie befürchtete echten Streit

»Ich wusste gar nicht, dass du so ein Bewunderer dieses *condottiero* bist, Roberto«, Vittorio nahm das Ganze tatsächlich persönlich, »er hat seine *condotta* nach Lust und Laune gewechselt.«

»Wusste ich doch, dass die Seenebel euch Venezianern den Sinn für geschichtliche Wahrheiten nehmen!«, Roberto nahm es ebenso persönlich, und Julia gab jede Vermittlung auf. »Außer vielleicht Gattamelata hat kein *condottiero* je so treu zu einer Republik und seiner *condotta* gehalten wie er. Der alte *condottiero* Gattamelata hat den jungen gefördert und ihm auch seine Moralvorstellungen vermittelt und ihn bei all seinen innovativen Handlungen unterstützt. Und was hat die Serenissima gemacht? 1440 zur Siegesfeier hatten sie es nicht einmal nötig, Colleoni einzuladen, obwohl er den Hauptanteil an dem Sieg über die Mailänder trug. Das nenn ich Dankbarkeit!

Und nach dem Tod Gattamelatas haben sie ihn immer noch links liegen lassen, ihre Soldrückstände rückwirkend drastisch reduziert und Colleonis Stolz nachhaltig geknickt.

Und dass er sich dann einen neuen Arbeitgeber suchte, finde ich nur natürlich, aber ihr redet von Verrat!«

Die beiden vertieften sich so in ihren Streit, dass sie Julia mit dem Kinderwagen einfach vergaßen und sie ratlos vor einer weiteren Brücke stehen ließen, und nur der wie ein Wirbelwind erscheinende Nachwuchs von Vittorio und Maddalena half ihr aus ihrer Zwangslage.

»... und das zweite Mal haben sie seinen Stolz noch mehr beschädigt«, hörte sie ihren Mann erbost erzählen, als sie endlich wieder zu den beiden aufgeschlossen hatte, »da haben sie seinen Intimfeind Gentile da Leonessa ihm und seiner Tapferkeit, seinem Talent und seinem Einsatzwillen vor die Nase gesetzt, dessen unmögliche Befehle beinahe zu einer Katastrophe für Venezia geführt hätten. Colleoni hat sie verhindert um den Preis, dem intrigensüchtigen Leonessa nicht gehorcht zu haben.«

»Na, wenn ich heute unsinnige Befehle ausführe, muss ich meinen Stolz auch zurückstellen, dafür bin ich Soldat!«

»Ach, muss man seinen Verstand bei der *caramba* jetzt abgeben? Haben sich die Zeiten so geändert?«

»Nein! Und du hast damals nicht nur wegen des Uniformzwangs die Truppe verlassen, stimmt's?«

»Nennst du das Verrat? Mich haben sie damals mit Freuden weggelobt, nur weil ich eine Gewerkschaft gründen wollte! Aber lass uns zu Colleoni zurückkehren, ich nenne seine Renitenz Weitsicht und Tapferkeit, und er entging der feigen Gefangennahme durch Flucht.«

»Wie du, Roberto! Die Gewerkschaftsgründung war doch nur ein Grund! Wirklich geflohen bist du doch, weil sie dich wegen deiner Länge ... pardon ... Größe zu den Kürassieren abkommandieren wollten!«

»Wohl wahr! Oder kannst du dir mich mit silbernem Helm und Federbusch, goldenem Brustpanzer und all dem anderen Lametta als Wache vor dem Quirinalspalast bei Staatsbesuchen vorstellen, nur weil ich das Gardemaß von über 1,90 m erreicht habe? Der Zweispitz war schon entwürdigend genug.«

Vittorio konnte es nach dem sardonischen Ausdruck seines Gesichts sehr wohl, und Roberto blieb stehen und blickte zurück, man konnte nur noch den Schwanz des alten Streitrosses aus Bronze sehen, Colleoni, der Unbesiegbare, ritt von ihnen fort.

Julia wollte eben die *locanda* betreten, als Vittorio II ihnen entgegenkam und in einer Nebengasse verschwinden wollte.

»Was ist?«, rief sein Vater ihm nach. »Kommst du nicht mit uns essen?«

Der junge Mann blieb etwas widerwillig stehen und gab dann

Auskunft, dass er vergessen habe, dass sie ein Treffen hätten und eine Demo vorbereiten wollten.

»Na dann!«, Vittorio reagierte völlig gelassen. »Pass nur auf, dass du diesmal besser ausgestattet bist und nicht wieder ein Schlüsselbein einbüßt! Du solltest wirklich überlegen, ob du nicht lieber zu den zum Eigenschutz gut gerüsteten Tutte Bianche gehst!«

»*Niente! Grazie, papa*! Und viel Spaß noch.«

Vittorio grinste, und auf Robertos fragenden Blick sagte er schulterzuckend:

»Er muss sich die Hörner abstoßen! In seinem Alter habe ich auch keine Demo ausgelassen. Letztes Jahr in Genova hat er einen Schlüsselbeinbruch mit nach Hause gebracht, aber ich musste zum Glück nicht eingreifen – wie dein Vetter Coglione in der Bolzaneto-Kaserne –, Vitto hat es allein zurückgeschafft.«

Vittorio bestätigte Robertos Information, die er seinerzeit von Umberto bekommen hatte, dass Bartolomeo also tatsächlich in der berüchtigten Kaserne dabei gewesen war.

»Und das nehmt ihr so einfach hin?«, Roberto verdrängte die Gedanken an seinen Vetter.

»Wir sind froh, dass er uns im Groben immer erzählt, was er macht. Unsere Verbote würden ihn in die Heimlichkeit drängen.«

»Ich glaube, als Vater muss ich noch einiges lernen«, Roberto hatte Colleoni und seine Taten völlig vergessen, Vittorio ebenso. »Warst du eigentlich in Genova auch dabei?«

»*Grazie al Dio, no*!«, sie blieben vor der *locanda* stehen, und er wurde schlagartig todernst. »Was die extreme Gewalttätigkeit einiger Polizeikräfte dort anging, war sie nicht zu reduzieren auf die Gewaltbereitschaft Einzelner. Und dass gerade bei der *caramba* Spezialeinheiten bestehen, die vermummt und in martialischer Erscheinungsweise aus Roma hingeschickt wurden, wie die *celerini*[6] zum Beispiel, bedrückt mich sehr. SCO[7] und NOCS[8], zwei Organisationen des Staates, die die Ereignisse in der Diaz-Schule koordiniert haben, oder sagt dir GOM[9] etwas? Nein? Eine angeblich 1997 gegründete Spezialeinheit, die von einem SISDE-General befehligt werden soll und die für die Vorkommnisse in

6 Mitglieder des Mobilen Einsatzkommandos Celere, römische Sondereinheit.

7 SCO: Bereitschaftspolizei.

8 N.O.C.S.: Nucleo Operativo Centrale di Sicurezza.

9 GOM: Gruppo Operativo Mobile,1997 gegr.

der Kaserne Bolzeto verantwortlich zeichnet. Vielleicht weiß dein Vetter etwas darüber, der Betrieb hat auch tüchtig mitgemischt. Alles äußerst bedrückend, und ich hätte dir gar nicht davon erzählen dürfen! Aber nun komm, lass uns essen gehen, die großen Probleme dieser Republik lösen wir beide sowieso nicht.«

Nachdenklich folgte Roberto seinem Freund, der sich sicherlich auch die Frage gestellt hatte, nach welchen Kriterien und Modalitäten diejenigen ausgewählt und ausgebildet wurden, die die Freiheit aller beschützen sollten und in Genova so außer Kontrolle geraten waren. Und was hatte sein Vetter Coglione mit der Kaserne Bolzaneto und der GOM zu tun?

Val Trompia: Sonntag

Hier auf der Wasserscheide zwischen Iseosee und dem Val Trompia saß der *colonnello* und blickte hinunter ins Tal. Die Wiesen leuchteten blau vom ersten Wiesensalbei oder rot von dem eben aufgeblühten Klatschmohn. Die Linden dufteten betörend, Zitronenfalter und Bläulinge flatterten von Blüte zu Blüte, und diese friedliche Ruhe und dazu die schlafende Frau mit ihrem Kopf auf seinem Oberschenkel gab ihm ein ungewohnt glückliches Gefühl.

Nein, er brauchte keine andere, das wurde ihm immer klarer. Lag es an seinem Alter oder an seinem Vetter, der so unbeirrbar monogame Moralvorstellungen hatte? Seit er mit ihm zusammengetroffen war, geriet seine eigene Welt nun auch privat so langsam aus den Fugen. Irgendwie war er schon ein wenig widerwillig mit der Kleinen in L'Aquila ins Bett gegangen, sogar ihren Namen hatte er vergessen. Und irgendwie war er erleichtert gewesen, als die kleine Masseuse keinen kurzen Rock mit nichts darunter getragen hatte, sondern eine weiße lange Hose und einen Verlobungsring.

Er war stattdessen nach Hause gefahren, Vilma hatte sich überrascht und erfreut gezeigt, und sie hatten sich am Abend geliebt und einen Ausflug an den Iseosee verabredet.

Er steuerte in seinem Privatleben in ruhiges Wasser, ohne jedes Bedauern. War es vielleicht nur sein vom Vater vererbtes Image eines Frauenbetörers, das er gelebt hatte? Zugegeben, es war nicht ohne Reiz gewesen, jeden Apfel vom Baum zu pflücken, den er erreichen konnte; aber in zunehmendem Maße aß sein Gewissen bei jedem Biss mit, und er war gesättigt.

Umso stürmischer, ja mit Kentergefahr verlief sein Berufsleben. Er hatte es so satt!

Du hast doch einen Vetter bei der Padovaner Polizei, hatten sie zuerst gesagt, da kommst du doch schnell in den inneren Zirkel.

Du musst ihn davon abbringen, die *strategia della tensione* dauernd zu torpedieren, hatten sie dann von ihm gefordert. Und was kam nun?

Von hier oben sah das Tal grün und idyllisch aus, die Kirchtürme von Gardone Val Trompia bildeten einen malerischen Hintergrund, besonders San Rocco sandte gerade eben einen verwehenden Glockenton hier herauf, und nichts, aber auch gar nichts gab von hier aus Anlass, an die Straße des Eisens zu denken, die sich von Brescia kommend nach Norden schlängelte.

»Was siehst du im Valtrompia?«, Vilma war erwacht, setzte sich auf, und ihre hellgrünen Augen strahlten wie Bergseen zur Frühlingszeit.

»Die Straße des Eisens.«

»Und du denkst an deinen Bartolomeo Colleoni!«

»An Bartolomeo schon, aber einen anderen: Bartolomeo Beretta. Die Berettas wohnen schon seit fast 500 Jahren dort unten in Gardone.«

»D i e Berettas? Die Waffenfabrikanten?«, Vilma zeigte sich erstaunt. »Haben die beiden Bartolomeos sich gekannt?«

»Colleonis Enkel Alexander und Bartolomeo Beretta bestimmt. 1526 hat der Büchsenmacher Beretta von der Republik Venezia einen Auftrag über eine Anzahl Musketenfässer für das Arsenal bekommen. Da muss er schon einen guten Ruf gehabt haben. Im Jahr darauf ist Alessandro gestorben, er hat den Büchsenmacher bestimmt gekannt, so nahe bei Brescia. Und seither schmieden die Berettas dort unten Waffen.«

»Welcher Beretta hat jetzt das Sagen?«

»Der *cavaliere* Ugo Gussalli Beretta mit seinen Söhnen Franco und Pietro, ein direkter Nachkomme in der 16. Generation«, er konnte einen gewissen bewundernden Unterton nicht unterdrücken, und Vilma reagierte sofort, rückte von ihm ab und umschlang ihre Knie mit den Armen.

Er ärgerte sich, die Namen der Beretta-Söhne hätte er nicht erwähnen müssen.

»*Mi dispiace*, es tut mir leid«, murmelte er und legte seine Hand auf ihre Schulter, »es war kein Vorwurf.«

Sie reagierte nicht, und so überbrückte er die entstandene, spannungsgeladene Atmosphäre, indem er von den anderen Waffenfabriken, die es dort unten, in dem von oben so lieblich grün und friedlich aussehenden Tal der Mella gab, den Fabriken von Bernadelli Vincenzo, von der Italiana Armi Sabatti, von den Fratelli Tanfoglio; alle wie die Fabbrica d'Armi Pietro Beretti in Gardone Val Trompia ansässig, dazu Franchi S.p.A. in Fornaci, die F.lli Marocchi in Sarezzo, die Investarm in Marcheno; wahrlich ein Tal des Eisens, heute mehr noch als damals, wenn man die zehn Munitionsfabriken im Tale auch noch dazuzählte.

Er hatte Vilma abgelenkt, und sie schauderte.

»Schrecklich, und wir leben so nahe bei diesen Fabriken, die so viel für den Tod auf der ganzen Welt tun! Ich kannte bisher nur die museale Seite des Valtromipa, die alten Pochwerke und Schmelzöfen, die im 15. Jahrhundert so wichtig waren! Wo leben wir nur!«

»Aber denk einmal an den Reichtum des Tales, an die vielen sicheren Arbeitsplätze!«

»Sichere Arbeitsplätze! Pah!«, und nun entlud sich ein Feuerwerk von Argumenten gegen Waffenfabrikanten und ihr Geschäft mit dem Tod über ihn; und die ganze Umweltverschmutzung durch die Industrie in der Lombardei kam auch noch hinzu.

Früher hatte er sich oft über ihr leidenschaftliches Eintreten für die Umwelt amüsiert oder geärgert, besonders wenn sie in der Öffentlichkeit auftrat und nicht an den Schaden für ihn dachte; jetzt aber liebte er das Feuer in ihren Augen, ihren durchgedrückten Rücken, der ihre Brüste betonte, ihre Lippen, die sich für einen Wortschwall nach dem anderen öffneten und verführerisch feucht glänzten, und ihre Haare, die bei den plötzlichen Bewegungen ihres Kopfes in die Luft flogen und sich wirr über ihr Gesicht legten.

»Warum antwortest du nicht wie früher!«, herrschte sie ihn schließlich an.

»Sie zahlen jede Menge Steuern, sie verbreiten die innovative italienische Waffenkunst in alle Welt«, seine Antworten klangen etwas matt, und er wollte ihr nicht sagen, dass er gestern noch, etwas südwestlich von Brescia, im alten Martinengogebiet, die moderne FABRAM besucht hatte, die mit einem berühmten deutschen Unternehmen in Suhl einen neuen Karabiner hergestellt hatte, den es zu testen galt. »Außerdem betätigen sich die Berettas zum Beispiel auch auf karitativen Gebiet. Denke mal an ihre Krebsstiftung.«

Ein erneutes Gewitter entlud sich über ihm, ob diese Waffenfamilien eigentlich wüssten, wie viel Elend und Leid in Krisengebieten sie mit ihren Waffen und ihrer Profigier brächten? Und da sei es ja wohl pervers, sich ein karitatives Mäntelchen umzuhängen!

Er küsste sie ganz einfach, und nach einer Weile wurde sie in seinen Armen ganz anschmiegsam.

»Komm, lass uns noch ein Stückchen ins Val Trompia hinabsteigen, so, dass wir keinen Ort mehr sehen und nur die Natur um uns spüren.«

»Geh du nur, Bartolo. Ich bleibe hier und träume noch ein wenig.«

Ein wenig widerstrebend ließ er sie zurück, dort oben, wo man auf einer Seite auf den azurblauen Iseosee und auf der anderen Seite ins Val Trompia sehen konnte, und er folgte dem Wanderweg, der sich an Gebüschstreifen, Bäumen und Wiesen entlangwand.

Als er nach einer knappen halben Stunde zurückkehrte, fand er den Platz mit dem umwerfenden Blick verlassen. Er blickte noch nicht sehr beunruhigt in die Runde, vielleicht trank Vilma in der etwas tiefer liegenden Bar einen *caffè* und genoss die Aussicht von der Terrasse auf den Iseosee, oder sie betete in der kleinen Kirche oder hielt sich bei dem scheußlichen Denkmal auf, von dem man ebenfalls eine herrliche Rundumsicht genießen konnte.

Dann aber schrillten alle Alarmglocken in ihm, als sein Blick an den Bäumen hinter ihrem Rastplatz hängen blieb, sofort erkannte er die widernatürlichen Netze, Stricke und Fallen der Vogelfänger sowie die Halterungen für die Käfige der Lockvögel. Er hatte mit dem Rücken dazu gesessen, und Vilma musste sie entdeckt haben. Ein traditionelles Vergnügen hier oben in der Lombardei, und nicht nur dort!

Im selben Augenblick hörte er aufgeregte und zornige Stimmen drunten von der Bar her, und er machte sich so schnell er konnte auf den Weg dahin, Vilma war wieder einmal in Schwierigkeiten, da konnte er sicher sein.

Dort zwischen Bar und einem alten Bauernhaus, wo der steile Abstieg zum Parkplatz begann, hatten drei Männer Vilma ergriffen, die sich wild, aber vergebens gegen sie wehrte. Neben ihr auf dem steinigen Weg lagen zwei leere Vogelkäfige, und er konnte sich schon zurechtreimen, was geschehen war. Die Lockvogelkäfige mussten sich im Untergeschoss des Bauernhauses befunden haben. Er erinnerte sich, als sie heraufgestiegen waren, dass er das Gezwitscher von Vogelstimmen aus dem kleinen vergitterten Fenster gehört, ihm aber keine Bedeutung beigemessen hatte.

Vilma musste in den Keller eingedrungen sein und den Lockvögeln aus zwei Käfigen die Freiheit gegeben haben, bevor die drei Männer eingreifen konnten.

Er rannte auf die Gruppe zu, zerrte seinen padovanischen Polizeiausweis aus der Tasche und herrschte die Männer an, die Frau loszulassen. Sie taten es sofort.

»Ein Polizist aus dem Veneto«, sagte einer geringschätzig, nachdem er den Ausweis ausgiebig studiert hatte, »wollen wir uns von dem etwas sagen lassen und diese kleine Ökoschlampe laufen lassen?«

Coglione hatte sein *telefonino* bereits in der Hand.

»Die Kollegen aus Sulzano werden sich freuen«, er tippte eine Nummer ein, und die drei Männer wichen zurück, »Vogelfänger sind nicht die Lieblinge der Gesellschaft.«

»Ach leck mich doch!«, sagte der Wortführer, und die drei zogen sich zurück. »Aber lass dich hier nie wieder sehen!«

Er drohte Vilma mit der Faust.

»Du lässt sie damit durchkommen? Das gewerbsmäßige Vogelfangen ist verboten, steht unter Strafe!« Empörung loderte aus Vilmas Augen, dies, ihre wirre Frisur und die zerrissene Bluse ließen sie wie eine Revolutionärin auf den Barrikaden aussehen, sie hätte nur noch die italienische Fahne schwenken müssen, und er fand sie unwiderstehlich.

»Komm, du heilige Franziska von Assisi«, sagte er und ergriff sie am Arm, »wir verschwinden, bevor sie es sich anders überlegen!«

Widerwillig ließ sie sich den Weg zum Auto hinunterziehen, am liebsten wäre sie wieder umgedreht, aber er hielt sie fest an den Schultern gepackt.

»Das ist widerwärtig«, sie stampfte mit dem Fuß auf, bevor er sie ins Auto drängte, »das werden wir nicht so auf sich beruhen lassen!«

Die Schönheit der Panoramastraße und die atemberaubenden Blicke auf den Iseosee fanden keine Beachtung mehr.

»Bevor ihr etwas tun könnt, werden sie alles abgebaut haben. Der Vogelzug ist sowieso vorbei.«

»Weshalb bist du plötzlich so verständnisvoll? Ich habe dich wieder in der Öffentlichkeit blamiert, ich, deine kleine Ökoschlampe!«

Er nahm die nächste Serpentine mit dem Blick auf die Monte Isola im Iseosee, doch ihre Schönheit berührte sie nicht.

»Ach, Vilma! Du hast so viel Feuer in dir, dass es meine Asche zum Glühen bringt!«

»Ach, lenk nicht ab! Im Herbst bauen sie alles wieder auf, aber wir wissen jetzt wo!«, sie hatte nichts von ihrer Entrüstung verloren.

»Vilma, versprich mir eins! Du darfst hier nie wieder herkommen! Sie werden dich wiedererkennen! Gib mir dein Wort!«

»Pah!«

»Versprich mir wenigstens, nichts allein zu unternehmen, bitte!«

»Nun gut«, widerstrebend nickte sie.

Sein Autotelefon klingelte, und die Questura in Padova forderte ihn dringend an, ob er am Abend zurück sein könne. Er konnte.

Sie fuhren zur *locanda* »La Pernice« zurück, die halbhoch am Berge oberhalb von Sulzano lag. Ein wenig wehmütig dachte er an gestern Abend, als sie draußen auf der überdachten Terrasse gesessen, auf die sich im Wind wiegenden Palmenwipfel geschaut und den Sonnenuntergang genossen hatten, bis die Sonne hinter dem schon zu bergamaskischen Gebiet gehörenden Monte Pesano untergegangen war, bevor sie bei Kerzenschein ein köstliches Abendessen mit ebenso köstlichem Rotwein aus dem Franciacorte eingenommen hatten. Die warmen Farben der Monte Isola unten im See hatten so viel Wärme verbreitet, und sie hatten beiden nur über sich geredet, über Vilmas Visionen eines Comebacks als Pianistin, Cogliones Pläne, ganz in den Polizeidienst zu wechseln, und natürlich über ihre drei Töchter, die alle drei die unterschiedlichsten Begabungen und Charaktere besaßen.

Vilma schwieg beim Packen verbissen, und innerlich seufzend hakte er das Wochenende ab, das an seinem Beginn so harmonisch und dann zum Schluss so turbulent verlaufen war.

Während der Fahrt am Seeufer entlang nach Riva del Solto herrschte Schweigsamkeit zwischen ihnen. Am *ristorante* Zu', wo sie sich gestern Mittag getroffen und in dem sie in dem stilvollen

Speisesaal wie über dem See schwebend Fisch vom Feinsten gegessen hatten.

Als Vilma nun in ihr dort geparktes Auto steigen wollte, kam er hinzu und dankte ihr für das in weiten Teilen schöne Wochenende.

»Wenn du mich und meine Umweltschutzaktionen doch nur ernst nehmen wolltest!«, sie blickte zu ihm hoch.

»Tue ich, *bella*!«

»Du hast dich irgendwie verändert! Bist nicht mehr so gönnerhaft«, gab sie zu und lächelte zu ihm auf.

»Wir machen Fortschritte?«, er beugte sich zu ihr hinunter und küsste sie, und sie dachte etwas erstaunt und etwas erleichtert, dass er das ganze Wochenende nicht einmal Benito zitiert und seine faschistischen Beziehungen nicht einmal erwähnt hatte. Und auch mit niemandem telefoniert hatte, auch mit keiner anderen Frau.

»Wir machen tatsächlich Fortschritte«, sagte sie und fuhr los.

Colli Euganei: Dienstag

Nachmittags erschien überraschend Ari Hirschfeld und fragte nach Roberto, doch der wollte diesen Abend in Padova bleiben, dall'arias Vertretung beanspruchte ihn zeitweise sehr. Nur gut, dass der XX. *Gennaio* sich offensichtlich zurückgezogen hatte, trotzdem blieb der Personenschutz.

»Sie finden ihn in Padova, *signor* Hirschfeld.«

»Ich wollte mich von Ihnen beiden verabschieden, ganz privat«, sagte er müde.

Er sah aus wie ein alter Mann, grau im Gesicht, tiefe Linien hatten sich um Mund und Nasenpartie eingegraben, die Schultern fielen nach vorn, und er wirkte ausgebrannt.

Julia hatte ihm bisher nicht sonderlich viel Sympathien entgegengebracht, zwar war er ihr gegenüber immer die Korrektheit in Person gewesen, aber sie konnte nicht umhin, ihn mit Davids und Gabriėllas Tod in Verbindung zu bringen. Doch jetzt tat er ihr leid, und sie lud ihn zu einer Tasse Tee ein. Sie setzten sich auf die Terrasse mit Blick über den schön angelegten Garten, am linken und rechten Flügel des Hauses wuchsen Kletterrosen, die ihren zarten Duft verbreiteten, aber der Israeli schien nichts wahrzunehmen, weder die maigrüne Umgebung noch den für Steven schön gedeckten Teetisch, und auch nicht den sich wundersam vor ihnen ausbreitenden Renaissancegarten des *Ca' Vecchia* Brandolin.

Es war sehr mühsam, der Israeli saß da, starrte in seine Teetasse und schwieg.

»Haben Sie alle gefährdeten Studenten von der Liste ermitteln und erreichen können, *signor* Hirschfeld?«, versuchte Julia ein Gespräch in Gang zu setzen.

»Wie? Ach so. Ja, mithilfe der Botschaften und der Universitätsverwaltung ist der größte Schaden begrenzt«, antwortete er abwesend.

»Dann ist Davids und Gabrièllas Bemühen nicht umsonst gewesen.«

Ari reagierte nicht, und Julia seufzte innerlich.

»Und der XX. *Gennaio* ist Ihrer Meinung nach nun zerschlagen?«, begann Julia erneut.

»Was sagten Sie? Ja, ja, nach Meinung der Geheimdienste ist der Spuk des XX. *Gennaio* vorbei, der arabische Teil hat sich öffentlich aufgelöst, und der italienische Sektor ist praktisch nicht mehr existent. Wenigstens darin sind sich alle drei Geheimdienste einig.«

Wieder war das Gespräch aus seiner Sicht beendet.

»Dann verlassen Sie Italien jetzt nach erfolgreichem Einsatz? Oder ist das streng geheim?«, Julia war kurz vor dem Aufgeben dieses schleppenden Dialogs, der eigentlich keiner war.

»Erfolgreich?«, er stützte den Kopf in die Hände, als ob er ihn allein nicht mehr tragen konnte, dann gab er sich einen Ruck.

»Sie sind ein Mensch, *La Tedesca*, der gut zuhören kann. Stört es Sie, wenn ein alter Mann Ihnen seinen Kummer anvertraut?«

»Aber überhaupt nicht!«

»Ich bin ein alter Soldat, meine Heimat ist seit undenklichen Zeiten das Institut; die Front? Der Kampf gegen alle Feinde Israels, innen und außen. Aber dieser lebenslange Krieg hat mich persönlich viel, allzu viel gekostet. Zuerst meine Frau. Sie wollte das Leben so mit mir nicht weiterführen, diese ewigen Auslandseinsätze nicht mehr mitmachen; sie konnte die Angst, wenn ich in arabischen Ländern weilte, nicht mehr ertragen. Ich war ihr zweiter Mann, in erster Ehe war sie mit Saul Garfinkel verheiratet, der ermordete Yochana'an so etwas wie ein Stiefsohn für mich. Ihn verlor ich im letzten September. Es war nicht mein erster Verlust und nicht mein letzter.

Mein Kibbutz legte mir schon vor langer Zeit den Austritt nahe, sie hatten sich für die Kooperation mit den Palästinensern entschlossen, ich und ein paar andere hatten die Wahl. Ich trat aus, die allermeisten blieben. Langweile ich Sie auch nicht, *La Tedesca*?«

»Natürlich nicht. Fahren Sie fort, *signor* Hirschfeld«, wehrte sie ab und lächelte ihn an.

»Mein jüngster Sohn blieb in diesem Kibbutz, Yochana'an hatte ihn mehr beeinflusst als ich, ich war ja auch meistens nicht da, wenn er mich gebraucht hätte. Ich war enttäuscht von ihm, hatte gehofft, er würde wie ich dem Land dienen, vielleicht wie ich im Institut. Aber er schien andere Wege gehen zu wollen. Er heiratete eine blutjunge Amerikanerin, sie hatten ein Zwillingspärchen, wie Sie, *La Tedesca*.

Aber ihr Glück wurde jäh zerstört, Rachel durch einen Selbstmordattentäter auf dem Markt in Jerusalem getötet. Und nun bekam ich, was ich wollte, einen nach Rache dürstenden Sohn, der einer Sondereinheit des Instituts angehörte und ein Spezialist für präventive Liquidationen wurde.«

Julia begann zu ahnen, dass er von David sprach, und Schrecken ergriff sie, sie konnte sich den Freund nicht als den eiskalten Vollstrecker vorstellen, der er ja wohl gewesen sein musste.

»Vor fünf Jahren wurde mein ältester Sohn Daniel über Syrien abgeschossen, sein Schicksal ist ungewiss. Aber meine Verluste hatten noch kein Ende.

Ich weiß nicht genau, wann mein David, mein jüngster Sohn, wieder in die Einflusssphäre Yochana'ans geriet, und wir werden nicht mehr herausfinden können, ob er seinen Halbbruder bewusst aufsuchte oder ob der Zufall, das Schicksal es so wollten, denn beide sind tot.

David begann nachzudenken und sich von der Gewalt zu lösen. Vor zwei Jahren versuchte ich, ihn zurückzugewinnen, und bat ihn, mich hier in Italien in der Studentenszene zu unterstützen. Er schlug es mir nicht ab, aber er machte deutlich, dass es sein letzter Einsatz für das Institut sein würde. Es wurde wirklich sein letzter, und wenn ich es recht bedenke, habe ich ihm den Tod gebracht.

David wollte zurück in seinen Kibbutz und zu seinen Kindern, die Yochana'an und Rebecca adoptiert und aufgezogen hatten. Mir zuliebe kam er nach Italien.

Ich habe immer nur die Belange des Staates Israel sehen wollen, wie sie die Regierung und damit auch das Institut vertreten, nie habe ich die Zweifel der Jungen geduldet und schon gar nicht respektiert. Den Weg, den wir Alten gehen, habe ich immer für den einzig richtigen angesehen.

Und dann verliebte sich mein Sohn in eine christliche Palästinenserin. Ich weiß, sie ist nicht schuld an seinem Tod, aber ich kann um sie nicht trauern. Noch nicht. Nur um David.«

Er schwieg und rührte in seinem kalten Tee herum, von dem er noch nicht einen Schluck getrunken hatte. Julia verhielt sich ganz ruhig und wartete. Sie fühlte tiefes Mitleid mit dem Mann, wenn sie ihm auch eine gewisse Mitschuld an seinem Schicksal nicht absprechen konnte.

»Ich habe es jetzt begriffen«, fuhr Ari fort, »wer Wind säht, wird Sturm ernten. Väter sollten ihre Söhne nicht begraben müssen.«

Er strich sich über die Stirn und schien aus einem Traum zu erwachen.

»Danke fürs Zuhören, *La Tedesca*!«

»*Niente*. Was werden Sie jetzt tun, *signor* Hirschfeld?«

»Meine Pflicht. Sie haben mich beauftragt, eine internationale Terrrorismuskonferenz auf Zypern vorzubereiten. Ich frage nie nach dem Übermorgen.«

»Haben Sie noch mehr Kinder außer Daniel und David?«

»Drei Töchter. Sie haben wie ihre Mutter alle Verbindung zu mir abgebrochen.«

»Und Davids Kinder, Ihre Enkel?«

»Mein Enkel Dan wird Ende des Monats dreizehn. Er feiert dann seine Bar-Mitswa. Dana lebt bei ihrer Großmutter, meiner geschiedenen Frau.«

»Oh«, Julia dachte an das Vermächtnis, das Roberto an einem sicheren Ort untergebracht hatte.

»Ihr Mann und Sie haben Davids Vermächtnis«, stellte Ari Hirschfeld fest, als habe er ihre Gedanken gelesen, und Julia überlegte, woher er das wusste.

»Henry?«

»Sie schließen scharf«, er lächelte erstmals, »wollen Sie es mir anvertrauen, damit ich es meinem Enkel zur Bar-Mitswa übergeben kann?«

Nicht die Geheimdienste, hatte David gesagt, und gehörte nicht sein Vater auch dazu? Was sollte sie tun?

»David hat meinen Mann und mich damit beauftragt. Und ich denke, wir wollen seinen letzten Willen ausführen«, antwortete sie zögernd.

»Dann möchte ich Sie und Ihren Mann in aller Form zur Bar-Mitswa-Feier meines Enkels in den Kibbutz Givat Shalom einladen, am Shabat in zwei Wochen!«

Julia wusste nicht, wie sie reagieren sollte, vor den Kopf stoßen wollte sie Ari Hirschfeld nicht, ohne Roberto entscheiden auch nicht, doch irgendetwas musste sie ihm antworten.

»Ich kann es nicht hundertprozentig versprechen, aber danke für die Einladung.«

Ari erhob sich, um sich zu verabschieden, reichte ihr die Hand, hielt sie fest und umschloss sie mit seiner anderen.

»Danke, Giulia Bassner«, sagte er, für seine bisher formelle Art sehr herzlich, »danke auch, dass du meinen Sohn auf seiner letzten Reise als Einzige bis zu dem Tor begleitet hast, das er allein durchschreiten musste. Und wenn du mir eine allerletzte Bitte gestattest, lass mich irgendwann einmal den letzten Brief meines Sohnes lesen, ja? Shalom, Giulia!«

»Shalom, Ari.«

Er hatte sie nicht um Schweigen über das Gehörte gebeten, und sie nahm das als Auftrag, Roberto zu informieren. Aber keinen sonst.

Ari ging, und keine zwei Minuten später erschienen Steven und sein Vetter. Sie rissen Julia aus ihrer traurig-nachdenklichen Stimmung, in der Aris Bekenntnisse sie zurückgelassen hatte.

Steven stellte ihr den hochgewachsenen Engländer vor, einer von diesen keltischen Typen mit schwarzen Haaren und blauen Augen, deren natürlicher Charme einen sofort einfing, obwohl ein leicht melancholischer Zug dämpfend wirkte; so wie Nebel in der Lagune. Sie unterhielten sich auf Deutsch, denn die Mutter von Steven und die von Jeremy Sycomore waren Schwestern aus Deutschland gewesen.

»Ihr Onkel, der frühere Questore, hat mich auf Ihren Garten aufmerksam gemacht«, sagte er und blickte sich interessiert um, »ich wohne seit einiger Zeit bei ihm; er hat mir den östlichen Teil seiner Villa vermietet.«

»O, dann ist Ihnen das Parterre mit dem keltischen Knotenmuster sicher aufgefallen?«

Steven entfernte sich mit einer Teetasse in der Hand in Richtung Springbrunnen, er schien seinen um etliche Jahre älteren Vetter – Julia schätzte ihn auf Robertos Alter – nicht sonderlich zu mögen und hatte die Vermittlung dieser Einladung zum Tee nur widerwillig übernommen.

»Pass nur auf, Julia!«, hatte er sie gewarnt. »Er ist ein Womanizer: Junge, verheiratete Frauen haben es ihm besonders angetan, die verpflichten ihn zu nichts und sind diskret. Außerdem ist er ziemlich arrogant, unser Sir Jeremy!«

»So ein zauberhaftes Parterre habe ich selten gesehen«, knüpfte Stevens Vetter jetzt an Julias Frage an, »und in England sind wir, was Knotenparterre anbetrifft, ja auch nicht die schlechtesten Gartengestalter.«

»Weiß Gott nicht«, sie stellte ihn auf die Probe, »ich habe mich hier zu einem elisabethanischen Knoten entschlossen, sie sind recht wirkungsvoll und passen zum Renaissancestil der italienischen Gärten.«

»Ich habe es gleich bemerkt, dort hinten rechts, nicht wahr?«

»*Esatto*, Probe bestanden!«, Julia goss Tee nach. »Das keltische Knotenparterre hat übrigens meine Großmutter entworfen. Als ich auf ihren Spuren wandelnd nach Italien kam, habe ich es gefunden. Mit seiner vorhandenen und nicht vorhandenen Gartenarchitektur hat dies Land mich eingefangen.«

»Und der *marchese,* oder sehe ich das falsch?«, Steven war herangeschlendert und mischte sich ein, irgendwie musste er seinem Vetter Robertos Abkunft unterjubeln.

»Der hauptsächlich«, gab Julia zu, »ohne meinen Mann und seine Ahnen säßen wir jetzt hier nicht auf altem visianschen Grund mit dem *Ca'Vecchia* Brandolin.«

Sie fanden sich beide sympathisch, Julia konnte weder Arroganz noch Anzüglichkeiten an ihm entdecken, und so fachsimpelten sie, während sich Steven wieder entfernte und Notizen am anderen Ende des Gartens machte, er beschrieb im Augenblick kleine italienische Gartenanlagen aus dem *seicento,* und Julia hatte ihm einige Aquarelle versprochen.

»Vielleicht sehen wir uns einmal bei Ihrem Onkel?«, der Engländer verabschiedete sich. »Das Gespräch mit Ihnen war überaus entspannend. Ich leide beruflich und privat im Augenblick unter Dauerstress! Jedenfalls heute Nachmittag habe ich ihn, Dank Ihnen und Ihrer liebenswürdigen Gastfreundschaft, vergessen können. *Arrivederci*!«

Steven verdrehte die Augen, doch Julia fühlte sich ebenso entspannt, der Nachmittag hatte sie von ihren Ängsten um Roberto, dem XX. *Gennaio* und Aris Offenbarungen abgelenkt; vielleicht kehrte nun der Friede ein, den sie sich für ihre kleine Welt, ebenso wie für die große, weite da draußen mit all ihren verschiedenartigen Geschöpfen, so sehnlichst wünschte. Oder sollte das Kennenlernen neuer Menschen zu neuen Problemen führen?

Geschichtssplitter

1438: Das Wunder von Torbole 1442: Wechsel zu Filippo Maria Visconti

Früher hätte er sich auf einen Befehl zurückgezogen, aber sein Gewissen machte mit seinem Gehirn, was es wollte.

Er bog am Veronakreuz nach Norden auf die Autostrada zum Brennero ab, folgte ihr bis zur Abfahrt Rovereto Sud und sah bald das Massiv des Monte Baldo vor sich. Er blendete die Gegenwart einfach aus. Was hatte sein Bartolomeo Colleoni hier geleistet, damals!

Sie hatten den Marsch über die Berge geschafft, Colleoni und Gattamelata, wenn auch unter großen Verlusten, hatten Verona befreit, aber Brescia stand kurz vor dem Fall, und der Landweg dorthin war mit Mailänder Truppen vermint.

Der Pragmatiker Colleoni schlug seinem capitano generale *vor, man müsse, da man Piccininos Truppen zu Lande nicht besiegen könne, von See aus angreifen, die langen Gesichter der Mailänder wolle er zu gern sehen, wenn sie die Oberherrschaft auf dem Benaco plötzlich verlören. Er, Colleoni, wolle sich um die praktische Seite kümmern, Gattamelata solle die Zustimmung und das nötige Geld von der Serenissima holen.*

Mitten im Winter?

Colleoni zuckte mit den Schultern. Schnell müsse es gehen, die Brescianer äßen schon Hunde und Ratten, aber viele von denen gäbe es auch nicht mehr.

Den in venezianischen Diensten stehenden kretischen Ingenieur Niccolò Sorbolo holte sich Colleoni hinzu, und gemeinsam gelang es ihnen mit der tatkräftigen Unterstützung der Kummer gewöhnten Lanzen des condottiero *und zweitausend Ochsen, die fast vierzig Schiffe zuerst die strömungsreiche Etsch hinauf bis Marco und dann ins Hochtal bis Mori zu transportieren.*

Er stand am Ufer des jetzt ausgetrockneten Loppiosees, direkt über dem Tunnel, der dem See das Wasser entzogen hatte, und packte seine streng gehütete Mappe mit alten Karten, Stammbäumen und den Zusammenfassungen historischer Schlachten aus, entnahm die Kopie einer alten Landkarte aus dem 15. Jahrhundert, die er im venezianischen Archivo di Stato hatte kopieren lassen und die den genauen Weg der fünfunddreißig Schiffe aufzeigte.

Bartolomeo Colleoni hatte den Weg rückwärts eingeschlagen, den Weg, den sie vor ein paar Wochen auf dem Weg nach Verona genommen hatten. Am 1439 noch wasserführenden See konnten Mensch wie Tier eine kurze Ruhepause einlegen, die Schiffe durch den See getreidelt und dann über Rollen am Monte Baldo entlang bis Torbole befördert werden, wo sie die Schiffe ins Wasser ließen, sechs Galeeren, fünfundzwanzig Boote und acht Ruderboote.

Das Wunder von Torbole mehrte Colleonis Ruhm, er ließ ihn Gattamelata und gab sich mit dem Achtungsgeschenk der Serenissima zufrieden, einem Haus in Padova und fünfundzwanzig Golddukaten monatlich zum Unterhalt für seine Frau Tisbe daselbst.

Zurück zum Gardasee! Die Mailänder erschraken mächtig, zerstörten zwar fast alle Boote, mussten dafür aber zu Lande eine kräftige Niederlage einstecken.

Klugerweise besorgte die Serenissima sich Verstärkung durch Francesco Sforza, denn Verona ging wieder verloren, und Colleonis Freund Francesco, der sich von Mailand abgewendet hatte, weil der Visconti die lange zugesagte Heirat mit seiner Tochter Bianca Maria Visconti verschleppte, eroberte Verona für die Venezianer zurück, und während Colleoni Verona verteidigte, belagerten Sforza und Gattamelata die Festung Tenno, wohin sich Piccinino zurückgezogen hatte und hoffnungslos in der Falle saß.

Er stieg in sein Auto, nachdem er seine Kartenkopie sorgsam verstaut hatte, und fuhr zum Nordrand des Gardasees hinunter, durch Riva hindurch und auf die SS421 in Richtung Tennosee. Seine Gedanken machten sich selbstständig, und die Flucht in die Vergangenheit erhielt einen Bruch.

Ari Hirschfeld würde nicht mehr nach Padova zurückkehren. Mit ihm hatte man relativ gut zusammenarbeiten können und nicht dauernd Angst vor irgendwelchen Intrigen haben müssen. Sein Wort stand, ganz anders als bei dieser signora senza misericordia, der Farlucchi. Ihre israelische Herkunft lag im Dunkeln, und was ihren Mann betraf, einen Italiener, der der P2 Loge mehr als nahe gestanden hatte, vermehrte sich sein Unbehagen.

Seine Fahrt hierher glich einer Flucht, er wusste, er lief vor Problemen weg, und so zwang er sich in die Vergangenheit zurück.

Der See von Tenno lag da wie ein smaragdgrünes Auge, 570 Meter hoch in den Bergen versteckt. Die Burg, heute in Privatbesitz, reckte ihre Zinnen immer noch drohend in den azurblauen Himmel. Auch damals schon, im Januar 1439.

(Mehr als 570 Jahre später saß, ja versteckte sich der neue Besitzer der Burg hier, Klaus Zumwinkel, ein Manager, den man in Deutschland der Steuerhinterziehung bezichtigte und der hier seine Verteidigung vorbereitete. Aber die Schande seiner spektakulären Verhaftung war groß gewesen, und seine Person galt als verbrannt.)

Nur durch eine List war der körperlich kleine Piccinino den Venezianern entronnen: ein riesiger teutonischer Soldat hatte sich in Zivilkleidern seinen capitano generale in einem Sack über die Schulter geworfen und war im allgemeinen Kampfgetümmel davongegangen. Beim Bekanntwerden lachten sich nicht nur die Venezianer schlapp, auch im Mailänder Heer sorgte das für geheime Heiterkeit.

Noch gab es keinen eindeutigen Sieg für die Venezianer, im Gegenteil, im Juni 1439 besetzte der für seine Gewaltmärsche bekannte Piccinino die kleine, festungsbewehrte Stadt Soave zwischen Verona und Padova, und sie fiel sofort. So weit waren die Mailänder noch nie auf das Staatsgebiet der Republik Venezia vorgedrungen.

Peschiera am Gardasee war erneut in venezianischen Händen, Colleoni verließ seinen Freund Francesco Sforza, mit dem er nach langer Zeit wieder einmal auf der gleichen Seite gekämpft hatte, als sie gerade als Sieger in das befreite Brescia einritten und sie die Hiobsbotschaft vom Fall Soaves erreichte. So weit im Osten hatte keiner Piccinino erwartet.

Aber nicht nur der körperlich kleine Piccinino war zu Gewaltmärschen fähig, auch Colleoni und seine belastbaren Gefolgsleute drehten auf und marschierten Tag und Nacht durch das südliche Valpolicella und überraschten Piccinino von Norden her, als sie aus dem Val Illarsi ins Val Soave marschierten und in die Festung von Norden her einbrachen. Piccinino und die Seinen flüchteten durch das bergab gelegene Südtor.

Stichwort: Soave. Er musste wieder zurück nach Padova, aber inzwischen war die Dämmerung hereingebrochen, und er war mitten im Valpolicella, das vom Norden her wie die Finger einer Hand in fünf Täler nach Süden hin sich öffnete. Er befand sich im zweiten von Westen her gesehen, dem Val Pantena, und das Ortsschild von San Pietro in Cariano leuchtete in seinem Scheinwerferlicht auf.

Hier kannte er sich wieder aus, ganz nahebei lag das Weingut Tenuta Pule mit einem komfortablen Gästehaus, und heute, am Donnerstag, hatte auch das rustikale Restaurant geöffnet. Hier hatte er einmal mit Vilma übernachtet. Er bog in den Feldweg ab, der unterhalb des Missionsfriedhofs von San Pietro zu einem der ehemaligen Verwalterhäuser des Weinguts führte, fuhr bei der Madonnenstatue geradeaus durch die Rebenfelder weiter, parkte neben den Reben, stieg aber nicht gleich aus, sondern legte seinen Kopf auf seine Arme. Und dachte an Colleoni, den condottiero.

Der vom Visconti immer wieder schlecht behandelte Piccinino erlitt seine entscheidende Niederlage bei Anghiari, sie brach seinen Willen, und an einer dritten Front gegen die Kirche und Florenz wurde ihm eine dritte Niederlage beigebracht.

Francesco Sforza, bei Weitem nicht so loyal wie sein Freund Bartolomeo, verließ im folgenden Jahr wieder das venezianische Heer, wie immer war Francesco auf seinen eigenen Vorteil bedacht.

Der Friede von 1441 kam mit Sforzas Unterstützung zustande, aber wie gesagt, nicht uneigennützig. Bianca Maria Visconti knetete ihren Vater in bedrängter militärischer Position weich, ihren Francesco heiraten zu dürfen, sie war eine ausgesucht durchsetzungsstarke Persönlichkeit, und der verließ umgehend die Venezianer.

Gattamelata, der sich endgültig krank nach Padova zurückgezogen hatte, eröffnete Colleoni neue Chancen. Die Serenissima hatte Colleonis Verdienste der letzten Jahre notiert und bezeichnete ihn als einen der wichtigsten Feldherren der Republik. Sie belehnte ihn mit den Burgen von Romano, Antegnate und Covo nicht ganz uneigennützig, denn alle lagen dicht an der Grenze zu Mailand, und er machte sich berechtigte Hoffnungen, Gattamelatas Nachfolge als capitano generale antreten zu können.

Wenn da nicht die Intrigen Gentile da Leonessas, des Schwagers von Gattamelata, gewesen wären. Und wenn sich nicht die politische Führung in Venezia nach dem Friedensschluss mit Mailand daran erinnerte hätte, dass sie eine Kaufmannsrepublik war, Kosten und Nutzen der Dienste der condottieri mussten stimmen. Da sie etwas klamm in der Staatskasse war, beschloss sie Kürzungen, auch nachträgliche, die besonders Bartolomeo Colleoni betrafen.

Schwerwiegender noch Gherardo Dandolo, ein provvoditore aus einer der ganz alten Familien der Markusrepublik, der viele Qualitäten besaß, außer einer: Feinfühligkeit. So teilte er dem colonnello Bartolomeo Colleoni – nach seiner Einschätzung ein kleiner Provinzadeliger – eher beiläufig und mit der Arroganz eines Mannes, dessen Familie bereits viermal einen Dogen gestellt hatte, mit, dass er weniger Lanzen führen durfte.

Statt wie bisher mit 1000 Lanzen und 400 Mann Fußtruppen sollte Colleoni nun auf 400 Pferde und 150 fanti reduziert werden, und statt an Colleonis Großzügigkeit zu appellieren, die 34000 Dukaten Soldrückstand zu stunden, verweigerte der Spross der alten Familie die Bezahlung überhaupt, und Colleonis Stolz gewann wegen dieses unglaublichen Ansinnens die Überhand über seine Loyalität.

Er folgte 1442, als der Tod Gattamelatas täglich erwartet wurde und Colleoni von der Familie nicht einmal vorgelassen wurde, einer Einladung Filippo Maria Viscontis nach Mailand, wo er überaus zuvorkommend empfangen und seine Frau Tisbe mit Juwelen beschenkt wurde. Der Herzog führte mehrer Privatgespräche mit seinem Gast, und der sonst so fähige venezianische Geheimdienst merkte von alledem nichts.

Obwohl Colleoni von Jugend an gegen diesen Herzog – oft mehr als erfolgreich und aus Überzeugung – gekämpft hatte, zeigte Filippo Maria sich großzügig gegenüber dem Freunde seines Schwiegersohns und schenkte Colleoni das castello von Adorno, dreißig Kilometer südlich von Alessandria, als der eine condotta mit Milano unterschrieb.

Filippo Maria besaß das Fingerspitzengefühl, jedenfalls im Umgang mit Colleoni, das einem Gherardo Dandolo abging, und erhöhte die Zahl der fanti auf 400, Colleonis 1000 Lanzen könne er selbstredend mitbringen.

Am 28. September 1442 bemerkte die beleidigte Serenissima klagend Colleonis vollzogenen Wechsel nach Mailand, den Undank ihres condottiero, der doch mit nur drei Lanzen in ihren Dienst getreten war und außerdem ihr Untertan und nun desertiert sei.

Colleoni ein Untertan? Untertänig? Nicht ein Bartolomeo Colleoni, dachte er und schenkte sich von seiner zweiten Flasche Valpolicella classico superiore erneut ein.

Mein Vetter Roberto ist ihm ähnlicher, als ich es jemals sein werde, dachte er und vertiefte sich in seine Vorspeisenplatte mit den köstlichen Salamisorten der Gegend, ein wenig kräftig eingelegtem lardo[10] *und hauchzarten Schinkenscheiben.*

Je mehr von dem köstlichen Rotwein er trank, desto klarer wurde sein Kopf. Er würde heute hier übernachten, fahrtüchtig war er mitnichten, morgen – nach dem, wie er wusste, erinnerungswürdigen Frühstück auf der rebenbehangenen Terrasse – sich in der questura in Padova sehen lassen und sich auf die Konferenz in Zypern vorbereiten. Dann würde er abwarten, was die Zeit brächte. Am liebsten würde er wie Colleoni auch auf die andere Seite wechseln. Wenn er nur wüsste, auf welche.

10 Fetter Speck, in Salz und Kräutern in einem Marmorbottich eingelegt.

Kapitel 3

Veneto/Mitte Mai 2002

Bergamo, Oberstadt: Freitag

Die Einladung zum fünfundvierzigsten Geburtstag seines Vetters hätte Roberto zu gern ausgeschlagen, aber immerhin verdankte er ihm sein Leben, als er damals im Trachytsteinbruch von den Geheimdiensten geopfert werden sollte, und Undankbarkeit wollte er sich nicht nachsagen lassen. Außerdem gab er Julias Wünschen fast uneingeschränkt nach, noch immer kam sein Gewissen nicht zur Ruhe, ihr Dinge zugetraut zu haben, die jenseits ihres Persönlichkeitsbildes lagen und die er in seiner verblendeten Eifersucht angenommen hatte.

Julia freute sich ungemein darauf, Bergamo und die neue Verwandtschaft kennenzulernen und Isa wiederzusehen. Omeo hatte wenig von seinen Kindern und seiner Frau erzählt, wenn aber, so sprach er voller Hochachtung von ihr, was ihn aber nicht davon abhielt, in Padova kein Abenteuer auszulassen.

Als Julia ihn eines Tages mit Angela Saccardo am Arm in der Stadt getroffen hatte, wurde sie ihrem angeheirateten Vetter gegenüber vorsichtig. Er bemerkte das und erklärte ihr wortreich, dass Roberto ihn mit *La Leonessa* bekannt gemacht habe, dass er sie dann auf einer Vernissage wiedergetroffen habe und sie drittens nur zum Parkplatz begleitet habe, und dass Julia, und damit auch seine Tante Francesca, keine Angst haben müsse, er kompromittiere sie und das *Ca'Rosso.* Genau wie in Bergamo würde er äußerst diskret vorgehen.

»Brauchst du das wirklich?«, hatte sie ihn direkt angesprochen. »Wieso, wenn du sagst, du liebst deine Frau?«

»Manchmal bist du eklig direkt, Cousinchen!«, hatte er geantwortet. »Und ich will dir ebenso direkt antworten: Ich habe die Hoffnung auf einen Sohn noch nicht aufgegeben. Und Vilma hat mir drei Töchter geboren und kann keine weiteren Kinder bekommen!«

»Ach, du eiferst also dem *capitano generale*, deinem historischen Namensvetter Bartolomeo Colleoni nach!«, hatte sie den Dialog ins Ironische gezogen, denn an weiteren Einzelheiten seines Liebeslebens war sie nicht sonderlich interessiert.

»Nicht ganz«, hatte seine Antwort gelautet, »er konnte sich vier Töchter und vier uneheliche finanziell leisten, ich nicht!«

Sie fuhren schon am Freitagvormittag nach Bergamo hinüber, und Julia fand endlich Zeit, Roberto von Isas Tätigkeiten als Aktivistin der Tutte Bianche zu erzählen, worum Isa sie gebeten hatte.

»Und du hast Omeo wirklich nichts von den Ereignissen um seine Tochter erzählt?«

»Meinst du, ich breche ein gegebenes Versprechen?«, Roberto klang ein klein wenig erstaunt. »Ein Ehrenwort gilt auch einer Sechzehnjährigen gegenüber.«

»Natürlich!«

Sie taten sich sehr schwer, den beschriebenen Weg in die Oberstadt Bergamos zu finden, so verwinkelt hatten sie sich die mittelalterliche Heimat des *condottiere* Bartolomeo Colleoni nicht vorgestellt, und die lange Schnauze des Volvo schien mehrmals mit uralten Hausecken kollidieren zu wollen, für die das nichts Neues gewesen wäre.

Erleichtert erreichten sie schließlich Cogliones Haus, ein elektronisch gesichertes Tor öffnete sich wie von Geisterhand, und neben der kiesbestreuten Einfahrt blickte Julia auf einen schmalen, aber kunstvoll angelegten Garten, passend zum Stil des Hauses. Die Buchsbaumhecken, perfekt geschnitten, waren in verschlungenen Ornamenten angepflanzt, üppig blühende Rosenbüsche versperrten den Blick zur Straße hin, und aus den barockisierten Fenstern einer ursprünglich älteren, gut erhaltenen Villa strahlten Gediegenheit und Kunstverständnis; zwei Angorakatzen, die die Ankömmlinge ignorierend auf den unteren Fenstersimsen saßen, belebten die Szene.

Zu Omeo, der als Erster aus dem Haus trat, gesellten sich zwei Jagdhunde, und während Roberto, unterstützt von Bianca, den Kinderwagen und seine Töchter auslud, erschien die Dame des Hauses, die neben ihrem athletisch gebauten Mann klein und zerbrechlich wirkte. Vilma musste um die vierzig sein, blonde, ins Rötliche spielende Locken umrahmten ein zierliches, überaus sympathisches Gesicht mit lebhaften, hellgrünen Augen, und sie umarmte Julia herzlich. Dann erschienen die beiden jüngeren Töchter, dreizehn und neunjährig, die Bassnerschen Zwillinge fingen in der ungewohnten und jetzt sehr lauten Umgebung an zu weinen, und Julia und Bianca hatten ihr Tun, die beiden zu beruhigen.

Nun erschien auch Isa, die das Ehepaar Bassner eher scheu, die Zwillinge aber umso herzlicher begrüßte und Jana hoch durch die Luft schwenkte, die daraufhin mucksmäuschenstill wurde.

»Hallo, Jette!«, wurde auch das zweite Mädchen begrüßt, und es schwieg ebenso plötzlich. Isas Eltern ebenso.

»Woher kennst du die Zwillinge?«, Bartolomeo Cogliones Misstrauen erwachte sofort, eine fast tödliche Stille herrschte.

»Sie hat uns vor ... einiger Zeit in Padova besucht«, Julia versuchte, zu retten, was nicht mehr zu retten war, und Roberto schlussfolgerte für sich, dass Isa ihr Versprechen, mit ihrem Vater zu reden, nicht gehalten hatte, »eigentlich hatte sie dich besuchen wollen, hat dich aber nicht angetroffen.«

Isa hatte ohne väterliche Erlaubnis an einer Demo der Tutte Bianche in Padova teilgenommen, und Roberto hatte die kleine Demonstrantin, ohne zu wissen, wer sie war, aus den Fängen zweier sie mit einem Messer bedrohenden Black-Bloc-Männern befreit.

Ihr Vater glaubte Julias halbe Wahrheit nicht und beorderte seine älteste Tochter zwecks eines klärenden Gesprächs in sein Arbeitszimmer, die Atmosphäre war alles andere als gemütlich, und die beiden jüngeren Töchter lösten sich schnell und eifrig in Luft auf.

Doch jetzt rettete Vilma als perfekte Gastgeberin die Situation, indem sie die Bassners in den ersten Stock des Hauses geleitete und im Gästezimmer die Fensterläden öffnete. Ein überwältigender Anblick bot sich ihnen, Cogliones Haus lag direkt oberhalb der Stadtmauer mit Blick auf Bergamos Unterstadt, und die Weite der lombardischen Ebene hinter der unteren Stadt dehnte sich bis ins Unendliche.

Da es sich um ein Eckzimmer handelte, konnte man auch nach Nordwesten sehen und auf die sich im Norden Bergamos anschließenden lieblichen Hügel.

»Hoffentlich bekommt Isa nicht allzu viel Ärger?«, wandte sich Julia an deren Mutter, aber die zuckte mit den Schultern.

»Isa und ihr Vater haben ständig Auseinandersetzungen, und man kann nie voraussagen, wer die Oberhand gewinnt«, antwortete die leichthin, und Julia konnte sich ebenso wenig wie ihr Mann nach der hilflosen Vorstellung Isas in Padova vorstellen, dass diese sich gegen ihren autoritär und keineswegs verständnisvoll auftretenden Vater behaupten konnte, aber der Aufenthalt in Bergamo sollte sie eines Besseren belehren.

Nachdem die Zwillinge versorgt waren und im Mittagsschlaf versanken, trafen sich die Erwachsenen zu einem zwanglosen Mittagessen im Parterre. Robertos spürbare Zurückhaltung bröckelte in Anwesenheit seiner lebenssprühenden Frau und der ebenso positiv wirkenden Vilma, die beiden verstanden sich auf Anhieb, und Bartolomeo konnte seinen Besitzerstolz nur schwer hinter einer zufrieden lächelnden Miene verbergen, man dehnte das Essen bis in den frühen Nachmittag aus, Isas Eskapaden wurden nicht angesprochen.

»Mittagsschlaf oder Stadtbesichtigung?«, wollte Omeo von seinen Gästen wissen, die sich zu Letzterem entschlossen, während Vilma daheim blieb, sie habe für den Abend noch dies und das zu regeln.

»Wir ergänzen uns ganz gut«, meinte ihr Gastgeber auf dem Weg zur Piazza, »Vilma liebt Musik und die Natur, sie hat sich heute mit ihrem Naturpark-Rettungs-Programm bemerkenswert zurückgehalten, aber ihr werdet es sicher noch vorgesetzt bekommen, und ich bin an Kunst und Politik interessiert. So kommen wir uns selten ins Gehege.«

Roberto schwieg und wartete auf eines der Benito-Zitate, von denen sein Vetter in letzter Zeit bemerkenswert wenig Gebrauch gemacht hatte, aber es kam keines.

Stattdessen sagte er plötzlich: »Ich stehe tief in eurer Schuld, besonders in deiner, Roberto. Und es tut mir besonders leid, dass ich in Gegenwart des Questore so unkollegial dir gegenüber war. Ich werde mit dall'aria sprechen und ihm die Situation erklären, auch dass du meiner Tochter wahrscheinlich das Leben gerettet hast.«

»Das lass lieber! Merkwürdigerweise habe ich plötzlich und unerwartet dall'arias Wohlwollen, und ich bin nicht froh darüber. Noch mehr wäre für mich unerträglich.«

»Eine Vorsehung muss dich zu diesem Zeitpunkt in Isas Nähe geführt haben!«

»Es war der pure Zufall«, Roberto hörte sich so an, als wolle er über das Thema nach diesem abschließenden Satz kein Wort mehr verlieren, und sein Vetter akzeptierte es und beendete das Thema, vorübergehend jedenfalls, mit einem abschließenden Satz.

»Isa hat mir den vermeintlichen Bruch ihres Versprechens erklärt. Ihr könnt Gift darauf nehmen, dass dieser Psychiater, der ihr die Teilnahme an dieser Demo vorgeschlagen hat, noch von mir hören wird!«

Er führte sie nun auf die Piazza Vecchia, einer der schönsten italienischen Marktplätze, wie Roberto freundlich bemerkte, und zügig erklommen sie den *torre del comune*, von dem sich ihnen wiederum ein überwältigender Blick bot, in der Nähe auf S. Maria Maggiore und die an die Kirche angebaute Colleoni-Kapelle aus der Frührenaissance, darüber hinaus auf die gesamte Oberstadt mit Castello und Stadtmauern, die Voralpen im Norden und die lombardische Ebene im Süden, die Festung San Virgilio über ihnen im Westen.

»An diesem Turm haben alle großen Familien Bergamos gebaut«, erläuterte Omeo die Entstehung dieses Bauwerks, »die ghibellinischen Suardis und ihre Gefolgsleute ebenso wie die guelfisch gesinnten Cogliones und ihre Anhänger, je nachdem, wer gerade die Oberhand hatte.«

Er erläuterte die Geschichte der Stadt, bevor die innerstädtischen Zwiste unter der Oberherrschaft Venedigs befriedet wurden und Bergamo bis zu Napoleons Eroberung eine wirtschaftliche und kulturelle Blüte erlebte.

»Wenn ihr Lust habt«, hatte er am Beginn ihres Spaziergangs gesagt, »zeige ich euch ein wenig von den Spuren des venezianischen Großkondottieres Bartolomeo Colleoni, auf dessen Boden wir uns hier in und um Bergamo befinden. Das Geschick meines Namensvetters hat mich schon immer fasziniert.«

Roberto hatte ein wenig spöttisch gelächelt, und sein Vetter fügte ernst hinzu:

»Ich würde seinen Namen nie missbrauchen!«, und nach einer kleinen Pause fuhr er fort: »Was haltet ihr davon, wenn wir sein Leben rückwärts, von seinem Ende ausgehend, betrachten? Ja? Gut! Das Reiterstandbild in Venedig ist der absolute Schlusspunkt, wenn er noch am Leben gewesen wäre, aus seiner Sicht auch der Höhepunkt seiner Ehrungen; ach, ihr kennt es? Ein erstklassiges Werk, aber kunsthistorisch nimmt die unter uns liegende Capella

Colleoni den ersten Platz in Colleonis Nachlass ein, ja, manche sagen, dieses Kleinod sei das schönste Bauwerk der lombardischen Frührenaissance, vergleichbar mit der Certosa bei Pavia, beide geschaffen von Antonio Amadeo, und vielleicht noch vergleichbar mit dem Dom in Como. Jacob Burckhardt hat diese Kapelle als das einzig Erwähnenswerte an Bergamo bezeichnet und sehr enthusiastisch über sie geschrieben.«

»Er hatte wohl nicht allzu viel Zeit«, meinte Julia, »sonst wäre ihm mehr Erwähneswertes aufgefallen.«

»Danke. Lasst uns einen *caffè* in der *antica trattoria* Torquato Tasso auf der Piazza trinken, von dort sehen wir, wenn die Kapelle geöffnet wird.«

Sie tranken ihren *caffè* und blickten ein wenig träge über die Piazza Vecchia. Zwischen Santa Maria Maggiore mit der angebauten Kapelle und der Piazza erhob sich der Palazzo della Commune mit seinem imposanten Turm.

»Bartolomeo Colleoni muss großes Ansehen bei den Stadtvätern von Bergamo gehabt haben«, meinte Roberto, »wenn sie ihn mit solch einer Kapelle ehrten.«

»Ganz so einfach war das Verhältnis nicht«, Bartolo Coglione lächelte, »der *capitano generale* wollte diese Kapelle, aber leider stand an der Stelle schon eine andere. Er versuchte es mit Verhandlung, und als das nicht klappte, schickte er kurzerhand einen Söldnertrupp, der das andere Gebäude abriss, und die Stadtväter akzeptierten daraufhin. Die heutigen sind froh darum, denn sie zieht viele Touristen an.«

Das Innere der Capella Colleoni beeindruckte die padovanische Verwandtschaft. Das Grabmal Colleonis, er als vergoldeter Reiter stolz zu Pferde sitzend, sprach nicht von Bescheidenheit.

»Seht dort das Grabmal seiner über alles geliebten, achten Tochter Medea, die vierzehnjährig verstarb, sie hat ursprünglich nicht hier ihre letzte Ruhestätte gehabt, sondern wurde im Kloster von Basella begraben. Die Kapelle wurde erst nach Colleonis Tod vollendet und neben seiner Frau Tisbe später auch seine früh verstorbene Lieblingstochter Medea überführt, über deren Mutter man nichts weiß. Tisbe hat sie auf Schloss Malpaga erzogen, zusammen mit ihren eigenen Töchtern und den drei anderen unehelichen, von deren Müttern man auch nichts weiß.«

»Sehr großzügig, diese Tisbe«, bemerkte Roberto.

Julia hatte nicht wahrgenommen, dass die beiden Männer schon gegangen waren, so sehr faszinierten sie die fein gearbeiteten Marmorfriese, auf denen auch Colleonis sprechendes Wappen mit den drei Hodenpaaren nicht fehlten. Sie betrachtete die fein geschwungenen Linien in Medeas marmornem Gesicht, sie musste etwas Besonderes gewesen sein, wenn ein alter Krieger wie Bartolomeo Colleoni ihren Tod so schwer genommen hatte und ihr ein solch kunstvolles Grabmal hatte anfertigen lassen.

Sie folgte den Männern, die ihr den Rücken zuwandten.

»Hör auf, Omeo!«, hörte sie ihren Mann sagen. »Den Ärger, den ich wegen meiner Einmischung bekam, war kein eigentlicher! Und zu dem Zeitpunkt, als ich Isa half, wusste ich ja noch nicht einmal, wer in der Kostümierung steckte.«

»Du hast ihr das Leben gerettet, Tommi hat mir den Vorfall brühwarm erzählt!«

»Dann sind wir quitt! Meins gegen Isas, und nun kein Wort mehr darüber!«

Julia ignorierte ihre Gänsehaut. Das die Kapelle umschließende kunstvolle Gitter aus Schmiedeeisen und Bronze zeigte vielfältig und in immer neuen Zusammensetzungen die Wappen und auch den Kopf Colleonis, und an einer Stelle glänzten die drei Hodenpaare, als wären sie poliert, und Julia hob fragend eine Augenbraue.

»Hier in Bergamo geht das Gerücht um, wer an diesem Wappen reibt, auf den geht die Potenz des Kondottiere über, und er zeugt einen Sohn«, erklärte Omeo mit einem schiefen kleinen Lächeln, »aber es hilft nicht immer.«

Sie machten sich auf den Heimweg. Obwohl nach ihrer Rückkehr nicht viel Zeit zum Umziehen blieb, ließ der warme Sonnenuntergang Roberto und Julia an das Westfenster ihres über Eck liegenden Gästezimmers treten und die Abendstimmung genießen. Sie standen nahe beieinander, und vorsichtig legte Roberto einen Arm um die Taille seiner Frau, immer noch Bedenken tragend, ob sie nicht vor seiner Berührung zurückweichen würde.

Seit ihrer Versöhnung hatte er vergeblich auf ein Zeichen der Annäherung gewartet, immer wenn sie sich sehr nahe kamen, zog Giulia sich zurück. Er akzeptierte es und hielt tapfer seinen Schwur, dass sie das erste Zeichen setzen sollte, wann sie ihn wieder in ihrem Bett haben wollte; aber jedes Mal, wenn sie allein zusammen waren, fiel es ihm schwerer, er begehrte sie wie nie zuvor.

Als Julia nun wie selbstverständlich auch ihren Arm um seine Hüfte legte und sie gemeinsam in die untergehende Sonne blickten, da brannte ein solches Feuer in ihm, dass er sich kaum beherrschen konnte. Er zog sie näher an sich, und sie ließ es nicht nur geschehen, sondern wandte ihm ihr Gesicht zu, schloss die Augen und öffnete die Lippen halb.

Es kostete ihn eine ungeheure Beherrschung, sie nicht in die Arme zu reißen, auf das Bett zu tragen und sie zu lieben. Stattdessen küsste er sie übervorsichtig und sehnte sich danach, ihren hingebungsvollen Körper bebend unter sich zu spüren, und auch sie empfand seine Nähe nicht nur als wohltuend und hätte sich seiner vorsichtig zärtlichen Annäherung wohl hingegeben, wenn nicht in diesem Augenblick eins der Zwillinge aufgeweint hätte und Julia sich aus seinen Armen drehte.

»Wieder ein Zahn«, sagte sie entschuldigend und kam mit Jana auf dem Arm zum Fenster zurück, und während sie den Säugling im Arm wiegte und beruhigend streichelte, meinte er, in ihren Augen zu lesen, dass sie ihn in dieser Nacht erwarten würde; und wieder einmal ging er vorsichtshalber kalt duschen.

Bergamo: Freitag

Der Abend stand ganz im Zeichen des Geburtstages ihres Vetters, Roberto und er hatten sich an diesem Nachmittag nicht eine Meinungsverschiedenheit geleistet, und bevor die anderen Gäste erschienen, gab Julia Omeo ihr Geschenk, ein Aquarell des Ca'Rosso, in dem er wohnte.

Robertos Stolz auf das künstlerische Talent seiner Frau war nicht zu übersehen, und er genoss das Lob seines Vetters mehr als sie. Vilma trat herzu und nahm das kleine Kunstwerk in die Hand.

»Da also wohnst du! Ein schöner Bau! Hast du das gezeichnet, Giulia?«

»Hat sie«, antwortete Roberto anstelle seiner Frau voller Respekt, »sie hat es schon oft gemalt.«

»Aus dem Seicento und prachtvoll renoviert«, Omeo drehte das Aquarell herum, und Vilma lachte laut und glockenhell auf.

»Typisch mein Omeo! Die Unordnung pur! Herrlich, Giulia!«

Julia hatte auf Francescas vorwurfsvoll geäußerte Kritik an der

Ordnungsliebe ihres Untermieters einen Blick in die Räumlichkeiten geworfen und die chaotische Unordnung darin schnell skizziert.

Sie wurde über und über rot.

»Du nimmst es mir nicht übel, Omeo?«

»Aber keineswegs! Obwohl du es ein wenig hättest schönen können«, er nahm sie in die Arme, »danke, Cousinchen! Für beide Seiten!«

Keinem fiel auf, dass Roberto sich der allgemeinen Heiterkeit entzog. Er hatte nach einem Blick auf das Bild sofort den skizzierten Manschettenknopf in der unteren rechten Ecke bemerkt, er schien aus dem Bild herausrollen zu wollen. Und er zeigte das Konterfei Kaiser Michaels von Byzanz, es konnte nur ein Geschenk Angelas sein! Seine fast eingeschläferte Wachsamkeit und sein Misstrauen seinem Vetter gegenüber kehrten voll und ganz zurück.

Der Tag war bis hierher ein schöner gewesen, und Julia hoffte auf einen weiterhin friedlichen Verlauf, aber der Blick seiner Augen, als ihr Mann die Gästeliste präsentiert bekam, ließ sie nicht nur leise Zweifel hegen.

Sie war kurz, aber illuster, außer Roberto und Julia gab es sechs weitere Gäste, General Franco Bonluca mit seiner mütterlich-molligen und dem Niveau der Gespräche nicht immer folgen könnenden Frau; einem farbigen Amerikaner, der als General Jeff L. King vorgestellt wurde, hoch dekoriert und die Uniform der US-Armee tragend; ihn kannte Julia schon, nicht aber seine bezaubernd exotische, afro-asiatische Lebenspartnerin Lea; dazu kam ein Großindustrieller namens Gianmartino Farlucchi mit seiner Ehefrau, die Julia ebenfalls bereits kannte, sie vertrat das Institut und war der Ersatz für Ari Hirschfeld, und Julia war glücklich, als sie nach der Tischordnung am anderen Ende der Tafel Platz nahmen.

Dann sind hier also alle drei Geheimdienste vertreten, ärgerte Roberto sich, Omeo hat mich ganz schön ausgetrickst.

Der Hausherr trug keine Uniform, und Julia, die auf Kleidung nur Wert legte, damit Roberto sich ihrer nicht schämen musste, fühlte sich in ihrem schwarzen Hosenanzug richtig angezogen, einen ebenfalls schwarzen, sparsam gemusterten Hundertwasser-Schal über der linken Schulter tragend.

Das Venus-Collier aus einfachem Sterlingsilber mit einer rosa Perle an einem zarten Halsreif, von ihrem Lieblingskünstlers Paul

Wunderlich, hatte ihr Vilmas Bewunderung eingetragen, und Roberto in seinem dunklen Anzug sah gegenüber den beiden Uniformträgern extrem zivil und elegant aus. Er blinzelte seiner Frau zu und ließ sie, aber auch nur sie spüren, dass er am liebsten ganz weit weg von hier und ganz allein mit ihr wäre, und ihr Herz verstolperte sich vor Glück; seit dem Augenblick am Fenster wusste sie, er mied die Berührung mit ihr nicht mehr.

Alle hielten sich an die gesellschaftlich geforderten Normen, die Roberto allerdings durch kaum zu überbietende Schweigsamkeit einhielt, was Vilma ignorierte, sie erwies sich als vollendete Gastgeberin. Die Gesprächsthemen wurden von ihr geschickt vorgegeben, gesteuert und im Notfall abgeändert, abgeschlossen oder neue präsentiert, Politik blieb ein Tabuthema, und Julia erfuhr nicht einmal, für welche Armeeteile die beiden Generäle angeblich arbeiteten.

Bei aller Vollkommenheit, dachte Julia, irgendwie scheint Vilma unter Spannung zu stehen.

Wenn mein Vetter mich ohne jeden Hintergedanken eingeladen hat, grummelte Roberto innerlich, dann will ich einen Besen fressen! Ein General vom Betrieb und einer von der Firma und die Nachfolgerin Aris vom Institut!

Unauffällig beaufsichtigte Vilma das Servieren der einzelnen Gänge so geschickt, dass Julia sie immer mehr bewunderte, sie sah nicht nur sehr gut aus, minimale Kosmetik und genau die richtige Menge an Schmuck ließen sie wie eine ganz große Dame wirken, besonders im Gegensatz zu den drei anderen, wie Glitzerelstern mit Schmuck behängten Damen, und als das Gespräch doch plötzlich in die Politik abzudriften schien, bat Vilma die Gesellschaft in den Musiksalon, wo *caffè* serviert wurde und für die Herren natürlich auch Stärkeres.

Die Gastgeberin setzte sich an den Flügel, sie wirkte angespannt, und Omeo erklärte stolz, dass seine Frau das erste Mal seit fast drei Jahren wieder ein Konzert gäbe, ihm zuliebe, sozusagen ihr Geburtstagsgeschenk an ihn.

Alle Gäste applaudierten, und nach ihrer zumindest ehrlich erscheinenden Begeisterung meinte Julia zu wissen, dass die Auswahl der Gäste auch in Hinblick auf ihre Musikbegeisterung getroffen worden war. Hinzu kamen sehr wohl erzogen die drei Töchter, Isa blinzelte ihr zu, und Vilma begann.

Bei Beethovens Les adieu bemerkte Julia, dass Vilma einen völlig anderen Gesichtsausdruck bekam, gelöst und von innen her strahlend, nicht mehr die perfekte Gastgeberin und unter Anspannung stehende Frau, sondern ein verletzlicher, sich am Leben und der Musik verzehrender Mensch.

Bartolomeo Coglione stand halb hinter dem hochgeklappten Flügeldeckel und sah auf seine Frau nieder, Stolz und Zuneigung im Blick, und unabhängig voneinander fragten sich Roberto und Julia im Stillen, was diesen Mann bewog, ihr immer wieder untreu zu sein. War es wirklich der Wunsch nach einem Sohn? Warum bloß, wenn man die drei bildhübschen Töchter sah, die während der Musikstücke immer wider bewundernd an ihrem stattlichen Vater hochsahen? Auch zwischen Isa und ihrem Vater schien keine Dissonanz mehr zu bestehen.

Nach einer mit viel Temperament gespieltem Polacca von Chopin folgten zwei weitere Werke von Chopin, und Vilma versagte eine immer wieder geforderten Zugabe, sie hatte sich völlig verausgabt, und Omeo nahm sie in die Arme, dankte ihr und brachte sie hinaus, die drei Töchter folgten.

Das Gespräch der Gäste drehte sich nun um Musik- und Opernaufführungen und warum Vilma ihre Pianistenkarriere so früh aufgegeben habe; in Abwesenheit der Gastgeberin und des Gastgebers ließ es sich gut tratschen, und Julia erfuhr, dass Vilma nicht immer so gute Phasen hatte wie heute, man munkelte, dass Depressionen ihr Leben verdüsterten.

Später ergab es sich irgendwie, dass die Herren sich in ein anderes Zimmer begaben, außer *signor* Farlucchi, der bei den Damen blieb, während sich seine Frau den Herren zugesellte. Lea erzählte von der Opernsaison an der Met, sie lebte den Winter über meist in New York, *signora* Bonluca von ihrem Hof mit der Pferdezucht, die ihr wegen der ständigen Abwesenheit ihres Mannes allein oblag, und *signor* Farlucchi hatte kein anderes Interesse als am Golf, aber die Beschreibung der umliegenden Golfplätze, sein Handicap und das seiner Frau langweilte die anderen eher. Das Gespräch plätscherte wie ein mit nicht sehr viel Wasser gefülltes Bächlein dahin.

Gegen Mitternacht erschien Vilma wieder, die perfekte Gastgeberin, nichts erinnerte an die hingebungsvolle Pianistin, und bald darauf verabschiedeten sich die Gäste. Julia wartete vergeblich auf Roberto, sie zog fragend die Augenbrauen hoch, und Omeo druckste herum.

»Er wollte noch einen Spaziergang machen«, äußerte er schließlich mehr widerwillig. »ich bleibe auf, bis er wiederkommt.«

Er verschwieg seiner Frau und seiner angeheirateten Cousine, dass Roberto voller Ingrimm das Haus verlassen und ihm vorgeworfen hatte, sein Vertrauen missbraucht und ihn hinterhältig in eine Gesprächsrunde gelockt zu haben, der er sich sonst versagt hätte. Roberto hatte sofort packen und mit seiner Familie ungeachtet der mitternächtlichen Stunde abreisen wollen, aber Bartolomeo begrub all seinen Stolz, bat seinen Vetter um Entschuldigung und um Vilmas Willen, ob er seinen Entschluss nicht bis morgen früh hinausschieben könne.

»Sie ist überaus sensibel; und diese Gästerunde war die erste seit Jahren! Sie weiß nichts von der Geheimdienstzugehörigkeit meiner Gäste. Und deine Frau und meine scheinen sich richtig gut zu verstehen, bitte, bleibt!«

»Lass mich überlegen!«, Roberto antwortete schroff, drehte sich um und verschwand in der Dunkelheit.

Bergamo: Freitag

General Bonluca hatte versucht, Roberto davon zu überzeugen, dass er seiner Spezial-Terroristenbekämpfungseinheit beitreten und den Polizeidienst quittieren solle. Er trug zwar die Uniform der italienischen Luftwaffe, aber Roberto wusste nun, dass er ein hohes Tier im Betrieb und der direkte Vorgesetzte seines Vetters war.

Roberto zeigte keinerlei Interesse, wies ungeduldig auf den privaten Charakter dieser Einladung hing und schwieg. Er wusste, dass er damit den anderen provozierte, aber sein Zorn auf Bartolomeo ließ ihn so unverbindlich wie möglich reagieren.

»Sie sind nicht besonders hilfreich für uns, *commissario* Bassner«, Jeff. L. King trug zwar die Uniform der Air Force, aber jeder im Raum wusste, dass er sein Gehalt von der Firma erhielt.

»Ich muss mich wohl kaum während einer privaten Geburtstagsfeier rechtfertigen, oder habe ich etwas verpasst? Ist das hier jetzt dein Büro, Omeo?«, Sarkasmus klang durch, und der General reagierte ärgerlich.

»Sie haben sich bis jetzt gut manipulieren lassen, *commissario*«, er lächelte herablassend und fuhr fort, »nicht nur durch Ihren Vetter, auch durch die ehemalige DEA-Agentin Gabrièlla El-Atasoy.«

Das war der ganz falsche Ton, aber Roberto antwortete erst einmal nicht gekränkt. Diese Neuigkeit so herübergereicht zu bekommen, war das Absicht? Oder hatte der Amerikaner sich provozieren lassen und sie unabsichtlich verkündet? Bartolomeo sah unglücklich von einem zum anderen, als die Tür aufging und die Frau des Industriellen hereinkam, sich ohne Weiteres zu der Runde setzte und fragte, wie weit man denn gekommen sei.

»Sie erinnern sich an mich, *commissario*«, sagte sie und schlug die Beine übereinander, »ich übernehme Ari Hirschfelds Sektor in Norditalien.«

Roberto zog eine Braue fragend hoch, und sie fügte hinzu:

»Er war zu persönlich betroffen, das hat seine Urteilskraft getrübt. Nur nicht in Bezug auf Sie.«

Sie erinnerte ihn ein klein wenig an Angela, ebenso zierlich und voller Dynamik und ebenso rücksichtslos; vielleicht wurde die entfernte Ähnlichkeit auch verstärkt durch die rote Lieblingsfarbe der *signora senza misericordia*.

Roberto schluckte den Ärger auf seinen Vetter hinunter und erkundigte sich bei ihm: »Also doch ein vorbereiteter Hinterhalt für mich. Was soll das?«

»Wir fordern von Ihnen«, *signora* Farlucchi fehlte jede Verbindlichkeit, »dass Sie unsere Arbeit nicht dauernd torpedieren, und zwar die aller drei Geheimdienste.«

»So! Sie fordern?«

»Nicht fordern, Roberto«, versuchte sein Vetter die Lage zu entschärfen, »wir ersuchen dich …«

»Quatsch«, fuhr Bonluca seinem Untergebenen über den Mund, »wir fordern!«

»Wenn Sie mich bitte aufklären, was ich mit meinen Ermittlungen torpediere?«

»Roberto!«, sein Vetter versuchte es noch einmal. »Bitte, hör uns an!«

»Sie halten jetzt mal den Mund!«, befahl *signora* Farlucchi, und Bonluca kanzelte ihn vor allen gnadenlos ab.

Sein Vorgesetzter warf ihm vor, in mindestens zwei Fällen kläglich versagt zu haben. Seine Aufgabe, Cartucchi ohne Aufsehen aus dem Verkehr zu ziehen, habe er nicht erfüllt, im Gegenteil, man habe, um Schaden vom Geheimdienst abzuwenden, eine ganz große Enthüllungskampagne starten müssen, ein Untersuchungsausschuss beschäftige sich nun mit der Angelegenheit.

Roberto, der durch sein berühmtes Schweigen die problematische Situation nicht entschärfte, im Gegenteil, dachte bei sich, dass die Zugehörigkeit seines Vetters zum Betrieb nun bewiesen und kein Geheimnis mehr war. Ob alles anders gelaufen wäre, wenn Omeo ihm von Anfang an reinen Wein eingeschenkt hätte? Vielleicht, aber vielleicht auch nicht, denn Roberto war nicht bereit gewesen, ihm überhaupt zuzuhören.

Und bei dieser ganzen verfilzten Zunft konnte Roberto nicht einmal sicher sein, dass Bartolomeo Coglione nicht doch auch den Part des Sydikatsbosses Colleoni spielte, aus welchem Grund auch immer. Denn nicht Zufall konnte es sein, dass Coglione gerade zu dem Zeitpunkt in Padova aufgetaucht war, als das *Tre Condottieri*-Syndikat sich zum Colleoni-Syndikat mendelte.

Bartolomeo verteidigte sich wortreich, er habe Prioritäten setzen müssen, seine zweite Aufgabe, die Identität der Undercover arbeitenden DEA-Agentin zu schützen, habe er als vorrangig eingestuft, und dank des überlangen Schutzes, dem man dem untragbaren Cartucchi vonseiten des Betriebs gewährt hatte, habe er Gabriëlla nicht retten können.

Roberto konnte sich des Eindrucks nicht erwehren, dass dieses Gespräch mit den wechselseitigen Beschuldigungen geplant, wenn nicht vorher einstudiert worden war, und all den Zorn, den er wieder in sich aufsteigen fühlte, schluckte er hinunter, erst musste er erfahren, was sie von ihm wollten und was sie ihm vorwarfen.

»Ich torpediere Ihre Arbeit also!«, seine Feststellung wurde von allen drei Geheimdienstlern kommentiert.

»Die Aufklärung des Mordes an Lieutenant Miller durch Sie vor drei Jahren hat zwar Hunters Karriere negativ beeinflusst, aber noch keinen großen Schaden angerichtet. Obwohl wir den Mord linken italienischen Terroristen …«, Jeff L. King räusperte sich, »gern angelastet hätten.«

»Strategia della tensione?«

»Exactly!«

»Bei der Aufklärung der Morde an den beiden Garfinkels«, meldete sich nun die *signora* Farlucchi zu Wort, die das Institut vertrat, »haben Sie uns ebenso behindert und die Morde als rein kriminellen Akt des Colleoni-Syndikats beweisen können. Allerdings half Ihnen Ari dabei unerlaubterweise, er war eben persönlich betroffen, der alte Garfinkel war der erste Mann seiner Frau, Yochana'an also sein Stiefsohn.

Nach dem 11. September hätten wir diese Morde gern dem XX. *Gennaio* zugeschrieben und deren Verbindung zum Al-Qaida-Netzwerk hergestellt.«

»Konstruiert«, Robertos Kommentar trieb ihr die Zornesröte ins Gesicht, aber bevor sie antworten konnte, übernahm Bonluca.

»Und dann diese Panne mit David Salzmann! Er und diese El-Atasoy desertieren sozusagen innerlich, und statt die *strategia della tensione*, die wir so mühevoll aufgebaut hatten, ich erinnere nur an die Aktion *EPS, eroina per studenti*, zu unterstützen, beginnen sie mit ihren pubertierenden Moralvorstellungen eine eigene: die Strategie des Friedens. Aber wir hätten ihren Tod wunderbar für die *strategia della tensione* verwerten können, wenn Sie, *commissario*, nicht so verbissen zu beweisen versucht hätten, dass die beiden Morde ebenfalls dem Colleoni-Syndiakt zugeschrieben werden müssen, und bei dem Fall Salzmann ist es Ihnen ja auch schon gelungen! Lassen Sie uns wenigstens den Fall der DEA-Agentin als Opfer von Al Qaida!«

Er war von seinem arroganten Anfangston zu einem bittenden herabgesunken, und Roberto merkte, wie schwer es ihm fiel. Es ekelte Roberto, er erinnerte sich an Davids und Omeos Worte, als sie ihm im Trachytsteinbruch das Leben gerettet hatten, der italienische und der amerikanische Geheimdienst hätten von seiner beabsichtigten Liquidierung gewusst und nichts unternommen.

Wer konnte noch sicher sein, dass es in Davids und Gabriellas Fall nicht ebenso gewesen war, und nur er, Roberto, die Ausschlachtung der Morde zu Propagandafällen verhindert hatte, indem er weiter unbeirrbar im kriminellen Milieu ermittelte?

»Nur diesen einen Fall, *marchese*! Lassen Sie uns Gabriella El-Atasoy!«. Man sah, wie schwer auch dem amerikanischen General dieser Kniefall vor einem nach seiner Ansicht unbedeutenden italienischen Kriminalbeamten fiel.

»Das ist doch wirklich eine Bagatelle, *commissario*, bitte helfen Sie uns!«, flötete *signora* Farlucchi, und Roberto fand die Situation widerlich.

»Tut mir leid«, sagte er völlig kompromisslos und gedachte, ihnen nicht auch nur den kleinsten Finger zu reichen, sie würden im Zweifel seinen ganzen Arm bis zum Schultergelenk nehmen, »meine Ermittlungen führe ich durch, um die Wahrheit herauszufinden, und nicht, um ein vorher bestimmtes Ziel zu erreichen.«

Wenn er diesen unmoralischen Bitten der drei Geheimdienste folgte, wäre er erpressbar; wenn er ihnen nicht folgte, würde er dann das nächste Opfer sein? Oder seine Familie? Giulia? Aber selbst wenn eine latente Drohung im Raum zu stehen schien, er konnte nicht! Er konnte nicht zulassen, dass manipuliert, gefälscht und falsch ermittelt wurde. Er war Polizist und der Verfassung des italienischen Staates verpflichtet, nicht dem Betrieb, nicht der Firma, nicht dem Institut!

»Wir vergessen dann auch Ihr unbedachtes Eingreifen bei der Tutte Bianche Demo in Padova«, durchbrach Bonluca die sich dehnende Stille.

Roberto erhob sich, und der Zorn ließ ihn die unvorsichtigen Worte wählen, er müsse an die frische Luft, die hier im Haus sei ihm zu unaufrichtig, zumal im Nebenzimmer Farlucchi dieselbe als ehemals hochrangiges Mitglied der P2 Loge verpeste.

»Außerdem sollten Sie Ihre lächerliche *strategia della tensione* in Bezug auf *signorina* El-Atasoy und Al Qaida überdenken. Meines Wissens haben die noch nie mit einer christlich-palästinensischen Gruppe zusammengearbeitet, und schon gar nicht mit einer christlichen Frau«, schloss er, und mit dieser ziemlich herablassend geäußerten Bemerkung verließ er zornig den Raum.

Er musste nachdenken, und das konnte er am besten beim Gang durch die nächtlich einsamen Gassen der mittelalterlichen Stadt. Die beiden Neuigkeiten des Abends waren einmal die Bestätigung von Gabrièllas wahrer Identität gewesen, und Roberto musste vor sich zugeben, dass sie gut gewesen war, sehr gut sogar. Und die zweite, dass Coglione kein Polizist war, sondern als Terrorismusexperte des Inlandsgeheimdienstes in die Questura eingeschleust worden war. Durch wen eigentlich? Den Questore, den Präfekten? Auch da gab es also Verquickungen!

Nachdem Roberto zwei Stunden immer wieder im Kreis gelaufen war – die Viale della Mura, um die Cittadella herum, die Via Colleoni entlang, am Casa Colleoni vorbei in die Via Golombito, zur Piazza Rosate in die Viala delle Mura und wieder von vorn –, und nachdem es von S. Maria Maggiore drei geschlagen hatte, fing er an, die Angelegenheit gelassener zu sehen und im Stillen sogar darüber zu lächeln, in welche Bedrängnis er Omeo gebracht hatte, als es ihm beinahe gelungen war, die Terroristen auf dem Flughafen Marco Polo zum Aufgeben zu zwingen. Wo doch die ganze Angelegenheit vom Betrieb geplant gewesen war und nur dazu gedient hatte, Gabrièllas Undercover Rolle im XX. *Gennaio* zu festigen. Und Roberto hatte mit seinem Eingreifen den ganzen Plan beinahe scheitern lassen.

Was für ein Filz! Er stand vor dem Eingangstor von Cogliones Haus und überlegte, wie er wohl hineinkäme. Da glitt das nur automatisch zu öffnende Gitter geräuschlos zurück, sein Vetter stand im Eingangsportal und empfing ihn.

»Du bist ja des Teufels! So etwas denkt man nicht einmal, geschweige denn, man spricht es aus!«

»Und du bist der hinterhältigste Vetter, den ich habe! Aber was mich noch interessieren würde, wie hast du eigentlich beim Betrieb deinen Kopf aus der Schlinge gezogen, als du mir meinen Ende letzten Jahres mit David gerettet hast?«

»Ich habe angedeutet, dass die Firma den Betrieb öffentlich für deinen Tod verantwortlich machen wollte! Aber nach heute Abend wirst du vermehrt auf ihn selbst aufpassen müssen!«

»Auf wen?«

»Deinen Kopf!«

Und sie setzten in der Eingangshalle der Villa ihren Disput fort.

Bergamo: Samstag

Enttäuscht kroch Julia schließlich unter das große Überschlaglaken des riesigen Gästebettes, hatte sie doch eine ganze Stunde vergebens auf ihren Mann gewartet. All seine Zurückhaltung ihr gegenüber, die Umgehung jeden körperlichen Kontaktes mit ihr schien er an diesem Tag überwunden zu haben, aber nun war er einfach spazieren gegangen. Gegen vier Uhr morgens wachte sie auf, Roberto lag immer noch nicht neben ihr, aber Stimmen von unten aus der Halle ließen sie neugierig aufstehen, einen Morgenrock überwerfen und die Tür öffnen.

»Ich verstehe dich nicht!«, konnte sie die erbitterte Stimme

Bartolomeo Cogliones hören. »Seit September tue ich nichts anderes, als deinen Kopf immer wieder aus der Schlinge zu ziehen! Und was tust du? Du legst ihn immer wieder freiwillig hinein!«

»Ich würde in eurer Welt der fragwürdigen Auslegung unserer Verfassung nie zurechtkommen«, Robertos Stimme klang unnachgiebig, »und ich habe einen glasklaren Eid auf sie abgelegt. Und davon werden mich weder du noch dein General und schon gar nicht so jemand wie die *signora* Falucchi abbringen!«

Julia zog sich leise und still seufzend zurück, die Kompromisslosigkeit in der Stimme ihres Mannes ließ sie jede Hoffnung auf eheliches Glück in dieser Nacht begraben, er würde bis zum Morgenrot bei seiner Haltung bleiben, wenn nötig auch bis zu dem des folgenden Tages.

Ein nebeliger Maimorgen zog herauf, Julia, die früh mit Bianca die Kinder versorgt hatte, ließ Roberto schlafen; irgendwann zwischen fünf und sechs war sie aufgewacht, als er vorsichtig die Decke zurückschlug, um sie nicht zu wecken, und wie all die vergangenen Nächte, die sie zwar in einem Bett, aber nicht gemeinsam verbracht hatten, drehte er sich von ihr weg und tat, als schliefe er sofort ein.

Julia fand Isa und Vilma im Frühstückszimmer, Letztere ganz im Gegensatz zur gestrigen Erscheinung in ein Flanellhemd und Jeans gekleidet, Gummistiefel bereitgestellt und einen *caffè* trinkend.

»Guck nicht so erstaunt, Giulia! Ich lebe seit gestern wieder drei Leben: das der Künstlerin, das einer perfekten Haushälterin und Mutter und das einer Umweltschützerin. Wenn du mich in meinem dritten Leben begleiten willst, bist du herzlich eingeladen.«

»Nur zu gern, aber was ist mit unserem Anhang?«

»Wenn du deine Kinder mitnehmen willst? Meinen Töchtern ist mein Umweltengagement peinlich«, ein Blick streifte Isa, die eine Schaumwolke über ihren Kaffee blies und nicht reagierte, »weißt du was, lass deine mit Bianca bei meinen, sie finden ihre kleinen Cousinchen süß, und du könntest mein Plakat mittragen. Mit den Männern und Kindern treffen wir uns dann zum Mittagessen in einem kleinen Ort im Parco Regionale des Serio.«

»Was für ein Plakat?«

»Bestimmt eines zur Rettung der *rane di lataste*«, mischte sich nun Isa ein, und ihre Stimme klang ein klein wenig abwertend.

»*Rane di* was?«

»*Rane di lataste*, eine kleine, in der Lombardei seltenen und vom Aussterben bedrohte Froschart«, erklärte Vilma mit Wärme in der Stimme, und ein kleiner amüsierter Seitenblick traf ihre Tochter.

Julia wusste nicht genau, wie sie sich verhalten sollte, aber ihre unstillbare Neugier auf andere Lebensbereiche ließ sie mitgehen, ein paar passende Gummistiefel fanden sich.

Während Vilma noch kurz im Haus verschwand, wandte sich Julia an ihre angeheiratete Nichte.

»Schlimmen Ärger mit deinem Vater gehabt?«

»Überhaupt nicht!«, die Kleine strotzte vor Selbstbewusstsein, und Julia war irgendwie froh, dass ihre beiden Töchter noch so klein und problemlos waren. »Ich habe ihm von dem blöden Psychiater erzählt, und Papas ganze Wut richtete sich sofort auf diesen armen Mann! In dessen Haut möchte ich nicht stecken!«, sie kicherte. »Und dann hab ich ihm erzählt, wie *zio* Roberto mir unter Einsatz seines Lebens das meine gerettet hat. Das hat ihn ganz schön geschockt! Und ich habe ihm versprochen, die Tutte Bianche zu vergessen, und Amnesty International findet er cool. Ciao, Giulia, ich muss weiter!«

Vilma und sie nahmen die *funicolare*, die die fünfundachtzig Höhenmeter schnell überwand, und am Fuße der Kabinenbahn trafen sie auf ein Grüppchen von Menschen der verschiedensten Alters- und Lebensstufen, vom Schulkind über Studenten, Hausfrauen und Sonderlingen alles vertreten. Man begrüßte sie freudig, ein älterer Mann brachte ein Schild mit einem übergroß abgebildeten braunen Frosch mit schwarzer Zeichnung, eben besagter *rane di lataste*, für den zur Rettung aufgerufen wurde, und übergab es Vilma.

Wohin bin ich nur geraten, dachte Julia und überlegte wieder einmal, ob Roberto es gut fände, wenn seine Frau in Bergamo auf die Straße zum Demonstrieren ginge, und für Frösche habe ich eigentlich wenig übrig, weder im Naturschutzgebiet noch auf dem Teller.

Aber dann dachte sie an die Aufforderung ihres Mannes, zu tun, was sie für richtig halte, und so folgte sie ihrer angeheirateten Cousine. Der Demonstrationszug formierte sich, die

Schilder wurden hochgehoben, die Polizia Municipale hatte die Viale Vittorio Emanuele II gesperrt, und man machte sich auf den Weg zur Piazzale della Repubblica, ein Auto mit Lautsprechern fuhr vorweg, und eine etwas quäkige Männerstimme verkündete den Sinn der Demonstration und forderte Solidarität. Kaum einer der Passanten nahm Notiz, aber auf der Piazzale angekommen, sammelte sich eine Reihe von Menschen und starrte teils bewundernd, teils spöttisch auf die Plakate, die zur Rettung nicht nur der *rane di lataste*, sondern auch zu der der Feuchtgebiete am Flusse Serio, die durch die Umwelt, Straßenbau und Erweiterung der Anbauflächen der Bauern dramatisch zurückgingen.

Man demonstrierte für die Erhaltung eines Waldstreifens, dem *bosco ripariale*, für die des Schilfgürtels, dem *canneto*, und für den Schutz der flachen Uferzone, der *lanca*, die für die Amphibien lebensnotwendig war, und für die Begrenzung der Maisanbauflächen.

Eine Unterschriftenliste wurde ausgelegt, die Mitglieder der Demonstration diskutierten mit den wenigen übrig gebliebenen Passanten, Julia hielt eisern das Schild mit dem *rane di lataste* hoch, und so nach und nach löste sich alles auf.

»Nicht schlecht«, sagte Vilma zufrieden, »fünfundzwanzig Unterschriften dazu, das macht jetzt vierhundertdreißig, mit deiner, Giulia, vierhunderteinunddreißig. – Wenn du willst, zeige ich dir den *rana di lataste*, er wohnt nicht weit von Cologno, wo wir uns mit der Familie zum Mittagessen treffen.«

So fand sich Julia in Gummistiefeln und mit einem Käscher versehen bald in einer Welt, die ihr fremd war. Ihr Auto hatten sie zwischen Ghisalba und Malpaga an der Straße stehen lassen, und Julia folgte ihrer Cousine ans Flussufer. Vilma wies sie auf die üppig blühende *iris giallo* hin, erweiterte Julias Wortschatz mit *mazzarsorde*, dem Schilf, das im Sommer die dicken Rohrkolben tragen würde, und fand, nachdem sie wohl zehn Minuten im Wasser gestanden und regungslos gewartet hatten, zwar kein Exemplar ihres geliebten *rana di lataste*, aber Hunderte von Kaulquappen, von denen einige überleben würden.

Es war ein äußerst aufschlussreicher und interessanter Morgen gewesen, aber nicht Julias Welt, und so war sie froh, als sie auf dem Parkplatz eines Restaurants in Cologno auf Roberto und Bartolomeo trafen, die beiden schienen ihren nächtlichen Disput beendet zu haben, Harmonie war angesagt. Die Töchter seien zu Hause geblieben, Bianca hatte auch keine Lust auf Landleben, und so waren die Ehemänner allein gekommen.

»Cologno gibt es schon seit 843«, erklärte Bartolomeo seinen Gästen, »der deutsche König Ottone III war hier, und Barbarossa hat die Festung 1167 zerstört. Aber sie wurde immer wieder aufgebaut, im Tal des Serio an der Kreuzung wichtiger Handelsstraßen liegend und wichtig für die Sicherung Bergamos nach Süden.«

Sie umrundeten die trutzigen Wehrtürme, und Julia versenkte sich in die Vergangenheit und meinte, den großgewachsenen *condottiero* Bartolomeo Colleoni mit klirrender Rüstung und gepanzertem Pferd an der Burgmauer entlangreiten zu sehen.

»He, Cousinchen, aufwachen! Die anderen sind schon vorgegangen. Diese wuchtigen Türme sind auf Anweisung Bartolomeo Colleonis gebaut worden, er war Lehnsherr von Cologno.«

Sie schlossen zu Roberto und Vilma auf. Die alte Villa, in der das *ristorante* sich samt eines Hotels befand, hatte unglaublich dicke Außenmauern aus den hier üblichen, vermauerten Kieselsteinen, und das niedrige Tonnengewölbe in den Gasträumen wirkte mit seiner stilgerechten Bemalung ehrwürdig und gemütlich.

Man studierte die angebotenen Weine, und schon wurde aufgetischt, Salami und Schinken, kleine gefüllte Mürbeteigtörtchen und Käserouladen, und alles drehte sich ums Essen und Genießen.

Während der *primi piatti,* die aus Spargelrisotto und verschiedenen Pastasorten bestanden, fiel Julias Blick aus dem Fenster auf das Schild mit dem Namen des Hotels, und plötzlich hörte sie die Gespräche der anderen nur noch wie aus weiter Ferne, wattegedämpft, sie vergaß das Essen und konnte ihre Tränen nicht zurückhalten, langsam rollten sie ihre Wangen hinab, tropften auf die rosa *gnocci* und versickerten im Bett aus Rucola. Hier also war es gewesen!

»Giuli, was ist los? Ist dir nicht gut?«, Robertos Hand auf ihrem Arm brachte sie in die Wirklichkeit zurück, und das große, weiße Taschentuch, das er ihr mit der anderen reichte, nahm sie dankbar an.

»Doch, oder nein! Mich hat die Trauer eingeholt. Hier in der

Villa Manzoni haben sich David und Gabrièlla kennengelernt.«

Das Gespräch war verstummt, und die Augenpaare der anderen ruhten auf ihr.

»Und an genau diesem Tisch«, fügte Vilma hinzu, und auch deren Augen füllten sich nun mit Tränen.

Julia brauchte ein Weilchen, bis sie mit Vilmas Bemerkung etwas anfangen konnte, während Roberto die beiden Frauen gespannt musterte und Omeo seine in Butter geschwenkten Rucolablätter in Formation auf dem Tellerrand ausrichtete.

»Ihr seid das? Dann hattest du ein Verhältnis mit Gabrièlla, Omeo? Und David war deins, Vilma?« Julia blickte von einem zum anderen. »Dann bist du gar nicht bei der Polizei, Omeo, sondern beim Geheimdienst?«

»Was geht hier vor, Giuli?« Roberto war es gar nicht recht, dass sie Bartolomeos Geheimdienstzugehörigkeit herausbekommen hatte, aber sonst verstand er nicht viel.

»Ich will's euch erklären«, Omeo räusperte sich mehrmals, »David Salzmann wohnte bei uns in Bergamo, sein Geheimdienst bat mich darum. Ich war nicht viel zu Hause in dieser Zeit, eine junge DEA-Agentin beanspruchte mich sehr, und ich war mehr in Pavia als in Bergamo.«

»Ich fühlte mich sehr einsam, und David …« Vilma sprach nicht weiter, aber alle vermuteten das Gleiche.

»Er war sehr einfühlsam«, versuchte sie es noch einmal, kam aber auch diesmal nicht weiter.

»An diesem besagten Wochenende vermutete ich meine Frau in Como, sie mich in Rom«, erklärte Bartolomeo, »aber beide wollten wir mit unserem jeweiligen Verhältnis das Wochenende in der Villa Manzoni verbringen. Nun, es lief ab wie ein Hollywood-Film. Die beiden jungen Leute verliebten sich auf den ersten Blick, und Vilma und ich waren abgeschrieben.«

»Sie bemerkten nicht einmal, dass ihr beide das Lokal verlassen hattet, packtet, bezahltet und gemeinsam fortfuhrt«, unterbrach Julia die Pause und zog das Erstaunen aller auf sich.

»Woher weißt du das alles, Giuli?«, Vilma und ihr Mann wandten sich ihr zu.

»In der Nacht vor ihrem Tod haben wir in ihren Erinnerungen gegraben«, Julia schauderte zusammen in Erinnerung an die schrecklich kalte und mörderische Nacht im Podelta, »aber auch vorher hatte sie es mir schon unter dem Siegel der Verschwiegenheit erzählt, nur eure Namen hat sie nicht genannt. Erst Vilmas Bemerkung über den Tisch hier …« Julia versank in Gedanken, und Roberto überlegte, dass sein Vetter nur immer so viel an Geheimnissen preisgab, wie es der Moment erforderte, und dass seine Frau wieder einmal ohne eigenes Zutun in die ganze Geheimniskrämerei der Geheimdienste verstrickt wurde.

Alle schwiegen, bis Bartolomeos unmelodiöses *telefonino* die erinnerungsträchtige Stille zerriss. Er entschuldigte sich, es sei dienstlich, und verließ den Raum, kam keine zwei Minuten später und winkte Roberto, und die beiden blieben längere Zeit draußen.

»Es tut mir leid, Giuli …«, bevor er weitersprechen konnte, hielt sie Roberto den Mund zu.

»Dein Versprechen! Du wolltest dich nicht immer entschuldigen, wenn dein Beruf dich fordert!«, sie nahm ihre Hand weg, und die Wärme in seinen Augen umhüllte sie, »wir müssen zurück nach Padova, nicht wahr?«

»Nur ich! Bleib du in Bergamo, die Cogliones wären sonst sehr enttäuscht. Und ihr kommt morgen Abend mit Omeo zurück, okay?«

Sie wäre lieber mit ihm gefahren, stimmte aber zu, als sie Vilmas bittenden Blick sah.

»Wir wollten euch heute Nachmittag eigentlich noch einen Teil aus der Lebensgeschichte Bartolomeo Colleonis zeigen und morgen Nachmittag sein Kastell Malpaga mit euch besuchen, das, bei dem wir geparkt hatten, Giulia«, aber Vilma musste sie nicht mehr überreden, sie hatte sich schon mit der Trennung abgefunden.

»Ich werde Roberto dann davon berichten!«

»Eins noch zum Abschluss, bevor du fährst, Roberto«, Coglione hatte die Rechnung beglichen und kam zurück, »Gabriѐllas und Davids Liebe hat Vilmas und meine wieder entfacht. Nachdem wir gemeinsam das junge Liebespaar verlassen hatten, wurden wir auch wieder eins.«

»Und ich habe wieder Klavier spielen können«, Vilma lächelte versonnen, und Roberto und Julia dachten wieder einmal gleichzeitig, was diesen Mann nur trieb, die Liebe zu dieser Frau immer wieder aufs Spiel zu setzen, »traurig nur, dass die beiden in der Blüte ihrer Jahre grausam enden mussten, *morire nel fiore degli anni.*«

Bergamo: Samstag

Am Nachmittag bummelten Julia und Vilma allein durch Bergamos Oberstadt, die Coglione-Töchter verweigerten wieder jede Besichtigungtour, und Bianca fand das Kopfsteinpflaster zu uneben, um einen Kinderwagen durch die Gassen zu schieben.

So wanderten die beiden Frauen durch die belebte Via B. Colleoni, und Vilma zeigte ihr das *casa* Colleoni, das an den *condottiero* Colleoni erinnerte, der hier 1466 die Luogo della Pietà gegründet hatte, eine Stiftung für mittellose junge Mädchen, die durch sie eine Aussteuer bekamen.

»Er war großzügig, dieser *condottiero*, und er konnte es sich auch leisten. Neben diesem Haus hat er unter anderem noch das Kloster in Basella gegründet.«

»Coglione ist doch die alte Schreibweise von Colleoni. Seid ihr irgendwie verwandt mit ihm?«

»Nein, überhaupt nicht, aber der *condottiero* hatte nur Töchter, wie wir, allerdings acht«, Vilma lachte ein wenig, »und mein Bartolomeo sagt manchmal im Spaß: Ich bin wie Colleoni, stark im Bett, aber nur Töchter!«

Julia musste ebenfalls lachen, wenn auch Vilma etwas errötete, war sie doch sehr intim geworden.

»Entschuldige, Giulia. Das ist mir so herausgerutscht! Aber mit dir zusammen lacht es sich so schön! Manchmal denke ich, wir kennen uns schon ewig. Und großzügig ist er auch«, setzte sie etwas zusammenhangslos hinzu.

»Wer?«

»Mein Bartolo! Und nicht nur in finanzieller Hinsicht.«

»Du spielst auf David an?«

»Ach, Giulia«, ihre Stimmungen wechselten schnell, und Julia musste an ihre Mutter denken. Sollte Vilma vielleicht tatsächlich …?

»Komm, lass uns einen *caffè* trinken«, Julia packte ihre Cousine am Arm.

»Ja, im Caffè della Funicolare, das musst du sehen, mit der Aussicht!«

Sie drängelten sich durch die Schlange wartender Fahrgäste in der *stazione funicolare* durch und betraten eine typische italienische Bar, allerdings mit einer umwerfenden Aussicht, fanden draußen auf dem Balkon einen Tisch in der ersten Reihe, und Julia gefiel Bergamo immer besser.

»Genauso schön wie aus unserem Fenster!«

Vilma schwieg und sah traurig in die Unendlichkeit, schien wieder von Spannung erfüllt, nippte dann an ihrem *caffè* und bemerkte, dass sie gestern Abend die erste Gesellschaft seit ihrem Verhältnis mit David gegeben habe.

»Bartolo hatte mich so darum gebeten. Er wollte euch unbedingt hier haben. Erst habe ich mich mit Händen und Füßen gesträubt, aber nun war es sehr schön, und ich habe wieder Klavier gespielt, öffentlich.«

Sie versank in Schweigen, und Julia musterte sie nun nicht mehr als Frau oder angeheiratete Cousine, sondern sah die Patientin in ihr.

»Nimmst du irgendwelche Medikamente?«, fragte sie so ganz nebenbei.

»Nichts außer Schlaftabletten, aber oft und starke. Warum fragst du?«

»Du erinnerst mich an meine Mutter. Sie war dir sehr ähnlich. Sie lebte auch drei Leben.«

»War?«

»Sie starb, als ich zwölf war.«

»Und wie sahen ihre drei Leben aus?«

»Eines für ihre Gartenarchitektur. Eines mit meinem Vater und uns Kindern. Und eines mit dem Zwillingsbruder meines Vaters, der sie mit in die große, weite Welt nahm.«

»David wollte mich mit nach Israel nehmen und nach Amerika«, Vilma befand sich in einer ganz anderen Welt, und Julia wusste nicht einmal, ob die andere sie gehört hatte, »das war, bevor wir in die Villa Manzoni fuhren. Aber eigentlich habe ich immer nur Bartolo geliebt. Wenn ich ihm nur einen Sohn hätte schenken können. Ich fliehe immer von einem Leben ins andere«, sie verknotete die Riemen ihrer Handtasche und zerrte daran.

»Du brauchst die richtigen Medikamente, Vilma, vielleicht eine Therapie, dann musst du nicht mehr fliehen, sondern entscheidest, in welchem Leben du sein willst.«

»Hat deine Mutter die richtigen Medikamente bekommen?«

»Nein, sie haben erst nach ihrem Tod die richtige Diagnose gestellt.«

»Welche?«

»Depressionsschübe.«

»Und du weißt, dass ich auch …?«

»Ich wusste es nicht, habe es nur vermutet. Komm mich in Padova besuchen. Fra Ioannis, mein großer Lehrmeister, kann dir sicher helfen.«

»Ich muss darüber nachdenken.«

»Ja, das musst du!«

»Sag Bartolo nichts. Alles könne er ertragen, hat er einmal gesagt, nur keine neurotische Frau.«

»Das bist du nicht. Aber du brauchst Hilfe!«

»Ich weiß.«

Malpaga: Sonntag

Die beiden Frauen fanden auch am Sonntagmorgen immer neue Gesprächsthemen und kamen überein, dass Vilma noch am Sonntagabend mit nach Padova kommen sollte, Julia würde sie am Montagmorgen gleich mit ins *ospedale* der Barmherzigen Schwestern zu Fra Ioannis nehmen.

»Dann sehe ich auch endlich einmal das *Ca'Rosso,* in dem Bartolomeo nun schon so lange lebt und von dem er so begeistert erzählt.«

Bartolomeo schien nicht so erfreut von dem Plan der beiden, sie ließen ihn im Dunklen, warum seine Frau mit in Julias Hospital wollte.

»Aber wir fahren nicht, bevor ich dir die *castelli* Malpaga und Cavernago gezeigt habe, Cousinchen!«, sagte er belehrend streng, und ein bisschen erinnerte er Julia an ihren Mann, der auch manchmal so kleine, oberlehrerhafte Züge an den Tag legte, die Feststellung einer neuen Ähnlichkeit zwischen den Vettern.

Die bäuerlich gemütliche *trattoria* gegenüber des Malpaga-Schlosses lud zu einem ausgedehnten Mittagessen auf der mit Wein berankten Terrasse ein, und Bartolomeo zeigte ihr an den ehemaligen, jetzt erbärmlich zerfallenen Wirtschaftsgebäuden die in Marmor gehauenen Wappen des *capitano generale*, der am 29. April 1456 diese damals ziemlich zerstörte Burg für hundert Golddukaten von der Stadt Bergamo erstand, notariell verbrieft.

Bis 1465 hatte er das Castello Malpaga instand setzen lassen, sodass er zum einen mit seiner Frau Tisbe und den Töchtern hier repräsentativ wohnen konnte – es gab sogar in den Gästezimmern Toiletten –, und es andererseits von Grund auf befestigen lassen, dass es als Bollwerk gegen die Mailänder diente; in den weiträumig um das Schloss verteilten Stallungen und Offizierswohnungen lebte ein fester Stab, der jederzeit einsatzbereit sein konnte.

Trotz seiner Begeisterung merkte er, dass Julia nicht ganz bei der Sache war, und er selbst fühlte auch eine seltsame Unruhe in sich.

»Schade, dass Roberto das nicht sehen kann«, bemerkte Julia etwas halbherzig, und Omeo verstand sie und gab seiner inneren Unruhe nach.

»Dann warten wir, bis er beim nächsten Mal dabei ist! Vilma muss packen, wir müssen meine Schwiegermutter noch vom Bahnhof abholen – sie beaufsichtigt unseren Haushalt und die Töchter –, und allzu spät möchte ich auch nicht zurückfahren«, schlug Omeo vor, und beide Frauen stimmten zu.

Sie machten sich auf den Rückweg, um Bianca und die Kinder abzuholen und nach Padova ins *Ca'Rosso* zu fahren. Coglione machte einen letzten Versuch, seine Frau davon abzuhalten.

»Und was ist mit den Kindern? Musst du nicht …?«

»Es ist alles schon mit meiner Mutter geregelt, sie freut sich, die Mädchen freuen sich, und ich freue mich. Also?«

»In Gottes Namen!«

Am Abend trafen sie im *Ca'Rosso* ein, wo eine Nachricht für Bartolomeo lag, die ihn nach Treviso beorderte, und so blieb es Julia überlassen, ein Gästezimmer für Vilma vorzubereiten, Cogliones Schlafzimmer war in einem unbeschreiblichen Zustand.

»Ja, wenn ich gewusst hätte, dass du mitkommst, hätte ich natürlich aufgeräumt«, entschuldigte der Bergamaske sich und blickte sich ein bisschen hilflos und ein wenig schuldbewusst um.

»Typisch mein Bartolo«, sagte Vilma liebevoll und lächelte.

Padova: Mittwoch

Julia machte sich schreckliche Vorwürfe, als sie den Flieger nach Hannover bestieg; vielleicht hätte sie doch nicht so übereilt handeln und Vilma mehr Zeit lassen sollen.

»Du kannst nichts dafür!«, hatte Roberto sie noch auf dem Flughafen Marco Polo getröstet, seine Maschine nach Zypern flog etwas später ab. »Wenn jemand Schuld hat, dann Omeo mit seinen ewigen Weibergeschichten. Ciao bis Freitag in Israel! Pass auf dich auf, meine *nereide*!«

Wann hatte er sie das letzte Mal so genannt? Alle von ihm in der Öffentlichkeit gesetzten Schranken außer Acht lassend, fiel sie ihm um den Hals und küsste ihn.

»Hey, Giuli, nicht so stürmisch! Ich freu mich auf dein Kommen!«, und damit schob er sie zum Sicherheitscheck. Julia winkte ihm noch einmal glücklich zu, wenn es auch nur ein schneller Kuss gewesen war, hatte er ihn erwidert, und das erste Mal seit fast acht Wochen hatte sie ganz sicher gespürt, dass er sie doch noch wollte.

Aber kaum war Roberto aus ihrem Blickfeld verschwunden, überfiel sie wieder dieses Schuldgefühl, Vilma betreffend. Auch nach dem Start und einem Blick aus dem Flugzeugfenster auf die unter ihr im klaren Licht des Veneto liegende Laguna Veneta mit all ihren kleinen Inseln und Inselchen und auf den bebauten Dünenstreifen des Litorale di Lido und den des Litorale di Pellestrina dachte sie trotz aller sichtbarer Schönheit an ihre angeheiratete Cousine, die zwar außer Lebensgefahr war, aber dass sie überhaupt in diese Situation gekommen war, dafür gab Julia sich eine Mitschuld.

Dabei hatte alles so vielversprechend begonnen, am Montagmorgen hatte Fra Ioannis sich gleich Zeit für Vilma und ihre Probleme genommen und sie, zusammen mit der anwesenden Psychologin, gründlich und sorgfältig untersucht.

Nein, stationär aufgenommen zu werden, dazu sahen die beiden Ärzte keinen Anlass, und das kam auch Vilma entgegen, die die Therapie vor ihrem Mann möglichst geheimhalten wollte.

Den Nachmittag verbrachten sie beide zusammen im *Ca'Rosso*, Julia erläuterte den von ihr entworfenen Garten und wies Vilma besonders auf das keltische Knotenparterre hin, das ihre Großmutter vor fünfundsechzig Jahren entworfen hatte, das gleiche fände sich auch im Hause des Präfekten, dessen Vater ihre Großmutter als Siebzehnjährige verführt hatte.

Vilma fand diese romantischen Geschichten äußerst interessant, und der Nachmittag war wie im Fluge vergangen, Julia hätte beinahe vergessen, rechtzeitig ihre zum Binden gegebene Doktorarbeit abzuholen.

Während sie unterwegs war, musste irgendetwas mit Vilma passiert sein, aber auf wiederholte Nachfrage nach ihrer Rückkunft weigerte sie sich, über sich zu reden. Julia machte sich im Nachhinein große Vorwürfe, hier die Not ihrer Cousine nicht richtig eingeschätzt zu haben.

Roberto und Bartolomeo glänzten durch Abwesenheit, aber beide hatten es zumindest geschafft anzurufen; ihrem Mann und fünf anderen Polizisten war es gelungen, das ehemalige Hauptquartier des XX. *Gennaio* aufzuspüren und die bisher übrig gebliebenen Mitglieder zu verhaften, Bartolomeo stieß am späten Sonntagabend zu ihnen, ziemlich wütend, dass man ihn ausgegrenzt hatte.

»Du bist genauso hinterhältig, wie du es mir unterstellst!«, warf er seinem Vetter Roberto vor. »Stellst mich in Malpaga mit Besichtigungen kalt!«

»Beschwer dich beim Präfekten! Giulias Onkel hat das angeordnet, nicht ich!«

Vernehmungen hielten sie die ganze Nacht über in der Questura in Treviso fest.

Vilma musste in den frühen Morgenstunden versucht haben, sich die Pulsadern aufzuschneiden; aber ihr Schutzengel war Julia, die mit den Kindern im *Ca'Rosso* übernachtet hatte. Weil sie von Fra Ioannis noch Material mit nach Hannover nehmen sollte und mit ihm einen extrem frühen Termin ausgemacht hatte, gleichzeitig Vilma zu weiteren Untersuchungen mitnehmen wollte, fand Julia ihre Cousine rechtzeitig, leistete Erste Hilfe, und ein Notarztwagen brachte Vilma ins Hospital der Barmherzigen Schwestern. Fra Ioannis verordnete seine Lieblingstherapie für Vilma, sie sollte eine Woche lang in ein Schlafkoma versetzt und komplett in Ruhe gelassen werden.

Also fuhr Julia ins *Ca'Rosso* zurück, wo sie auf Omeo Coglione traf, der wer-weiß-woher kam und auf Julias Bericht erschüttert reagierte. Sie gingen in sein Schlafzimmer. Schaudernd blickte er auf das Blut seiner Frau, das überall im Raum verschmiert war.

»Ich verstehe das nicht, Julia«, müde strich Omeo sich über sein stoppeliges Kinn.

»Ich schon! Vilma hat wohl dein Zimmer aufzuräumen versucht und dabei herausbekommen, dass du ein inniges Verhältnis mit *La Leonessa* hattest. Sie konnte nicht wissen, das es vorbei war. Hier, diesen Brief für dich hat sie hinterlassen.«

»Du spielst auf Angela Saccardo an?«, Coglione öffnete den Briefumschlag, in dem ein kleines Kästchen und ein Brief steckten.

»Vilma konnte nicht ahnen, dass Angela jetzt dall'aria heißt und auf Hochzeitsreise ist«, suchte Julia zu erklären, aber Omeo schien sie nicht zu hören.

»Diese blöden Manschettenknöpfe! Vilma hat sie sicher beim Aufräumen meines Schlafzimmers gefunden«, er nahm das kleine Kästchen, ließ seinen Zorn an den beiden Goldmünzen darin aus und donnerte sie zu Boden, zwei byzantinische Goldmünzen, einer ein bildschöner Goldsolidus mit dem Bildnis Kaiser Michaels von Byzanz und der andere mit dem Konterfei Alexios, sündhaft teure Einzelstücke, an deren Echtheit Julia nicht zweifelte, rollten über den Boden.

Außerdem segelte ein kleiner Zettel zu Boden, blieb mit der Schriftseite nach oben liegen, und Julia konnte deutlich lesen, dass Angela ihrem innig geliebten Bartolomeo eine klitzekleine Freude machen wollte. Vilma musste alles gefunden und den Zettel gelesen haben.

»O, dir hat sie sie auch geschenkt? Sie wollte Roberto mit diesen Dingern vor einiger Zeit bestechen, aber er …«

»… hat sie natürlich zurückgewiesen!«

»Natürlich!«

»Ich habe mich nicht bestechen lassen, und mein Verhältnis mit ihr war rein beruflicher Natur!«

»Ach, Omeo! Du hängst an jedem Weiberrock! Lies lieber Vilmas Brief.«

Er hatte sein Gesicht gut unter Kontrolle, aber trotzdem entging Julia nicht, dass er tief getroffen war. Er starrte nach der Lektüre des Briefes aus dem Fenster und kam erst eine ganze Zeit später in die Wirklichkeit zurück.

»Sie wollte, dass ich frei bin, frei, einen Sohn zu zeugen. Und da ich mich nicht scheiden lassen wollte – warum auch, ich liebe sie –, wollte sie sich selbst aus meinem Weg räumen! Julia, Julia, was bin ich bloß für ein Mistkerl!«

Julia schwieg, ihr fiel auch beim besten Willen keine Trost für diesen Mann ein, weil ihr ganzes Mitleid seiner Frau galt.

»Julia, sag doch was! Mach mich fertig! Sag, was für ein Unmensch ich bin, der die Liebe Vilmas überhaupt nicht verdient hat! Los, sag es!!«

»Warum? Das tust du doch selbst! Ich versteh nur nicht, warum du unbedingt einen Sohn brauchst? Du hast drei entzückende Töchter! Warum also! Und rede dich nicht heraus mit deinem großen Vorbild Bartolomeo Colleoni! Der arme Kerl konnte noch nicht wissen, dass er als Mann es war, der das entscheidende Chromosom weitergab! Du dagegen schon!«

»Du hast recht, Julia! Ich will alles tun, um Vilma glücklich zu machen!«

»Dein Wort in Gottes Gehörgang! Du weißt doch, der Weg zur Hölle ist mit guten Vorsätzen gepflastert! Versprich nichts, was du nicht halten kannst!«

»Du sprichst mir alle Fähigkeit zur Änderung ab, Julia? Gib mir eine Chance, ich brauche Vilma!«

Sie lächelte etwas zweifelnd.

»Nicht ich muss dir eine Chance geben, sondern Vilma! Und wenn ich dir einen guten Rat geben darf, nutze sie; es könnte deine letzte sein.«

»Ob es hier wohl einen Briefumschlag gibt? Ich möchte La Leonessa die Manschettenknöpfe umgehend zurückschicken. Ich weiß nicht, ob du mir glauben willst: Mit La Leonessa habe ich kein Verhältnis gehabt. Das ging insofern gar nicht, weil sie frigide ist.«

Nein, sie glaubte ihm nicht, besorgte ihm aber den Briefumschlag, Bartolomeo erhob sich und reichte ihr die Hand.

»Ich habe mich noch nicht einmal dafür bedankt, dass du Vilma das Leben gerettet hast! Danke, Cousine.«

»An dir ist es, es zu erhalten, Vetter Omeo.« Sie gingen in großem Ernst auseinander.

Und dann waren Roberto und Luciano eingetroffen, und sie erzählte ihnen die ganze Geschichte. Die beiden sahen sich an.

»Ein Brief? Und der *colonnello* hat ihn mitgenommen?«, Luciano schien mit seinem Handy verwachsen und wählte.

»Colonnello Coglione? Wir brauchen den Brief! Warum? Wir ermitteln. Dazu sind wir bei jedem unnatürlichen Todesfall oder Selbstmordversuch verpflichtet, dass sollten Sie … Er hat einfach aufgelegt.«

Luciano und Roberto blickten sich an, und ohne ein weiteres Wort zu wechseln, bestellte der Assistent die Spurensicherung. Julia fühlte sich absolut ausgeschlossen und irgendwie schuldig.

»Habe ich etwas falsch gemacht?«

Die beiden hatten nicht geantwortet und sich Latexhandschuhe übergezogen. Dann hatten sie sie hinausgeschickt, Roberto hatte ihr allerdings aufmunternd zugenickt und gesagt, was für ein Glück Vilma dank ihrer Hilfe gehabt hätte

Julia schreckte aus ihren Gedanken auf. Das Flugzeug setzte zur Landung an.

»Hoffentlich nutzt er seine Chance«, sagte Julia laut, und das Ehepaar neben ihr sah sie erstaunt an.

Bergamo: Mittwoch

»Du wirst mich in Zypern vertreten, würdig! Das ist die letzte Chance, die du hast. Ist dir das klar?«, Bonluca zündete sich irgendwie ingrimmig eine weitere Zigarette an. »Ich kann dich nicht länger halten, wenn du wieder eigene Wege gehst. Hörst du mir überhaupt zu?«

Die straffe Haltung des *colonnello* hatte gelitten, eindeutig; die Uniform wirkte reichlich zerknittert, die Schultern hingen ein wenig nach vorn, das Rutenbündel der Liktoren steckte über Kopf im Papierkorb, er dagegen in einer Krise.

»Ich weiß, ich habe versagt«, die sonst so befehlsgewohnte Stimme klang weniger fest als sonst, »ich habe meine Rolle in der Questura so schlecht gespielt, dass mir keiner mehr traut. Die Polizisten halten mich für einen Infiltranten und die Kollegen vom Betrieb für einen Denunzianten.«

»Das mit deiner Frau tut mir leid«, Bonluca legte eine Hand auf den Arm Cogliones, »aber sie ist außer Lebensgefahr. Am besten, du lenkst dich mit Arbeit ab! Fahr nach Zypern und mach dir ein paar schöne Tage.«

»Ohne einen Hintergedanken?«

»Du kennst mich zu gut, mein Junge! Halte den *marchese* im Auge.«

»Ihr wollt ihn abservieren?«

»Ich nicht.«

»Aber die Amerikaner?«

»Nicht nur. Es gibt zu viele Stimmen im Betrieb, die ihn auf Eis legen möchten. Auch ich bekomme Befehle!«

»Und was soll ich dabei tun?«

»Nichts, mein Junge, nichts. Und ich meine es genau so, wie ich es sage.«

»Ihr verlangt also von mir, dass ich tatenlos zusehen, wie mein Vetter abgeschlachtet wird?«

»Was sind das für hässliche Worte? Er wird für die *strategia della tensione* geopfert; letztlich ein Held. Er wird ein Staatsbegräbnis bekommen.«

Bis vor einer Viertelstunde noch hätte Bartolomeo seinem Vetter die Pest an den Hals gewünscht, ihn im vierten Kreis der Hölle schmoren sehen, weil er ihn so mitleidslos ausgegrenzt hatte, ihm die öffentliche Zerschlagung des XX. *Gennaio* nicht gegönnt hatte bei diesem Einsatz in Treviso und ihn damit der Lächerlichkeit preisgegeben hatte.

Aber seiner Liquidierung zustimmen zu müssen, das war eine ganz andere Sache.

»Wer führt die Aktion durch?«

»Das werde ich dir am allerwenigsten sagen, bevor ich nicht dein Ehrenwort habe, dass du nichts unternehmen wirst.«

»Du warst doch ein Freund meines Vaters, Franco! Du hast mich all die Jahre begleitet, behütet, gelehrt. Glaubst du, ich täte irgendetwas, um unseren Betrieb zu schädigen? Er ist meine Familie, meine Heimat, für ihn bin ich bereit zu sterben!«

Bis vor ein paar Monaten war es auch so gewesen, aber jetzt wusste er nicht mehr, was richtig, was falsch war. Und dann die Sache mit Vilma! Ein schaler Geschmack auf der Zunge blieb.

»Ich wusste es, mein Junge! Auf dich ist Verlass! Behalte diesen Allerwelts-Agenten Henry Salzmann im Auge. Und halte ihm den Rücken frei.«

So also läuft es, dachte Bartolomeo, und was mache ich nun mit diesen Informationen?

Wie er sich auch entschied, an irgendwem oder irgendwas würde er zum Verräter werden müssen, aber er hatte es immerhin geschafft, ein Ehrenwort zu umgehen.

Bonluca stand auf und sah nachdenklich auf den Mann hinunter, den er für seinen besten gehalten hatte. Ob er das noch immer war, würde man nach Zypern wissen.

Er nahm das Rutenbündel aus dem Papierkorb, stellte es aber nicht wieder auf den Tisch, sondern reichte es dem *colonnello*.

»Vernichte es! Seine innere Überzeugung sollte man manchmal

lieber bedeckt halten. Und denke an unsere Abmachung! Deine Frau braucht dich, deine Kinder auch. Und nicht zuletzt unser Staat braucht dich; verdirb dir nicht deine Karriere mit Sentimentalitäten. «

Geistesabwesend nahm Bartolomeo das Symbol des Faschismus, und als Bonluca den Raum verlassen hatte, steckte er es kopfüber wieder in den Papierkorb, die Putzfrau würde es entsorgen.

Die Drohung war unmissverständlich gewesen. Vilma und seine Familie oder Roberto? Er musste eine Entscheidung treffen oder einen Ausweg finden. Er straffte die Schultern und verließ sein Büro in der Questura. Auf dem Gang fand er die Tür zu dall'arias Büro halb angelehnt.

»Auf wen warten wir noch?«, hörte er die Stimme des *conte* Berini und sah durch den schmalen Spalt, dass der eben dabei war, sich aus den Cognac-Beständen des Questore reichlich zu bedienen.

»Tramontan müsste jeden Moment hier sein«, Bonlucas tiefe Stimme war unverkennbar, »ich glaube, er nähert sich unseren Ansichten.«

Vom Ende des Ganges klangen Schritte, und Bartolomeo verließ seinen Horchposten. Der Präfekt blieb bei ihm stehen.

»Colonnello, Sie müssen verstehen …«

Bartolomeo wandte sich brüsk ab, auch der Präfekt paktierte also mit der Gegenseite, hatte ihn ausgegrenzt und kaltgestellt.

Wer war Gegner? Wer war Freund? So verwirrt wie eben jetzt war er noch nie gewesen, und es gab keine Vilma, an die er sich anlehnen konnte.

Keine Frage, er musste sich für sie entscheiden. Auch wenn er tief in Robertos Schuld steckte. Mein Gott, was für ein Schlamassel! Und kein Ausweg.

1442 bis 1446: Colleoni und Filppo Maria Visconti

Sein Gewissen stand seiner Karriere diametral im Wege, nach dem Mordversuch an seiner Tochter und ihrer Rettung durch seinen Vetter konnte er ihn nicht sehenden Auges in Zypern in den Tod schicken. Und nachdem dessen Frau Vilma das Leben gerettet hatte, nie und nimmer!

Hier auf Zypern saß er nicht weit von dem Aphrodite-Felsen entfernt auf seinem Balkon, dort, wo die schöne Göttin der Sage nach schaumgeboren den türkisfarbenen Fluten des Mittelmeeres entstiegen war. Er blickte auf das Meer, ohne es zu sehen, er fühlte nur Schwärze und Leere in sich.

Vor seinem Abflug hatte er noch einmal seine im Schlafkoma liegende Vilma in dem Klosterhospital westlich von Brescia im Franciacorte besucht. Nie würde sie ihm verzeihen, nicht nach all seinen Schwüren und Versprechungen. Angela Saccardo hatte mit dem Geschenk dieser Manschettenknöpfe ganze Arbeit geleistet. um ihn auszuschalten.

Was blieb ihm? Die Gedanken an sein großes geschichtliches Vorbild, das aus ebendiesem Franciacorte seinen Lieblingswein bezog, auch wenn es gerade in einem Lebensabschnitt steckte, der seiner Karriere nur zunächst förderlich war.

Der Herzog von Mailand, Filippo Maria Visconti, setzte seinen neu erworbenen condottiero erst einmal fern der Lombardei ein, nachdem er ihm im Januar 1443 in Mailand in seinem castello porta Giovia empfangen hatte und verlieh ihm das castello Adorno im Pavianischen jetzt als dauerhaftes Lehen, oberhalb des heute noch existierenden Örtchens Silvano d'Orba gelegen, und Tisbe kam erneut in den Genuss von kostbaren Juwelen.

Wie mag sie den Umzug nach Mailand verkraftet haben?, dachte er, fern ihrer Heimat, fern allem Vertrauten, fern der Verwandten, fern all der Freunde, die sie in den letzten zehn Jahren um sich gehabt hatte, fern aller Martinengos, die weiter für Venedig ritten und die nun plötzlich ihre Feinde waren.

Und ausgerechnet Cesare Martinengo, der condotta-Dauer-Wechsler, den sie all die Jahre in ihrer Familie als Verräter angesehen hatten und der ihr jetzt die Heimat hätte ersetzen können, war damals 1439 unter Piccinino bei Tenno verwundet und von den Venezianern gefangen genommen worden. Die Serenissima hatte ihn nach dem Versprechen, nie mehr gegen sie tätig zu werden, und nach einem kleinen Kerkeraufenthalt gehen lassen, und er hielt sich tatsächlich daran, zumindest bis 1446, und verzog sich nach Mittelitalien.

Die Juwelen und diverse Schmuckstücke, die ihr der Herzog von Mailand geschenkt hatte, mögen ihr Heimweh etwas versüßt haben, und die Ablenkung, die sie beim Bau ihres Palazzos in Brescia hatte?

Er dachte daran, wie er auf dem Rückweg vom Klosterhospital Halt gemacht hatte in Brescia. In der via Pace Nummer zehn hatte er lange vor der nicht besonders eindrucksvollen Fassade des hier Casa della Pace genannten Palazzo Colleoni gestanden.

Lärmende Kinder einer jetzt hier beheimateten Schule waren auf dem Weg nach Hause an ihm vorbeigeströmt, und er musste sich gegen die Heranwachsenden einen Weg bahnen; es war ihm gelungen, gerade noch vor der Schließung des Haupttores hineinzugelangen und dem Hausmeiste das Schreiben zu seiner Verabredung mit dem Archivar der Congregazione dell'Oratorio di San Filippo Neri zu zeigen, der das Gebäude und die Kirche Santa Maria della Pace jetzt gehörten; der Bau der Kirche war jedoch erst fast 300 Jahre nach dem Bau dieses Palazzos begonnen worden.

1443 hatte Colleoni, wohl um das Heimweh seiner Frau zu kompensieren, in der Heimatstadt ihrer Vorväter, die just wieder dem Visconti in die Hände gefallen war, diesen Palast gebaut. Nicht wie bisher war er in ein konfisziertes oder geschenktes Gebäude gezogen, nein, hier hatte er selbst geplant und bauen lassen, und sein Sinn für schöne Architektur zeigte sich erstmals deutlich.

Ein erstes Aufblitzen seines zweiten Lebensinhalts, dachte er, denn Colleonis Name hatte nicht nur in Soldatenkreisen einen hervorragenden Namen, der des Kunstmäzens sollte sein letztes Lebensdrittel dominieren; voller Bewunderung sah er sich in dem

Säulengang um, dessen bemalte Kassettendecke aus Holz mitsamt großartiger Bemalung die Jahrhunderte und sogar den heutigen Schulbetrieb unbeschadet überlebt hatte.

Die Säulen zum Innenhof waren von einer Grazie, die über die Proportionen einer griechisch-dorischen Säule hinausgingen, wenn auch die Basis jeder Säule ein klassisch-dorisches war. Die Kapitelle jedoch wiesen mehrfach auf die Colleonischen Wappen hin, in Stein gemeißelt die der Familie Colleoni mit den drei Hodenpaaren (zum Teil abgeschlagen, vielleicht weil das hier eine Schule war?) und des ihm durch Königin Johanna II. verliehenen mit dem schrägen Band, gehalten von zwei Löwenköpfen.

Die Malereien an der Kassettendecke waren zwar noch gut zu erkennen, aber eine Renovierung würde ihnen gut tun. Eine kleine verblasste weibliche Figur mit einem Spiegel in der Hand hatte verblüffende Ähnlichkeit mit dem kleinen Medaillon im Schloss Malpaga, das Tisbe Colleoni darstellte. Vielleicht …

»Ah, Sie haben die Donna con specchio[11] *gefunden«, hörte er eine Stimme hinter sich, drehte sich um und sah sich dem Archivar gegenüber, dem Spiegelbild eines mittelalterlichen Gelehrten.*

»Tisbe da Martinengo?«, fragte er, doch der Archivar lächelte und zuckte mit den Schultern.

»Wir Padri Filippini sehen in ihr die Allegorie der Wahrheit. Aber wer weiß?«

»Padri Filippini?«, hatte er gefragt.

»Das ist kürzer als Padri di Congregazione dell'Oratorio di San Filippo Neri. Wir Padri Filippini haben diesen Palazzo 1683 erstanden und sind drei Jahre später eingezogen.

»Und die 240 Jahre davor?«

Der Gelehrte schüttelte mit dem Kopf und zuckte wieder mit den Schultern.

»Dieser Palazzo beheimatete den Kondottiere Bartolomeo Colleoni, seine Frau Tisbe und seine beiden Töchter Caterina und Orsina. Caterina hat später diesen Palazzo Colleoni di Brescia geerbt, während Orsina das Schloss Malpaga südlich von Bergamo erbte. Die meiste Zeit jedoch haben sie in dem prachtvolleren Castello Adorno zugebracht, einem Lehen des Filippo Maria Visconti. Aber nun kommen Sie, bevor die Schule ganz abgeschlossen wird, möchte ich Ihnen das zeigen, was im ersten Stock aus der alten Zeit erhalten ist.«

[11] Dame mit Spiegel.

Vielleicht haben sie im Castello Adorno öfter gewohnt, um das latent vorhandene Misstrauen des Visconti nicht zu wecken, denn Brescia war unzweifelhaft altes venezianisches Territorium. Er äußerte sein Gedanken nicht und folgte dem Archivar.

Die weiten Bögen des piano inferiore, dem Erdgeschoss, getragen von den eleganten Säulen, setzten sich auch im ersten Stock fort, ebenfalls gut erhalten die hölzernen Kassettendecken, überall unübersehbar mit den Wappen des condottiero geschmückt, und im Salone d'onore, dem Ehrensaal, prangte eine hohe, gewaltige Kassettendecke.

»Ist das dort oben der condottiero?«, wollte Coglione wissen und zeigte auf eine Figur an der Decke, die das colleoneske Wappen auf der Brust und den typischen roten Kondottierehut auf dem Kopf trug.

Der Archivar zuckte mit den Schultern und nahm ihn mit in sein Allerheiligstes, wo er allerdings nichts Neues über sein Vorbild erfahren konnte, dafür aber intensiv in der Dialektik der Padri Filippini geschult worden war.

Er blickte über das Mittelmeer, sah aber eher die Stadtmauern von Brescia und Bergamo vor sich, und überlegte den weiteren Werdegang und vielleicht bestehende Parallelen zu seinem eigenen.

Palazzobauten beschäftigten Colleoni nur peripher, im März 1443 fand man ihn mit brillanten Aktionen in der Emiglia und in der Romagna bis hin in die Marchen, ebenfalls das ganze Jahr 1444 über und auch im Jahre 1445 wurden ihm nur Stippvisiten in die Lombardei erlaubt. Der Herzog von Mailand, der in tiefster Seele misstrauisch war und auch seinen Verfolgungswahn nicht abgelegt hatte, setzte seinen ausgezeichneten Kondottiere nicht gegen Venezia ein und möglichst weit entfernt von der Heimat.

Der in tiefster Seele loyale Colleoni dagegen konnte die teilweise wirren Entscheidungen und das gegeneinander Ausspielen der verschiedensten Mailänder Kondottieri, von Francesco Sforza über Picchinino und dessen Söhnen bis zu ihm selbst nicht nachvollziehen, und so folgte er dem Befehl, Ende des Sommers 1446 nach Cremona in der Lombardei zu kommen, völlig arglos.

Völlig verblüfft und wie neben sich stehend, erlebte er im September seine Festsetzung durch Niccolò Terzi, der ihn in den Kerker des Castello di Sant'Antonio in Piazenza brachte.

Keiner sagte ihm, was man ihm vorwarf, und alsbald wurde er ohne Erklärung nach Mailand gebracht.

Colleonis Truppen blieben unbehelligt in Landriano liegen und weigerten sich, einem anderen als ihrem condottiero Colleoni zu folgen. Dieser weigerte sich ebenso, seine Truppen von ihrem Treueeid zu entbinden, und so landete Bartolomeo Colleoni Ende September 1446 in den forni di Monza, den Öfen von Monza, einem besonders brutalen Gefängnis, in dessen Zellen man weder liegen noch stehen konnte, der Boden war mit spitzen Steinsplittern belegt, die Gefangenen der Glut der Sonne ebenso ausgesetzt wie dem Eis des Winters.

Tisbe und ihre beiden Töchter wurden im Castello Adorno unter Hausarrest gestellt. Die übrigen Heerführer – Niccolò Picchinino ausgenommen, denn der war 1444 gestorben – reagierten alle nicht, ihnen sollte nicht Gleiches passieren, waren aber ziemlich ratlos, und der allgemein bekannte und verworrene Brief des Visconti an Colleonis Soldaten und die Einwohner der Stadt Romano, die ihren Lehensherren Colleoni liebten, verwirrte alle noch mehr:

»… Unsere Hochgeschätzten, damit ihr nicht überrascht und betrübt seid durch alles, was gegen die Person des ehrengeachteten Bartolomeo Colleoni geschehen ist, unterrichten wir euch, dass das, was getan wurde, nicht geschah in der Absicht, ihm ein Leides anzutun … Seid guten Mutes, denn in einer kleinen Weile wird er wieder in der Gunst stehen, mit besseren Aussichten als zuvor, und ihr werdet beruhigt und zufrieden sein … Milan, 26. September 1446«

Doch elf Monate später befand Colleoni sich immer noch in den Öfen von Monza.

Das könnte mir genauso gehen, dachte er, die wirren Gedankenspiele des Betriebs könnten mich auch von der Bildfläche verschwinden lassen. Was ich auch tue, ist falsch. Ich werde zwar nicht in den Öfen von Monza landen, aber es gibt bei uns genug Orte, an die ich nicht gelangen möchte.

Er schloss die Balkontür hinter sich, telefonierte noch einmal mit dem Kloster im Franciacorte und legte sich nach den beruhigenden Auskünften über Vilma in sein Bett. Aber an Schlaf war nicht zu denken.

Kapitel 4

Zypern / Ende Mai 2002

Kalavassos / Zypern: Mittwoch

Roberto saß auf der Terrasse seines Appartements, hinter sich den mit Brettern zugenagelten Turm eines Minaretts, vor sich die Dächer und Balkone eines alten, ehemals türkischen Wohnhauses, wunderbar stilrein renoviert als Apartment-Hotel, dahinter das schlafende Dorf und über sich einen herrlich strahlenden Mai-Sternenhimmel.

Er lehnte den Kopf an die Holzbalustrade des alten, noch an seine türkischen Bewohner erinnernden Fensters und verschmolz mit dem Schatten des Hauses, schloss die Augen halb und hoffte, auch Julia würde Muße haben, dort hinaufzuschauen, vielleicht richteten sie beide ihre Augen auf denselben glänzenden Stern.

Zu gern hätte er sie jetzt hier neben sich gehabt; ein wenig enttäuscht war er schon gewesen, als sie die drei Tage zu der recht plötzlich anberaumten, internationalen Terrorismuskonferenz auf Zypern nicht hatte mitkommen wollen. Von ihm würde sie doch nicht viel sehen, allein habe sie keine Lust, auf Zypern herumzuirren, und außerdem könne sie die drei Tage wunderbar gebrauchen, um ihren Vater in Deutschland zu besuchen, hatte sie argumentiert. Sie würden sich dann zu Daniels Bar-Mitzwa-Feier in Israel treffen und das Wochenende gemeinsam dort verbringen.

Recht hatte sie, aber trotzdem vermisste er sie, und dann ließ er den Tag noch einmal vor seinem inneren Auge ablaufen. Überraschenderweise fand der Questore dall'aria sich ein; obwohl auf Hochzeitsreise, hatte er es so arrangiert, dass ihre Jacht gerade jetzt in Paphos in der Marina lag; Angela nutzte die Zeit für Besichtigungen der antiken Stätten, die den frisch gebackenen Ehemann eher langweilten, und so nahm er als Beobachter teil, Robertos Angebot ablehnend, seinen Platz als italienischer Terrorexperte einzunehmen.

»Der Experte sind Sie, Roberto«, hatte er gemeint, und diese persönliche Anrede sollte wohl ein besonderes Zeichen der Verbundenheit ausdrücken, aber Roberto blieb bei der formellen.

Alle waren sie wieder versammelt gewesen, Jeff L. King von der Firma, Balladesci vom Betrieb, der Cartucchio ersetzte, und Ari Hirschfeld vom Institut, und beim Mittagessen hatten sie zusammengesessen und relativ spannungsfrei darüber gesprochen, dass die Zeit des XX. *Gennaio* abgelaufen war. Nach der Auflösung des arabischen Sektors und der Entdeckung des Hauptquartiers durch Roberto sei die Aktion *eroina per studenti* offensichtlich beendet, mutmaßte Jeff, auch an den anderen Universitäten gäbe es keine Anzeichen mehr, und sie alle stimmten ihm zu, außer Roberto, der noch skeptisch blieb. Er glaubte, dass sie in Treviso das Hauptquartier des Colleoni-Syndikats gefunden hatten, das der XX. *Gennaio* mitbenutzt hatte.

»Ist das nicht egal, *marchese*?«, Jeff L. King tat so, als habe er nie Differenzen mit Roberto gehabt. »Ob so herum oder anders. Die Tatsache der Vernichtung des Hauptquartiers ist entscheidend.«

Balladesci stimmte ihm vehement zu, und Roberto antwortete nicht, der Sinneswandel der beiden Geheimdienstler war ihm suspekt. Letzten Freitag noch hatten sie ihm die Zustimmung abpressen wollen, Gabrièllas Tod als Terroristenanschlag oder wahlweise sie als Terroristin hinzustellen, und heute war der XX. *Gennaio* nicht mehr wichtig?

Dall'aria und Henry kamen herein, Letzterer war Ari den ganzen Tag lang nicht von der Seite gewichen, und Roberto blickte immer noch nicht durch, ob der junge Mann zum Institut oder zur Firma gehörte. Sie setzten sich dazu, und Roberto dachte wieder einmal, dass ihm dieser junge Mann ein wenig zu smart war, sicher intelligent und überaus aufmerksam, dazu mit einem sympathischen Lächeln und offenen Blick, aber eben ein wenig zu glatt, und ihn wunderte, dass Ari ihn so pausenlos ertragen konnte, die beiden waren wie Feuer und Wasser, extrovertiert der eine und introvertiert der andere.

»Sie sollten die Sondereinheit Terror übernehmen, *marchese*«, mischte sich dall'aria in ihr Gespräch, »so wie Sie Spuren verknüpfen und immer einen klaren Blick für das Wesentliche haben, ist doch die Arbeit in einer Mordkommission langweilig für Sie. Und während meiner Hochzeitsreise zerschlagen Sie auch noch die Reste des italienischen XX. *Gennaio* und legen das Colleoni-Syndikat mit der Entdeckung seines Hauptquartiers lahm!«

Roberto reagierte unwillig: »Machen Sie sich nicht meine Gedanken! Terrorbekämpfung ist nicht mein Fall!«

Alle lachten, denn Roberto hatte ihrer Meinung nach die ganzen letzten Monate, unfreiwillig zwar, aber pausenlos nichts anderes getan. Er sah es anders, schwieg aber. In ihm verfestigte sich der Verdacht immer mehr, dass dieses ganze XX. *Gennaio*-Gehabe nur eine Verschleierungstaktik krimineller Handlungen war.

»Er will einfach nicht befördert werden«, dall'aria tat verzweifelt, »er wollte nicht Questore werden, er wollte nicht Abteilungsleiter werden. Was soll ich mit diesem Mann nur anfangen?«

Die Hochzeitsreise hatte ihn locker gemacht, anders konnte Roberto die joviale Art dall'arias nicht deuten; nach ihren früheren Zusammenstößen kehrte fast so etwas wie Harmonie zwischen ihnen ein.

Langsam wurde Roberto müde, es war spät geworden, immer noch zirpten die Zikaden, aus dem Tal herauf tönte selbst um diese späte Stunde noch lautes Froschgequake herauf, und er dachte an die nicht nur landschaftlich reizvolle und überaus abwechslungsreiche Insel der Aphrodite, vielleicht sollte er mit Giuli hier die Flitterwochen verbringen? Auch hier lag eines der von Gott geschaffenen Paradiese dieser Welt, mit unglaublich schönen Stränden, bewaldetem Hochgebirge, herrlicher Flora – allein die meterhohen gelben Wolfsmilchgewächse, die Straßen, Autobahnen und Berghänge zierten, würden Giuli begeistern, die wilden Gladiolen, die glutroten Mohnhänge, die Zitrusplantagen – und überaus freundlichen Bewohnern, dazu Kultur in Form von griechischen und römischen Bauwerken bis hin zu wundersam ausgemalten, unter Scheunendächern versteckten uralten Kirchen; und ein wenig schadenfroh dachte er an die orthodoxe Bevölkerung, die vor vielen Hundert Jahren die Eroberung durch die Osmanen als Befreiung von den katholischen Johannitern empfunden hatte. Ja, hier in diesem Paradies ließe sich Urlaub genießen! Aber gab es nicht in jedem Paradies zumindest eine Schlange, die das Böse verkörperte?

Er dachte an die Informationen, die man ihnen heute Morgen gegeben hatte. Ohne vorerst auch nur Geheimdienste und Terrorismus zu erwähnen, war von den international hier sich niederlassenden Organisationen der OK, der Organisierten Kriminalität, die Rede gewesen, und danach gab es auf dieser Insel nicht nur eine, das Böse verkörpernde Schlange, sondern ein ganzes Nest von Natterngezücht.

Wenn von den russisch-sprachigen, weltweit zwei- bis dreihundert operierenden OK-Gruppen aus den GUS-Staaten und dem Baltikum auch nur, wie vermutet, zehn Prozent auf dieser Insel vertreten waren, verdarb das den Unschuldsgedanken des Paradieses; und Zweigstellen der Cosa Nostra aus USA, des Cali-Kartells und des Cartel del norte aus Kolumbien, Drogenschmuggler aus Nigeria und all die vielen Gruppen aus Südosteuropa machten die Gegend nicht ungefährlicher; und dann sollten auch noch chinesische und taiwanesische Triaden, japanische Yakuza-Anhänger und, nicht zu vergessen, die italienischen Abarten der Organisierten Kriminalität hier ihre Geschäftsstellen haben.

Am Nachmittag waren dann die Namen all jener Terrorgruppen genannt worden und die Gruppen beschrieben, allen voran natürlich Al-Qaida, die nach dem 11. September des vergangenen Jahres sozusagen als Dachorganisation für Terrorismus schlechthin galt. Aber auch all die palästinensich-arabischen Gruppen, die in immer neuen Variationen einer alten Schreckensmelodie entstanden, hatten die Zukunft düster aussehen lassen.

Roberto stand auf, reckte sich und freute sich auf sein auf einem kleinen Podest stehendes antikes Bett mit modernem Komfort, als er auf dem gegenüberliegenden Balkon des Appartements, in dem Ari Hirschfeld schlief, zwei Gestalten bemerkte, die maskiert und bewaffnet im Mondlicht gut zu erkennen waren. Lautlos huschte Roberto in sein Zimmer, nahm das Telefon und wählte Aris Handynummer. Er schaltete den Ton immer aus, hatte er heute beim Mittagessen erzählt, hoffentlich bemerkte er seinen Pager. Gott sei Dank, ja.

»Ja?«

»Hier Roberto! Auf Ihrem Balkon sind zwei bewaffnete Männer!«

Ari antwortete nicht, und Roberto, aus seinem Fenster blickend, sah die geöffnete Balkontür. Als Geheimdienstagent war Ari sicherlich bewaffnet, für Polizisten galten da im Ausland andere Regeln, Robertos Dienstwaffe lag in Padova im verschlossenen Schreibtisch. Trotzdem machte er sich sofort auf den Weg zu Aris Appartement, hörte polternde Geräusche und drückte die Tür ein.

Innen fand im Dunkeln ein erbitterter Kampf statt, Roberto

betätigte den Lichtschalter und überraschte die maskierten Angreifer damit so, dass sie sich sofort über den Balkon davonmachten, denselben Weg, den sie gekommen waren. Alles ging blitzschnell, doch trotzdem meinte Roberto, den Schriftzug *IL Terzo* auf einer der Vermummungen gesehen zu haben.

Fast im selben Moment erschien höchst aufgeregt Henry, eine Pistole in der Hand, und meinte, er habe Geräusche gehört; er sah aus wie das personifizierte schlechte Gewissen.

»Ich bin doch extra zu deinem Schutz da! Ich hätte nicht auf mein Zimmer gehen dürfen«, meinte er zerknirscht, aber Ari winkte ungeduldig ab.

Henry auf dem Fuße folgte Bartolomeo Coglione, der bisher jeden Kontakt zu Roberto gemieden hatte, nahm er ihm doch offensichtlich die Ausgrenzung beim Sturm auf das Hauptquartier des XX. *Gennaio* persönlich übel. Er erklärte seine Anwesenheit nicht, und Roberto ignorierte sie.

Ari dehnte und streckte sich, ihm war nichts passiert, weil er noch während Robertos Anruf aus dem Bett gerollt und hinter der Couch in Deckung gegangen war. Einer der Angreifer schoss aus einer schallgedämpften Pistole einige Kugeln auf das Bett ab, bevor sie merkten, dass Ari nicht darin lag. Sie griffen ihn an, aber im nächsten Augenblick schon hatte Robertos Erscheinen sie in die Flucht geschlagen.

Ari schickte Henry wieder weg und meinte, er wolle sich ein neues Zimmer geben lassen, während Roberto in alter Routine nach den Kugeln suchte, eine im Lattenrost stecken fand und eine weitere mit seinem spitzen Taschenmesser aus den Fußbodendielen schälte. Ohne dass Ari ihn bitten musste, händigte er ihm die beiden nur wenig verformten Projektile aus und winkte seinen Dank ungeduldig ab. Sie geleiteten ihn zu seinem neuen Zimmer, und man wünschte sich allgemein und mit ein bisschen Ironie eine von jetzt ab gute Nacht.

»Hast du einen Moment Zeit, Omeo?«, Roberto hatte gewartet, bis sich die Tür zu Aris neuem Appartement geschlossen hatte.

»Du hast also gemerkt, dass ich da bin?«, Bitterkeit lag in der Stimme seines Vetters, aber Roberto ging nicht darauf ein.

»Ich muss mit dir sprechen. Vielleicht ein Morgenspaziergang?«, sie verabredeten sich zum Sonnenaufgang.

Roberto lag in seinem breiten Bett mit den gedrechselten Pfosten noch eine Zeitlang wach und dachte über das Paradies nach, in dem so viele Schlangen und Otterngezücht beheimatet waren.

Tróodosgebirge: Donnerstag

Die beiden Vettern gingen schweigend nebeneinander her. Die Sonne stand noch nicht sehr hoch, und hier oben im Tróodosgebirge hingen noch Morgennebelschwaden in den knorrigen Aleppo-Kiefern.

Wenn ich nicht genau das durchgemacht hätte wie er, dachte Roberto und musterte Omeo von der Seite, würde ich seine Kopflosigkeit nicht bemerkt haben.

Wie Julia es gesagt hatte, sie beide waren sich sehr ähnlich; bis vor Kurzem hätte er das vehement abgestritten, aber die Beobachtungen seiner Frau nahm er schon ernst.

Zwischen den uralten Zypernzedern blinkte in der Ferne ab und zu ein Sonnenstrahl auf dem jetzt frühmorgens hellblau schimmernden Meere. Sie schritten auf dem windungsreichen Chionistra-Ring dahin, einem traumhaft schönen Rundwanderweg unterhalb des Gipfels des fast 2000 m hohen Olympos. Roberto hatte diese Stelle am höchsten Punkt des Tróodosgebirges ausgesucht, und Omeo war ihm ohne jede Meinungsäußerung gefolgt, als er seinen Mietwagen an der Pródhromos-Olympos-Straßenkreuzung geparkt hatte.

Nur den Gipfel würden sie nicht erklimmen können, denn die Engländer betrieben noch immer eine Radarstation dort oben, mit der sie den Luftraum des gesamten Vorderen Orients überwachten. Obwohl sie Zypern schon vor vielen Jahrzehnten in die Unabhängigkeit entlassen hatten, gab es hier und da offensichtlich noch von den Engländern als Mutterland empfundene Gebiete, der Gipfel des Olympos gehörte zweifelsfrei dazu.

»Es ist noch nie vorgekommen«, Cogliones erste Worte an diesem zarten Frühsommertag endeten in einem Räuspern, »… dass du mich um ein Gespräch bittest. Und ich weiß schon, du wirst mir wegen Vilma Vorwürfe machen und …«

Wieder räusperte er sich, blieb stehen und lauschte einem unten am Berg krähenden Hahn, bevor er seinen Satz beendete.

»… und du hast mit jedem Wort recht.«

»Ich glaube, zu wissen, was du fühlst, Omeo. Mir ist es vor Kurzem genauso ergangen. Die Liebe lässt einen manchmal das gradlinige Denken vergessen.«

»Du meinst deine falsche Einschätzung Julia gegenüber, als die Geheimdienste dich manipulierten?« Sein wie in Granit gemeißeltes Gesicht entspannte sich leicht, und die tiefen Linien wirkten nicht mehr hart, sondern schienen wie von Gram eingegraben. »Aber was hat das mit Vilma und mir zu tun?«

»Sie versuchen dasselbe mit dir«, Roberto sah auf die sich gerade öffnenden Blüten des Zwergstechginsters, und einen winzigen Gedanken verschwendete er an Giuli, sie fehlte ihm, und er hätte ihr gern ein wenig von seinem Wissen mitgeteilt, auch um ihr das Schuldbewusstsein zu nehmen, das sie unbegründet gefühlt hatte.

Ihre Füße setzten sich gleichzeitig in Bewegung, und bis zur nächsten Wegbiegung, die einen erneut grandiosen Ausblick zwischen zwei kolchischen Erdbeerbäumen hindurch auf die erwachende Insel bot, schwiegen sie.

»Wie geht es deiner Frau? Hast du etwas Neues gehört?«, Roberto versuchte erneut, das Gespräch in Gang zu bringen.

»Sie schläft weiterhin tief, sonst hätte ich mich auch geweigert hierherzukommen.«

Coglione schwieg und ging in sich gekehrt weiter. Innerlich seufzte Roberto tief auf, was war nur mit dem sonst so redegewandten Mann los? Er beschloss, dem Gespräch eine andere Wendung zu geben.

»Ich konnte nichts dafür, dass du in Treviso nicht dabei warst«, sagte er sehr direkt, »der Präfekt hatte es in Abwesenheit des Questore so bestimmt.«

»Kein Problem, wenn du es nicht dazu machst!«

Was war mit Coglione los? Vor seiner Abreise nach Zypern hatte er noch wild Beschwerde geführt, und nun sollte es kein Problem mehr sein? Vilmas Selbstmordversuch hatte den *colonnello* völlig aus der Bahn geworfen.

»Dann ist ja gut, Omeo, ich hielt deine Reserviertheit für einen Vorwurf.«

»Reserviert, sagst du? Ich war das personifizierte schlechte Gewissen; ich dachte, du hältst mich für schuldig am Selbstmordversuch meiner Frau.«

»Giulia meint, es sei wenig hilfreich, jemandem die Schuld zu geben. Vilma sei es schlechter gegangen, als wir alle bemerkt hätten; meine Frau hält sich für zumindest ein klein wenig verantwortlich, obwohl sie es nach meinem jetzigen Kenntnisstand nicht ist.«

»Giulia? Schuldgefühle? So ein Unsinn! Ich hätte diese dämlichen Manschettenknöpfe nie behalten dürfen. Aber wie ich deiner Frau schon sagte, ich habe mit Angela rein beruflich zu tun gehabt; wir hielten sie für eine Schlüsselfigur im XX. *Gennaio*! Sie war schließlich kurz mit Abu Samur alias El-Atasoy verheiratet. Und die Rolle ihrer Tochter ist auch noch nicht restlos durchsichtig.«

»Was dich aber nicht abgehalten hat, mit ihr und jetzt mit ihrer Mutter ein Verhältnis anzufangen?«

»Mit Angela hatte ich wirklich nur rein beruflich zu tun. Diese Frau ist zu einer Sinnlichkeit, wie ich sie schätze, nicht fähig. Giulia sagte mir, sie habe dir die Manschettenknöpfe auch angeboten?«

Roberto nickte und wartete.

»Hast du sie dir genau angesehen? Sie enthalten einen geradezu fantastisch kleinen Minisender samt Mikrofon. Wir wollten sie benutzen, um Angela und mit ihr den XX. *Gennaio* mit Falschnachrichten zu versorgen.«

»Aber mit ihrer Heirat hat sich das erledigt. Und natürlich mit der Zerschlagung des XX. *Gennaio*.«

»Du sagst es. Richte deiner Frau bitte aus, dass sie überhaupt keine Mitschuld trifft. Sie hat mich übrigens im *ospedale* moralisch so zusammengefaltet, dass ich in Vilmas Pillenschachtel gepasst hätte. Und sie hatte recht, ich will Vilma nicht verlieren, und dafür muss ich etwas tun.«

Eine neue Offenheit ging von seinem Vetter aus, und trotzdem spürte Roberto, dass er alles andere als ihm vertraute, sicherlich steuerten sie auf eine neue Untiefe zu.

»Ich werde meiner Frau die Schuldgefühle ganz nehmen können. Die Kenntnisse, über die ich seit gestern Abend verfüge, setzen mich dazu in die Lage. Aber zuallererst will ich sie dir mitteilen«, Roberto eierte um den heißen Brei herum, er wusste es, aber er wollte, dass sein Vetter die Sache benannte, aber der schwieg wieder einmal ausgedehnt.

Eine Quelle ließ ihr kristallklares Wasser über ihren Weg plätschern, und sie überquerten das Rinnsal mit großen Schritten.

»Sie manipulieren dich!«, deutlicher wollte Roberto nicht werden, und nun endlich ging Coglione auf seine vagen Ausführungen ein.

»Nein, Roberto. Einen winzigen Augenblick dachte ich, du könntest recht haben, aber nein! Du hast ihren Abschiedsbrief gelesen! Entschuldige, dass ich ihn zuerst an mich genommen habe. Luciano hat ihn sich wiedergeholt. Und er war nicht gefälscht, es waren definitiv ihre Schrift und ihre Unterschrift.«

»Du bist emotional vernebelt! Wenn du meine Hilfe jetzt annimmst, könnte deine Sicht eine andere werden. Eigentlich bist du ein recht brauchbarer Polizeioffizier«, Roberto fügte für sich hinzu: wenn du deine faschistische Vergangenheit wirklich hinter dir lässt. Er wunderte sich über sich selbst, wie er mit Omeo redete, obwohl tief in seinem Bauch wenn nicht Misstrauen, doch so etwas wie Vorsicht zu fühlen war.

»Ich höre!«, Omeos Stimme klang weiterhin deprimiert.

»Das Briefpapier, auf dem der Abschiedsbrief geschrieben war, ist dir daran nichts aufgefallen?«

»Es handelte sich einwandfrei um Vilmas, ihr Briefblock lag ja daneben.«

»*Certamente*! Aber die Größe! Unten fehlte ein Stück, drei Zentimeter fein säuberlich von ihren potenziellen Mördern abgeschnitten!«

Unglauben war Cogliones erste Regung, Entsetzen die zweite. Wieder blieben sie stehen, aber sie waren so mit ihren Überlegungen beschäftigt, dass sie weder die von den ersten sich um die Bergecke stehlenden Sonnenstrahlen Notiz nahmen, die auf die zarten Blüten der weißen und rosa Zistrosen fielen, noch von der sich vor ihnen ausbreitenden Ebene mit den Zitrusplantagen, deren Duft man selbst hier oben zu erahnen schien.

»Mördern?«, Omeos Stimme klang seltsam belegt, aber nicht zweifelnd, er glaubte Robertos Worten, zu tief saß seine Bewunderung für dessen fachliches Können und seine Integrität. Seine Gesichtszüge zeigten so viel Betroffenheit, wie Roberto noch nie an ihm gesehen hatte.

»Ja, ein eindeutiger Mordanschlag! In Vilmas Blut fanden sich winzige Reste eines Betäubungsmittels. Unter Vilmas Fingerabdrücken auf der Rasierklinge waren welche von Latexhandschuhen. Der Täter muss die Handschuhe aus irgendeinem Grund falsch herum angezogen haben, wir haben Talkumpuderspuren gefunden. Vilmas Briefblock wurde ebenso angefasst, aber mit Latex- oder Gummihandschuhen ohne Talkumpuderspuren, die Abdrücke waren größer. Es waren also zwei Täter.

Deine Frau hat sich gegen fünf Uhr früh ein Glas Milch aus der Küche geholt, dort meine Mutter getroffen, die aussagte, dass Vilma einen irgendwie entschlossenen Eindruck gemacht habe und sehr bestimmt meinte, sie habe in dieser Nacht eine Entscheidung getroffen, die ihr weiteres Leben einfacher machen würde.«

Omeo ergriff den Arm seines Vetters und zwang ihn so, stehen zu bleiben und ihn anzusehen.

»Ja, mir durch Selbstmord die Freiheit zu geben! Die ich gar nicht haben will!«

»Keineswegs. Hier lies, wir haben die unteren drei Zentimeter rekonstruieren können, Vilmas Kugelschreiber hat auf ihrem Block gut durchgedrückt!«, er reichte Omeo einen schmalen Papierstreifen.

»P. S. Ich möchte die Scheidung! Sofort! Mein Klavier wird mir dich ersetzen müssen«, las der laut vor.

»Die Mörder müssen nach fünf Uhr morgens ins Haus eingedrungen sein – wir haben winzige Wachsreste im Schloss der Eingangstür gefunden –, haben Vilma betäubt und ihren Selbstmord vorgetäuscht. Der Brief muss ihnen wie ein Lottogewinn vorgekommen sein.«

Omeo beschleunigte seine Schritte und verschwand um die nächste Felsecke, Roberto mit seiner Kniebehinderung konnte ihm nicht so schnell folgen, außerdem brauchte sein Vetter Zeit, die neue Wendung zu überdenken; er wartete hinter der Felsnase.

»Das werde ich dir nie vergessen!«, er sah zu Roberto auf und hatte seine Gesichtszüge wieder unter Kontrolle gebracht. »Ich weiß, es klingt jetzt blöd, aber ich wollte dir damals auch helfen; ich hatte zwar strikte Anweisung, nicht mit dir über das Überwachungsprotokoll zu sprechen, aber ich wollte Umberto einen Tipp geben, das musst du mir glauben! Doch du hast dich dann ja selbst aus der Schlinge befreit, die sich um deinen Hals zusammenziehen sollte.«

Roberto ging auf das eben Gesagte nicht ein, er war sich nicht sicher gewesen, ob Omeo ahnungslos war, aber nach dessen Reaktionen jetzt schon.

»Wie hast du eigentlich so schnelle Analysen von Vilmas Blut und den Fingerabdrücken bekommen?«, Copliones Gehirn hatte den emotionalen Ballast abgeworfen und er klang wieder polizeimäßig.

»Ein Kurier hat alles nach Parma zum CIS[12] gebracht, unserem kriminaltechnischen Institut vertraue ich zurzeit nicht ganz.«

»Aber der *caramba*?«

»Hundertpro! Aber ganz etwas anderes, wer versucht, dich mit dem Leben deiner Frau unter Druck zu setzen?«

»Gute Frage, Roberto. Aber ich kann sie dir nicht beantworten! Niemand hat Forderungen an mich gestellt, niemand mir oder meiner Familie gedroht! Ehrlich!«

Warum nur kann ich ihm nicht glauben? Roberto räusperte sich.

»Vielleicht versucht der Betrieb, dich bei der Stange zu halten, oder aber die Amerikaner oder sogar das Colleoni-Sydikat?«, Roberto war einen Schritt zu weit gegangen, das merkte er sofort. Alles an Coglione schien aus Granit gemeißelt, seine Haltung, seine Züge, und auch seine Stimme klang hart.

»Ich wusste, dass du mich an deinem Wissen nicht als Verwandter oder Freund teilnehmen lassen würdest! Du traust mir wirklich zu, dem Colleoni-Syndikat anzugehören? Und der Betrieb, dass kann ich dir versichern, ist eine ehrenwerte, patriotische Behörde, in der Leute wie Cartucchi keinen Platz hatten! Ich schwöre dir, keiner hat mich oder Vilma bedroht, keiner! Mein Betrieb dient der Demokratie und ich ihr ebenso!«, abrupt drehte er sich um und stürmte mit langen Schritten in Richtung Parkplatz.

Roberto folgte ihm langsamer und dachte über den emotionalen Ausbruch seines Vetters nach. Vilma war die eine Säule seines Lebens gewesen, der Betrieb die zweite. Wenn man beide Säulen gleichzeitig wegschlug, nahm man dem *colonnello* alles. Er hätte sich vorsichtiger vortasten müssen, seine sprichwörtliche Ungeduld hatte ihm wieder einmal ein Bein gestellt. Es hörte sich fast an, als sei der Betrieb anstelle der dritten Säule, der faschistischen, die wichtigere im Leben des *colonnello* geworden.

Der wartete notgedrungen auf dem Parkplatz, denn sie waren mit Robertos Mietwagen hier herauf gefahren. Sie öffneten die Türen gleichzeitig und blickten sich vor dem Einsteigen über den

[12] *CIS* = regionales kriminaltechnisches Institut der Karabinieri (Parma und Messina), zentrales Institut in Rom (*SCIS*).

Wagen hinweg an, Omeo feindselig, Roberto eine Augenbraue hochziehend. Er hatte schon so viel verdorben, dass seine jetzige Botschaft auch keinen Schaden mehr anrichten konnte.

»Wenn du deinem Betrieb so vertraust, versuche ihn doch auf die Fährte der wahren Terroristen zu führen! Bekämpft um Himmels willen das Netzwerk der weltweit operierenden islamistischen Terroristen, statt der *strategia della tensione* weiterhin nachzutrauern und sie künstlich am Leben zu erhalten!«

Der *colonnello* stieg ohne Antwort mit versteinerter Miene ein und sprach die ganze Rückfahrt über die B 8 nach Limassol kein Wort, schwieg auch noch, als sie auf die A 1 fuhren und nach Kalavassos abbogen.

Kurz vor dem Marktplatz und außer Sichtweite ihres Hotels hielt Roberto an.

»Es ist wohl besser, wenn wir nicht zu häufig zusammen gesehen werden«, seine Stimme klang neutral, »und tu mir einen Gefallen, Omeo! Lass dich nicht erpressen, nicht mit Vilmas Leben und nicht mit dem deiner Töchter! Die *caramba* hat ihren Personenschutz übernommen.«

Coglione stieg ohne eine Antwort aus.

Zypern: Donnerstag

Der zweite Tag verlief ebenso wie der erste nicht paradiesisch-harmonisch, im Gegenteil. Nach einem Grundsatzreferat eines Firmenmanagers und einem weiteren eines israelischen Spitzenfunktionärs des Instituts wurden alle Teilnehmer des Symposiums mit mehreren Kilogramm an Informationsmaterial versehen, in Gruppen für Workshops eingeteilt; und wie das Unglück es wollte, fanden sich neben Roberto dieselben Teilnehmer der Geheimdienste vom Vortag, auch Henry setzte sich wieder zu ihnen.

Als für ihn einzig neuer Mann kam ein deutscher Agent des BND hinzu, vielleicht zehn Jahre älter als er, sehr bedächtig, sehr gründlich, der Ari Hirschfeld gut zu kennen schien, die beiden duzten sich und schienen sich gegenseitig sehr zu schätzen, Florian Kleinjohann musste besondere Qualitäten aufweisen, denn der Israeli war sehr wählerisch. Der *colonnello* kam etwas verspätet hinzu, setzte sich wortlos und hielt den Blick gesenkt.

Statt über die derzeitig agierenden Terrorgruppen im europäischen und vorderasiatischen Teils des Mittelmeeres zu diskutieren und Strategien der Zusammenarbeit zu entwickeln, gab ein Wort das andere, und bald befand man sich im Dschungel der Vergangenheit und versuchte, sich mit der Machete der Beschuldigungen einen Weg zu bahnen. Und als dann noch der Begriff psychischer Druck in Bezug auf Zeugenbefragungen und Informationsbeschaffung fiel, spaltete sich die Welt der Geheimdienste in zwei Gruppen, wobei der Deutsche vehement für Menschenrechte und gegen Folter argumentierte, während der Amerikaner eher lahm verfassungskonforme Maßnahmen erwähnte, der Italiener die Übergriffe auf dem G8-Gipfel im Juli in Genua als Ausrutscher bezeichnete und Ari die Erklärung des Obersten Gerichts Israels vom 6. September 1999 zitierte, die besagte, dass das Abpressen von Informationen bei palästinensischen Häftlingen durch den Inlandsgeheimdienst Shabak illegal sei.

»Aber seit Beginn der zweiten Intifada im September 2000 argumentieren Ihre Geheimdienste doch, Ihre Beamten können unter der Drohung einer Strafverfolgung ihre Aufgabe, Terrorattentate zu verhindern, nicht effizient wahrnehmen, und die alte Praxis lebt nicht nur wieder auf, sondern wird von israelischen Gerichten geduldet«, dem allgemeinen Geduze hatte sich nur Roberto nicht angeschlossen. Nun wurde er von Jeff L. King unterbrochen:

»... sondern wird – wie man hier gerüchteweise hört – sogar im Ausland, zum Beispiel hier auf Zypern praktiziert, ist das denn wahr, Ari?«,

»Während der ersten Intifada von 1987 wurden rund 30 000 Palästinenser befragt, ein paar Tausend von ihnen auch mit Methoden, die ihr Folter nennt. Aber ihr müsst die besondere Sicherheitslage meines Staates berücksichtigen, der sich gegen Gewalt und Terror in einem von euch nicht gekannten Ausmaße zur Wehr setzen muss.

Ihr Amerikaner meint, weil ihr einmal einen 11. September erlebt habt, zu wissen, was Terror ist! Ein Tag! Wir leiden seit Jahren! Und so enthält auch das Gesetz von 1999 Schlupflöcher, die wir im Geheimdienst brauchen, um unseren Staat zu schützen, auch hier auf Zypern«, Ari hörte sich ein wenig bitter und ein kleines bisschen überheblich an, und der Amerikaner zog ärgerlich die Brauen hoch.

»Und was sagt Ihre Verfassung dazu?«, griff nun Roberto wieder in die Diskussion ein – mit dem Hinweis auf die Verfassung wollte er ein wenig Sachlichkeit anmahnen.

»Israel besitzt keine Verfassung in eurem Sinne. Stattdessen gibt es eine Reihe von sogenannten Grundgesetzen, in denen Grundsätze von Verfassungsrang niedergelegt sind«, Aris Stimme klang sehr sachlich, aber Roberto meinte herauszuhören, dass er diese Diskussion, immer wieder geführt, genau wie er für überflüssig hielt, weil jeder an seiner vorgefertigten Meinung festhalten würde.

»War nicht die Zypern-Affäre 1991 eine eurer israelischen Hauptniederlagen, dieser missglückter Mordanschlag im Ausland?«, fragte Jeff den Israeli, jede Sachlichkeit wieder tötend, was war los mit diesen beiden Männern? Roberto mutmaßte, dass hier persönliche Differenzen, die mit *signora* Farlucchi zu tun haben konnten, im Spiele waren. »Und die Ermordung eures Izak Rabin eine vom Shin Beth geduldete, wenn nicht initiierte Geheimdienstangelegenheit? Und ob euer Avishai Raviv, Deckname Champagner, okay, okay, ehemaliger Shabak-Agent, für sein Mitwissen verurteilt wird, ist völlig ungewiss.«

Er mochte Ari nicht, das merkte jeder, aber er verletzte eines der ungeschriebenen Gesetze in Geheimdienstkreisen, nämlich nie Namen aus dem eigenen Dienst zu nennen, weder von aktiven noch von ehemaligen Agenten, und auch nicht die aus Diensten befreundeter Nationen.

Er provozierte offensichtlich, hatte sich wohl über Aris Bemerkung zum 11. September geärgert, aber der Israeli blieb gelassen.

»Wer einen Martin Luther King durch das innere Spezialprogramm Cointelpro, also FBI und CIA gemeinsam, töten und den beliebtesten Präsidenten aller Zeiten abschießen lässt und sich außerdem den Tod des chilenischen Präsidenten ankreiden lassen muss, der sollte nicht auf das kleine Israel mit dem Finger zeigen.«

Jeff lief rot an, und Balladesci vom Betrieb fühlte sich bemüßigt, wenn auch nicht so überzeugend vasallentreu wie sein Vorgänger, dem Kollegen Schützenhilfe zu geben.

»Für so ein kleines Land leisten Sie sich einen ganz schön großen Geheimdienst, innen wie außen. Und je mehr Leute agieren, desto mehr geht schief. Die Meshal-Affäre in Jordanien, als es Ihnen nicht gelang, den jordanischen Hisbolla-Führer Khaled Meshal zu liquidieren; die vier Agenten in der Schweiz, die sich beim Installieren von Wanzen erwischen ließen? Oder Yehuda Gil, der zwanzig Jahre lang falsche Berichte über militärische Absichten Syriens gegen Israel fabrizierte?«, auch der Italiener verletzte das Tabu, und Ari wurde zunehmend ärgerlicher.

»Das gilt auch für Sie, Balladesci, ein Land, das mithilfe einer militanten NATO-Stay-Behind-Terrorgruppe namens Gladio den Tod des ehemaligen Ministerpräsidenten und ausgezeichneten Politikers Aldo Moro in Kauf nimmt beziehungsweise durchführt – waren nicht von den zweiundneunzig gefundenen Patronenhülsen sechsunddreißig nachweislich aus Gladio-Beständen? Fünf Polizisten und Aldo Moro wurden so mit Steuermitteln liquidiert? Wer so etwas im eigenen Land duldet, dazu mit x Attentaten im eigenen Land gegen die eigene Bevölkerung eine gewollte Destabilisierung herbeiführt, hat auch kein Recht uns anzuschwärzen!«

Bartolomeo Coglione hatte bisher schweigend dem Diskurs der Geheimdienstler gelauscht, die offensichtlich seine und Robertos Anwesenheit vergessen hatten, aber bei der Attacke auf Gladio griff er ein.

»Die ehemaligen Gladio-Angehörigen werden nicht hinnehmen, als staatliche Terroreinheit eingestuft zu werden, und unsere Regierung ist dabei, sie voll zu rehabilitieren. Endlich hat Cossiga, lange Zeit Staatspräsident, voll Stolz zugegeben, diese Gruppe 1967 ins Leben gerufen zu haben; als er Staatsekretär war!«

»Leider!«, konnte sich Roberto nicht enthalten zu bemerken, und sein latentes Misstrauen gegen seinen Vetter, eingeschläfert durch die vielen verwandtschaftlichen Verquickungen, erhielt durch diese Einmischung neue Nahrung. »Ich bin, Gott sei Dank, Polizist und als solcher nur unserer Verfassung verpflichtet. Diese Grauzonen der Geheimdienste sind vielleicht, ganz vielleicht nötig, aber mir ein Gräuel. Man hat ja gesehen, wohin das 1980 geführt hat.«

»Du meinst Ustica?«, der *colonnello* versuchte, den Dialog nicht abreißen zu lassen.

Er spielte auf die Ustica-Affäre an, und alle verstanden ihn sofort, alle, außer Henry, der damals noch ein Kind gewesen war.

»Ustica?«

»Eine 8,6 m^2 große Vulkaninsel im südlichen Tyrrhenischen Meer, fünfunddreißig Meilen nördlich von Palermo, der Leuchtturm *homo morto* gibt alle fünfzehn Sekunden drei Lichtzeichen, fünfundzwanzig Kilometer weit zu sehen; ich habe mit meinem Freund die Insel im Katamaran umsegelt, sieben Meilen, mehr nicht«, Roberto war nicht willens, über Geheimdienstaffären zu reden.

»Ein Flugzeug mit Gaddafi an Bord sollte 1980 auf dem Weg von Libyen nach Warschau von NATO-Jägern abgeschossen werden, Gaddafi war damals der Staatsfeind Nummer eins für die USA, unserer sowieso«, erklärte dafür Ari.

»Und?«

»Gaddafi wurde gewarnt und landete unprogrammmäßig auf Malta.«

»Und die NATO-Jäger schossen aus Versehen eine Verkehrsmaschine der Itavia ab, einundachtzig Tote, dazu eine libysche MIG, die sie eigentlich treffen wollten; seit 1990 ermittelt wieder ein römischer Richter«, Roberto wollte das Thema gern beenden, hatte aber nicht mit dem Widerspruch des Amerikaners und des Betriebsagenten gerechnet.

»Kein Wort von wahr, das konnte nie bewiesen werden!«, fielen sie über Roberto her und rechtfertigten ihre Streitkräfte. »Alles Verleumdung durch die Libyer!«

»Das wiederum glaube ich nicht. Denn inzwischen ist das Ganze von einer missglückten militärischen – wie sagt man in Israel: Präventivtötung – zu einer groß angelegten kriminellen Angelegenheit geworden, wo immer der römische Richter Rosario Priore ermittelt, pflastern Leichen seinen Weg. Ich weiß von wenigstens fünfzehn …«

»So ein Quatsch, diese Zufälle gedanklich zu verbinden!«, Balladesci unterbrach Roberto ziemlich schroff. »Sie, *marchese*, hätte ich nun nicht für einen von diesen Verschwörungstheoretikern gehalten!«

»Bin ich auch nicht«, Roberto blieb ganz ruhig, »aber in meinem Beruf lernt man, nicht an Zufälle zu glauben. Zumindest nicht an dreizehn bis fünfzehn.«

»Wovon wird hier eigentlich geredet?«, erkundigte Henry sich.

»Von drei Selbstmorden, sieben tödlichen Autounfällen, drei Morden und einem unwahrscheinlichen Herzinfarkt eines jungen *capitano* der italienischen Luftwaffe«, Aris sachliche Aufzählung ließ die anderen verstummen, und Roberto musterte ihn erstaunt.

»Alle diese … zufällig erscheinenden Todesfälle betrafen Angehörige der italienischen Luftwaffe oder Radarexperten oder Offizielle, und alle hatten mittelbar oder unmittelbar mit den Geschehnissen im Juni 1980 über Ustica zu tun«, ergänzte er den Israeli, und die anderen blickten ziemlich überrascht von ihm zu Ari, und auch die beiden sahen sich an und begannen einen Dialog, den die anderen für vorbereitet halten mussten; und nur sie beide wussten, dass das nicht so war, sie sich nie zuvor über die Ustica-Affäre unterhalten und ihr Wissen unabhängig voneinander gesammelt hatten.

»Am 3. August 1980, sechs Wochen nach dem Absturz der DC9, gab es die erste Leiche: Giorgio Teoldi, Kommandeur der Luftwaffenbasis Poggio Ballone bei Grosseto; er starb bei einem Autounfall. Von Grosseto stiegen am Abend des 27. Juni drei an der Operation Ustica beteiligte Maschinen auf;« begann Ari, und Roberto übernahm.

»Am 9. Mai 1981 gab es eine zweite Leiche: *Capitano* AM Maurizio Gari, Offizier der Radarstation Poggio Ballone; zweiunddreißig Jahre, Herzanfall. Bis dato ohne Beschwerden.

Der Bürgermeister der Garnisonsstadt Grosseto erfuhr von zwei Abfangjägern, die am 27. Juni 1980 aufgestiegen waren. Giovanni Finetti begann zu forschen und starb am 23. Januar 1983 bei einem nicht geklärten Autounfall auf der SS Scandanese.«

»Bei der vierten Leiche im März 1987 handelte es sich um einen Auftragsmord aus dem italienischen Innenministerium«, Ari fuhr scharfes Geschütz auf.

»Da wissen Sie mehr als ich«, sagte Roberto mit einem kleinen Fragezeichen in der Stimme, »ich weiß nur, dass der *generale* AM Licio Giorgieri, ein Radarexperte, vom Kommando Unità Comuniste Combattenti erschossen wurde; in der Absturznacht kommandierte er ein Spezialflugzeug im Luftraum über Ustica.«

»Und die Unità Comuniste Combattenti war unterwandert von Gladio, diese Organisation unterstand dem Innenminister. Also?«, Ari fühlte sich bestätigt, und Coglione fühlte sich wieder zur Verteidigung von Gladio aufgerufen, kam aber nicht mehr zum Zuge, denn Jeff L. King unterbrach den Dialog der beiden.

»Zeit zum Mittagessen!«

Alle außer Ari und Roberto standen auf, sie schienen den Amerikaner überhaupt nicht gehört zu haben. Der folgsam sich erhebende Henry setzte sich wieder, als gleich darauf auch der BND-Mann aus Deutschland zurückkam und erstmals die Stimme erhob:

»Ich würde das gern noch zu Ende hören.«

»Ich auch«, schloss sich Henry an, der seine Informationssammelleidenschaft nicht unterdrücken konnte.

»Der Assistent des am Herzinfarkt gestorbenen Maurizio Gari, *maresciallo* AM Mario Alberto Dettori, wurde am 31. März des gleichen Jahres erhängt aufgefunden«, Roberto wunderte sich, dass er und Ari zwar unabhängig voneinander recherchiert, aber zu identischen Ergebnissen gefunden hatten, selbst die Chronologie stimmte.

»Die sechste Leiche, eigentlich waren es zwei, gab es am 12. August 1988, kurz vor der Ramstein-Katastrophe. *Maresciallo* AM Ugo Zamarelli war Mitglied einer Untersuchungskommission, die den Absturz der libyschen MIG untersuchte, er verunglückte mit seinem Motorrad. Er und seine Freundin waren sofort tot«, Ari blickte Roberto an, der den Faden auch sofort aufnahm.

»Ja, Ramstein. Die Piloten der italienischen Frecce Tricolore, *colonnello* AM Mario Naldini und sein ranggleicher Kamerad Ivo Nutarelli kollidierten bei der NATO-Flugschau in Ramstein am 28. August 1988. Siebzig Tote, dreihundertneunundsiebzig Schwerverletzte.«

»In Geheimdienstkreisen schließt man Sabotage nicht aus«, Ari blickte skeptisch, »die beiden galten als sehr erfahrene Formationspiloten. Körperlich waren sie fit, *maggiore medico* AM Totaro hatte sie durchgecheckt.«

»Was hatten sie mit Ustica zu tun?« wollte Henry wissen.

»Die beiden waren nachweislich, obwohl die NATO lange gemauert hat, am Abend des Abschusses der DC 9 als Abfangjäger über Ustica unterwegs«, Roberto blickte nachdenklich aus dem Fenster.

»Und sie mussten ihren ID-Code auf Befehl abschalten«, Ari referierte ebenfalls nur Tatsachen.

»Und die beiden sollten von Richter Priore vernommen werden, gleich nach der Flugschau in Deutschland«, schaltete sich der deutsche BND-Beamte ein, die anderen musterten ihn erstaunt, und er fuhr ein wenig ironisch fort, »wir sind schließlich auch NATO-Partner, und gelegentlich informiert man uns. Und Ramstein liegt schließlich in Deutschland.«

»Antonio Muzio, *maresciallo* AM, hatte zwar keinen Dienst am

26. Juni 1980, er untersuchte als Fluglotse den Absturz der MIG. Er wurde am 1. Februar 1991 durch drei Pistolenschüsse ermordet«, Ari drückte aufs Tempo.

»Luftwaffenoffizier Alessandro Marcucci, *tenente maresciallo* AM, am 2. Februar 1992, kurz vor seiner Vernehmung durch Richter Priore stürzte er mit einem Kleinflugzeug ab. Er konnte den Luftwaffengeheimdienst und General Tascio belasten und redete ein wenig zu viel darüber in Kollegenkreisen. Sabotage wahrscheinlich«, auch Roberto wurde kürzer.

»Am gleichen Tag starb *maresciallo* Antonio Pagliara durch einen mysteriösen Autounfall bei Lecce. Er hatte am 27. Juni 1980 Dienst im Radarzentrum CRAM in Otranto.«

»Noch mehr?«, der Deutsche schaute ziemlich entsetzt.

»Wir sind erst bei der elften Leiche: Luftwaffengeneral Roberto Boemio, Kommandant der Radarzentrale Martina Franca am 27. Juni 1980; Januar 1993 erstochen in Brüssel«, Ari kannte wirklich den gleichen Text wie Roberto.

»Leiche zwölf: der bereits erwähnte Major, Dr. Gianpaolo Totaro, Arzt der beiden Frecce-Piloten, beging im November 1994 unter mysteriösen Umständen Selbstmord«, referierte Roberto.

»Maresciallo Franco Parisi, hatte am 27. Juni 1980 Dienst in dem Radarzentrum von Otranto; Vernehmung durch Priore; Selbstmord durch Erhängen, das sind die Fälle, die ich kenne«, schloss Ari.

»Zwei mir nicht namentlich bekannte Luftwaffenangehörige, befasst mit dem MIG-Abschuss, kamen 1991 und 1992 ums Leben«, Roberto beendete seine schreckliche Bilanz mit einem Zitat von Richter Priore, »Wir wissen, dass die DC-9 abgeschossen wurde. Wir wissen, dass das im Rahmen eines Nato-Manövers geschah. Aber wir wissen noch nicht, wer den Knopf drückte, der die DC9 vom Himmel holte.«

»Fantastisches Gedächtnis, alle beide«, sagte Henry bewundernd, der das Gehörte wie ein Schwamm Wasser aufgesogen hatte, »und sicher ist es auch kein Zufall, dass die Existenz von Gladio 1990 aufflog, just als Richter Priore seine Arbeit aufnahm?«

»Sicher nicht«, bestätigten Roberto und Ari wie aus einem Munde.

Auch dies Wissen wird sich irgendwie zu Geld machen lassen, dachte der junge Agent auf dem Weg zum Speisesaal.

Kató Léfkara: Donnerstag

Das Bankett endete in einem wilden Alkoholexzess, und als dall'aria eine weitere Lokalrunde ankündigte, nahm Roberto das als Anlass, mit der Bemerkung zu verschwinden, er müsse früh am anderen Morgen seinen Flieger erreichen.

Er freute sich auf sein in dem kleinen Dorf Kalavassos liegendes Appartement, in dem ehemals vornehmen, türkischen Wohnhaus, das stilvoll unter Erhaltung der alten, edlen Hölzer, Balkone und Decken renoviert worden war und so gut in die paradiesische Natur der Südküste Zyperns passte.

Er legte sein Jackett auf den Beifahrersitz, band die Krawatte ab und atmete tief durch, während er seine Hemdsärmel aufkrempelte; so, diese unnötige und zeitraubende Konferenz konnte er als abgehakt betrachten. Nun, am dritten Tag, bereitete ihm die Linkssteuerung kein Problem mehr, er setzte sich hinter das Steuer seines Mietwagens und fuhr auf der Panoramastraße in Richtung Meer.

Ein fast silberfarbener Vollmond verstrahlte ein helles Licht, die Landschaft schien wie überhaucht von einem beinahe überirdisch wirkenden Leuchten, und Roberto wünschte sich einen Augenblick lang, Julia möge bei ihm sein und diese Insel der Aphrodite in diesem unwirklichen Schein mit ihm erleben. Das Paradies? Konnte es hier gelegen haben? Auf diesem Eiland mit seinen freundlichen Menschen, dieser unglaublichen Gastfreundschaft, diesen versteckten, uralten Kirchen, diesem Wasserreichtum, diesen herrlich kühlen Gebirgslandschaften und dem alles umspülenden, türkis bis dunkelblau schimmernden Meer?

Nein, nicht türkisfarben lag es jetzt vor ihm, als er die Kehren hinunterfuhr, sondern wie gesponnenes Silber! Der Mond verzauberte die Landschaft, spiegelte sich im Meer und malte eine Straße aus feinem Silber auf das Wasser, und noch einmal wünschte sich Roberto, seine Frau könne dieses wundersame Schauspiel mit ihm zusammen genießen.

Doch dann holte die Wirklichkeit ihn ein, als er hinter der nächsten Kurve in eine Straßensperre der zypriotischen Polizei fuhr. Er stoppte, ein Beamter bat ihn höflich um seine Papiere, und als er die pflichtgemäß und völlig ahnungslos aus dem heruntergekurbelten Seitenfenster reichte, wurde sein Arm von einem zweiten

Mann festgehalten, und er spürte einen leicht schmerzhaften Einstich. Bevor seine Sinne ziemlich schnell schwanden, dachte er einen winzigen Augenblick lang, dass es gut gewesen war, ohne Giulia auf diese doch nicht so paradiesische Insel zu kommen.

Die beiden jungen Männer schälten sich schnell aus den Uniformen der zypriotischen Polizei, knüllten sie zusammen und warfen sie in das Polizeiauto. Die dumpfen Geräusche der beiden, in dessen Kofferraum zusammengepferchten Polizisten ignorierten sie, zerrten den bewusstlosen Roberto auf den Rücksitz seines Wagens und warfen eine Plane über ihn. Gemächlich setzten sie den Mietwagen in Bewegung und fuhren auf die Küstenautobahn.

Als Roberto wieder erwachte, war es stockdunkel um ihn herum. Es dauerte ein Weilchen, bis er fühlte, dass seine Augen mit einem weichen Lederstreifen verbunden war. Er versuchte vergebens, sich zu bewegen, war völlig nackt und spürte unter sich eine blanke Metallplatte und seine gespreizten und festgebundenen Arme und Beine. Dazu war etwas an seinen Genitalien befestigt worden, und er ahnte, dass er optimistisch gesehen einer unangenehmen Zeit entgegensah. Außer dem leisen Summen eines angeschalteten Computers gab es keine anderen Geräusche.

»Er ist wach!«, eine zu einem jungen Mann gehörende Stimme ertönte rechts neben ihm auf Englisch mit stark israelischem Akzent.

»Gib ihm Stufe eins.«

Ein plötzlicher schneidender Schmerz zuckte durch Robertos Hoden, er konnte ein Stöhnen nicht unterdrücken und sein Körper bäumte sich auf, aber ebenso schnell, wie er gekommen war, verebbte der Schmerz, er zitterte, nur ein schmerzhaftes Brennen blieb dort, wo die Elektroden saßen.

»Wenn du uns unsere Fragen beantwortest«, hörte er die Stimme neben sich, »können wir auf weitere Energieverschwendung verzichten. Also?«

Roberto antwortete nicht, was auch? Eine zweite, ihm irgendwie bekannt vorkommende Stimme befahl etwas auf Hebräisch, es musste wohl Stufe zwei geheißen haben, denn ein weitaus größerer Schmerz flutete seinen Körper, seine Muskeln verkrampften, und es dauerte deutlich länger nach dem Ausschalten des Stromes, bis das Zittern seiner Muskeln aufhörte und er sprechen konnte.

»Was wollen Sie wissen?«

»Wir wollen das Vermächtnis des Verräters David Salzmann. Es enthält Staatsgeheimnisse. Wir wissen, dass er es dir gegeben hat! Du hast es nicht, in deinem Hotelzimmer ist es ebenso wenig wie im Hotelsafe. Also hat deine Frau es. Du musst uns also nur eine Frage beantworten: Wo ist deine Frau? Und wann fliegt sie nach Israel?«

Es roch nach verbranntem Fleisch, es konnte nur seines sein, und er erkannte, dass es eine Frage der Zeit sein würde, bis sie von ihm erfuhren, dass Giulia morgen mit dem versiegelten Päckchen nach Israel fliegen und es bei sich haben würde, weil sie es Dan Garfinkel zu seiner Bar-Mitzwa-Feier übergeben wollte. Aber für einen Geheimdienst war es doch ein Leichtes, sich diese Informationen zu beschaffen, die Flüge waren seit Tagen gebucht.

Dann war es also ein erneuter Mordversuch an ihm, und alles sprach dafür, dass es diesmal nicht bei dem Versuch bleiben würde.

»Stufe drei!«, diese Stimme gehörte eindeutig zu Henry Salzmann.

Zypern: Donnerstag

Ari sah, wie Roberto den Bankettsaal verließ, nachdem er sich von ihm verabschiedet hatte. Sie würden sich morgen im Kibbuz Givat Shalom wiedersehen, um die Bar-Mitzwa seines Enkels Daniel zu feiern. Er wandte sich Florian zu, sie beide hatten bei jeder neuen Alkoholrunde abgewinkt und suchten nun auch nach einem geeigneten Zeitpunkt, die alkohollastige Gesellschaft verlassen zu können.

Henry folgte Roberto fast umgehend, und als Dritter erhob sich Bartolomeo Coglione und folgte seinem Vetter, und Ari wunderte sich ein wenig, sein Neffe ließ sonst keinen Alkoholexess aus, und auch Coglione war kein Mann von Abstinenz.

Dall'aria gesellte sich zu ihnen und hielt sie vom sofortigen Aufbruch ab, sein Sprechvermögen hatte schon deutlich gelitten, aber er versicherte ihnen seine unverbrüchliche Freundschaft, und das immer wieder, bis der Pager in Aris Handy ihn nach draußen eilen ließ. Automatisch speicherte er die ihm unbekannte Nummer in seinem Gehirn ab.

»Ari Hirschfeld? Sie sollten wissen, dass eben eine Terroreinheit Ihren italienischen Freund gekidnappt hat«, die Stimme klang verstellt, wahrscheinlich wurde durch ein Taschentuch gesprochen, aber Ari erkannte sie trotzdem, »sie haben ihn in das Haus am Berg gebracht, Sie wissen schon, und Henry war dabei!«

Die Verbindung brach ab, und Aris Gedanken rasten. Eine Falle? Gut möglich, aber wenn die Botschaft ehrlich gemeint war, schwebte Roberto in Lebensgefahr, ein erneuter Mordanschlag auf ihn war nicht unwahrscheinlich. Und Henry? Er musste es herausfinden.

»Flo! Ich brauche deine Hilfe«, er wollte den Deutschen als Rückversicherung mitnehmen, sie wimmelten dall'Aria ab.

Noch immer spann der Mond seine silbernen Fäden über das Meer, aber sie hatten keinen Blick übrig für den Zauber des Universums. Die Gestalten der Hölle bedrohten wieder einmal das Paradies, und die beiden Männer überlegten, wie sie einen der Ihren aus Luzifers Krallen befreien konnten.

Das Haus am Berg wirkte verlassen, kein Licht brannte, aber drei Fahrzeuge, darunter Robertos Mietwagen, standen in der Auffahrt und verstärkten Aris Befürchtungen.

»Bleib hier draußen und halt mir den Rücken frei«, bat er seinen Begleiter, dem er kurz Robertos Schwierigkeiten der letzten Monate aufgelistet hatte, aber auch, dass er ihm in der vergangenen Nacht uneigennützig und selbstverständlich das Leben gerettet hatte.

Gleich hinter der Eingangstür traf er auf einen der jungen Agenten, die er mit ausgebildet hatte, und Uri gab ihm auf seine Frage, wo die anderen seien, sofort und ohne Zögern die Antwort, alle seien im CR, dem Communication Room, der zu Befragende auf dem OP-Tisch.«

Erstmals ging Ari der Zynismus der Geheimdiensterminologie auf.

»Henry auch?«

»Du hast ihm doch die Leitung übertragen!«

Henry spielte riskant, und Aris Verdacht, sein Neffe koche nicht nur sein eigenes Süppchen, sondern ein ganz eigenes Menü, verstärkte sich. Lange hatte er seinen Verdacht in der hintersten Ecke seines Gehirns begraben, aber nun kam er hervor und stand wie ein riesiges Schreckgespenst vor ihm.

Das Haus am Berg hieß nicht nur so, es war an und in einen gebaut. Ari hastete die Treppe hinunter, nach vorn führten verglaste Schiebetüren auf eine Panoramaterrasse mit einem Swimmingpool und einem Blick ins Paradies, auf Meer, Küste und üppige, mediterrane Vegetation; nach hinten ging es in die Tiefen des ausgehöhlten Hanges, in den sogenannten Befragungstrakt, die Hölle, aus der schon mehr als einer halbtot oder gar tot herausgetragen worden waren. Es hatte der Sache gedient und Ari sie nie infrage gestellt. Hatte er nicht den Bau dieses Hauses beantragt, beaufsichtigt und in ihm gearbeitet? Besonders nach der Rechtsprechung des Obersten Gerichts im September 1999. Wie viele Attentate hatten sie verhindern, wie viele israelische Leben retten können, weil sie hier Geständnisse von unwerten Terroristen erpresst und erfoltert hatten?

Ari hastete durch den langen, klinisch sauber wirkenden, von Hallogenstrahlern ausgeleuchteten Gang, die Tür zum CR stand offen, Henry fühlte sich sicher. Ari nahm in Bruchteilen von Sekunden die Situation wahr, von dem ganz jungen Mordechai am Computerterminal, der eben erst seine Ausbildung abgeschlossen hatte, hin zu Henry, der lässig neben der Tür lehnte, und der ebenfalls seiner letzten Trainingsgruppe angehörende Yoel, der ein wenig ratlos auf den aufgebogenen, zitternden Körper ihres Opfers auf dem OP-Tisch blickte. Ari schauderte, als er seinen Freund Roberto erkannte, seinen Lebensretter und der seines Sohnes.

Und in den gleichen Bruchteilen von Sekunden durchraste Ari – wie in einem Zeitraffer – sein bisheriges Leben für das Institut, das Unglück, das er verhindert, das Unglück, das er angerichtet hatte, und als er den schmerzgepeinigten Körper seines Freundes vor sich aufgebäumt in seiner Agonie wahrnahm, überlagerte gleichzeitig das Bild seines getöteten Sohnes die Realität, und es war genau in diesen Bruchteilen von Sekunden, dass er beschloss, den Weg seines Sohnes weiterzugehen, der weg von Gewalt führte, die Roberto eben jetzt in den Abgrund zu reißen drohte.

Mit zwei Schritten stand Ari neben dem Computerterminal, cancelte den letzten Befehl, und der Strom wurde abgeschaltet, aber der Körper des Opfers sank nicht wie bisher in sich zusammen, sondern blieb in dieser unnatürlich aufgebogenen Haltung, von Krämpfen bis auch in den kleinsten Muskel befallen.

Ari drehte sich um, aber Henry war verschwunden, und so ergoss sich sein Zorn über die beiden anwesenden jungen Agenten, denen sich in dieser Minute auch Uri zugesellte.

»Wisst ihr eigentlich, wen ihr hier foltert?«

»Er ist im Besitz von Staatsgeheimnissen und will sie nicht herausgeben! Der Verräter David Salzmann hat sie ihm gegeben, und er sie seiner Frau, aber er will uns nicht sagen, wo sie sich aufhält.«

»Wen meint ihr mit *er*?«

»Den Terroristen da!«

»Ihr Idioten!«, so laut hatte keiner der drei den von ihnen bewunderten Lehrer Ari je schreien gehört, ihn nie so zornentbrannt und voller Emotionen erlebt.

»Den Terroristen? Ihr foltert hier einen bekannten italienischen Terroristenjäger, jemanden, der unserem Staat unschätzbare Dienste geleistet hat. Wer hatte diese brillante Idee?«

»Henry! Und er sagte, es sei dein Befehl!«, alle drei wären am liebsten im Boden versunken.

Ari griff sich Mordechai am Hemd, drehte es ihm vor der Brust zusammen und zog ihn zu sich heran, während er die beiden anderen anbrüllte:

»Schafft mir diesen Henry herbei, und kommt mir nicht unter die Augen, bevor ihr ihn habt, tot oder lebendig! Das ist ein Befehl!«

Und den zitternden Mordechai herrschte er an:

»Hol mir sofort Eis, Mineralwasser, Magnesium, so viel du findest, und den Arztkoffer, und bete zu Yawe, dass mein Freund das hier überlebt, sonst ziehe ich dir die Haut bei lebendigem Leib ab, eigenhändig!«

Die drei konnten gar nicht schnell genug den Raum verlassen, und Ari schloss die Tür sicherheitshalber hinter ihnen ab, wer wusste, wo Henry steckte und wozu er fähig war. Dann wandte er sich Roberto zu, löste seine Augenbinde, seine Fesseln und versuchte, seinen Oberkörper in eine aufrechte Position zu bringen. Mit noch völlig verdrehten Augen hing er da, und die Muskelkrämpfe hatten nur wenig nachgelassen.

Ari redete beruhigend auf ihn ein und begann ganz vorsichtig, die Elektroden von den Hoden zu entfernen, in dem augenblicklichen Dauerschmerz des ganzen Körpers war das am besten. Die Brandwunden waren relativ begrenzt und nicht sehr tief, lange hatten sie ihn nicht foltern können, aber warum dann diese unnatürlichen starken Muskelkrämpfe?

Er begutachtete das Computerprogramm, immer ein Auge auf Roberto gerichtet, und fand ziemlich schnell heraus, dass es verändert worden war. Ursprünglich hatte ein Mediziner die sich langsam steigernden Stromstöße einprogrammiert, man musste Körpergröße und Gewicht des Delinquenten eingeben, dann berechnete der Computer die verträgliche und langsam sich steigernde Voltzahl.

Für Roberto waren nun ein viel zu hohes Körpergewicht eingegeben und bei der Steigerung der Voltzahlen jeder zweite Befehl gelöscht worden, sodass sich die Voltzahl jedes Mal verdoppelte, eine weitere Betätigung der Eingabetaste hätte unweigerlich Robertos Tod zur Folge gehabt. Und wer anders als der Computerexperte Henry hatte dies tun können? Ein eindeutiger Mordversuch, aber wer steckte dahinter, wer war der Auftraggeber?

Henry schloss er aus; nie würde der in Eigeninitiative agieren, aber für Geld wahrscheinlich alles tun. Ari hatte Davids Rat nicht befolgt, als der ihm nahegelegt hatte, Henrys Konten unter die Lupe zu nehmen.

Es klopfte, Ari nahm Mordechai die geforderten Dinge an der Tür ab.

»Du willst doch nicht, dass er dein Gesicht sieht? Bleib draußen! Hast du das Computerprogramm verändert?«

»Nein, Henry hat gesagt, ich solle auf sein Zeichen hin immer nur die Eingabetaste betätigen, alles andere macht der Computer.«

»Na toll! Und du hast nicht einmal die angegebene Voltzahl überprüft. Wenn Henry sagt, du sollst auf den Olymp steigen und Ski laufen, tust du das auch im Sommer, nicht?«

»Es war das erste Mal, dass ich bei einer echten ... Befragung dabei war. Mir war ganz schlecht. Ich ...«

»Schon gut! Besorg mehr Mineralwasser!«

Robertos Augen folgten Ari und er erkannte ihn, nur seine Sprechmuskeln funktionierten noch nicht; auch seine Schluckmuskeln nicht, denn das Wasser, das Ari ihm einzuflößen versuchte, rann links und rechts wieder aus seinem Mund; aber nach einer kleinen Weile ging es, Ari löste Magnesiumtabletten in Wasser auf und zwang Roberto zu trinken, prüfte seinen Puls und legte ihm einen Eisbeutel auf das Herz.

»Du musst trinken, trinken, trinken, umso eher geht es dir besser. Pass auf, Roberto, du musst mir sagen, wo Julia ist, damit wir sie warnen können.«

Aber störrisch schüttelte der den Kopf, während Ari seine Brandwunden versorgte. Gehörte Ari nicht auch zu diesen Israelis, die ihn gefoltert hatten, und weil das nicht geholfen hatte und sie ihn beinahe umgebracht hatten, versuchten sie es nun mit *soft skills* – Geheimdienst und Polizei differierten nicht gerade in all ihren Methoden.

Langsam ließen diese schrecklich schmerzhaften Muskelkrämpfe nach, und Robertos Körper begann unkontrolliert zu zittern. Ari deckte ihn zu und versuchte es noch einmal.

»Wir können Julia nur schützen, wenn du mir sagst, wo sie ist!«

Aber Roberto verweigerte jede Kooperation.

»Du musst mir vertrauen, Roberto! Das hier geht nicht auf das Konto vom Institut, ich schwöre es dir. Das war ein Mordversuch von Henry, nicht im Auftrag des Instituts, ich schwöre es dir noch einmal. Sag mir, wo ist Julia?«

Roberto schwieg. Mordechai klopfte wieder, und völlig unnötig flüsterte er:

»Es ist kein Mineralwasser mehr im Haus.«

»Dann fahr los und besorge etwas. Und schicke mir den deutschen BND-Mann hierher, er sitzt draußen in meinem Auto. Wo sind die anderen?«

»Sie sind hinter Henry her, mit dem Jeep. Geht's ihm da drinnen einigermaßen?«

»Na ja. Du kannst zumindest deine Haut behalten.« Mordechai zog sichtlich erleichtert ab.

»Roberto, wann fliegt Julia morgen nach Israel? Es spart mir viel Zeit, wenn du es sagst. Mit einem Anruf bekomme ich es so oder so heraus. Also?«

Roberto gab seinen Widerstand auf, Aris Argumentation klang logisch.

»Die Mittagsmaschine von München!«

Florian sah sich interessiert, aber auch ein wenig schockiert in den unteren Räumen der Hölle um, bevor er den Communication Room fand.

»Mein Gott«, er schüttelte mit dem Kopf, als er die Apparaturen begutachtete, »wie gut, dass meine Arbeit in einem Büro im sechsten Stock erledigt wird, wo Computer und Handy die einzigen Folterwerkzeuge sind. Was war los?«

»Ein Mordversuch an unserem italienischen Kollegen, hilf ihm mal beim Anziehen. Apropos Handy, du hast mich auf eine glorreiche Idee gebracht, Flo. Leih mir deines!«

Aris besondere Fähigkeiten lagen im mathematischen Bereich, ursprünglich hatte er Professor für Mathematik werden wollen, aber der Sechs-Tage-Krieg 1967 hatte ihn aus der Fahrrinne und an die Gestade des Geheimdienstes geworfen. Aris unglaubliches Talent lag darin, Zahlen, die er einmal gehört, gelesen oder anderweitig gesehen hatte, zu speichern, sie nie zu vergessen und sie jederzeit reproduzieren zu können.

Und so nahm er Florians Handy und wählte. Das Telefongespräch fand auf Hebräisch statt, Roberto verstand außer dem Namen Sarah und der Verabschiedung Shalom nichts, aber Ari wirkte zufrieden.

Nun wählte er Julias Handynummer, die er vom Frühjahr her kannte, und stellte auf Zimmerlautstärke, damit alle Informationen an alle gingen. Als sie sich meldete, hörte er im Hintergrund Geräusche einer fröhlichen Party. Sie wunderte sich ein wenig über Aris Anruf und war beunruhigt.

»Ist etwas mit Roberto?«

Der winkte vehement ab, und Ari versicherte ihr, dass es ihm gut gehe, er schliefe schon.

»Hör zu, Julia. Wo bist du zurzeit?«

»Bei meinem Onkel am Steinhuder Meer. Hannover, wenn dir das mehr sagt.«

»Kannst du dort bis zu deiner Abreise bleiben? Gut. Du musst unbedingt tun, was ich dir jetzt sage. Du hast das Vermächtnis von David bei dir?«

»Wie abgemacht bringe ich es morgen mit.«

»Julia, irgendwer behauptet, es stünden Staatsgeheimnisse darin, und mindestens ein Geheimdienst will es unbedingt in seinen Besitz bringen.«

»Was soll ich tun?«

Ari staunte über ihren Realitätssinn, keine nutzlosen Schreckensbekundungen, keine überflüssigen Fragen.

»Wenn sie dich fragen, sage, du hättest es Anfang der Woche per Post an Daniel Garfinkel geschickt. Ein Grund fällt dir sicher ein. Ich rufe dich in etwa einer Stunde wieder an, mein Handy wird dann überwacht, deines von da ab sicher auch.«

Er gab ihr eine Reihe von Anweisungen, die sie ohne Widerspruch wiederholte und keine sinnlosen Fragen stellte, wieso oder weshalb.

Zypern: Freitag

»Warum können Sie Julia nicht aus dem Spiel lassen?«, Roberto klang erbittert. Ari und Florian hatten ihn gestützt und den langen, klinisch sauberen Gang mehr entlanggeschleift, als dass er gehen konnte, die Brandwunden an seinen Hoden schmerzten höllisch, es schien, als lodere sein ganzer Unterkörper, und er konnte nichts als leichte Boxershorts ertragen, die ihm um die Knie schlotterten.

Sollte er Julia morgen wirklich in Israel treffen, musste er sich noch eine gute Geschichte einfallen lassen, denn was wirklich geschehen war, wollte er ihr auf keinen Fall zumuten.

Nun lag er hier auf einer gut ausgepolterten Liege, atmete die samtene Nachtluft ein und blickte auf das immer noch vom Mondlicht silberumsponnene Meer. Konnte es sein, dass er das Bankett erst vor zwei Stunden verlassen hatte, dass der eigentliche Albtraum nur eine Stunde gedauert hatte, dass ein Ungeheuer ihn verschlungen und wieder ausgespieen hatte, alles in nur einhundertzwanzig Minuten?

»Das Wort Staatsgeheimnis ist wie eine Zauberformel, jeder meint, es wahren zu müssen, und wenn es auch noch den Amerikanern hinterbracht wird, schicken die am liebsten einen Flugzeugträger, um es zu beschützen.«

»Was für ein Staatsgeheimnis?«, Roberto erwartete eigentlich keine ehrliche Antwort und zeigte sich über Aris erstaunt.

»Es gibt keines. Sie unterstellen David Salzmann Verrat. Aber ich gehe von seiner Integrität aus. So, wie es keine Liste des XX. *Gennaio* gab, so gibt es auch kein Staatsgeheimnis. Das wird Henrys Erfindung sein. Luzifer lässt grüßen!«

»Sicher?«

»Sicher. Mein Sohn war kein Verräter, und ich werde dafür sorgen, dass sein Sohn Daniel, mein Enkel, das Vermächtnis bekommt. Vor den Geheimdiensten! Wir werden sie ausspielen, alle.«

Roberto überdachte Aris Worte, Julia hatte von dem Gespräch mit dem Israeli erzählt, als er sich als Davids Vater zu erkennen gegeben hatte. Nun bestätigte er es auch vor Roberto, aus Davids Doppelleben ergab sich eine Menge von Fragen. Als habe Ari sie gehört, meinte er:

»Ich hoffe, wir werden morgen Zeit haben, damit ich dir alles erklären kann. Ich bitte dich jetzt nur um dein Vertrauen, so wie Florian es in mich hat. Er wird uns helfen, damit alles seine Ordnung bekommt.«

In diesem Moment brachte Mordechai den hochdekorierten israelischen General auf die Terrasse, der am Vormittag das Referat gehalten hatte, und der junge Agent sah zu, dass er nicht in Robertos Blickfeld geriet.

Wie Ari hatte auch sein Bruder Yitzack Paled alle Kriege seit 1967 mitgemacht, ein nur seinem Staat verpflichteter Mann, das hob er jetzt hervor, nachdem ihm die Anwesenden vorgestellt worden waren. Kein Wort der Entschuldigung an die Adresse Robertos, ein Kopfnicken in Richtung BND und ein Schwall auf Hebräisch in Richtung Ari.

Der übersetzte ins Englische, dem alle Anwesenden folgen konnten.

»Das Institut, die Firma und ganz besonders der Betrieb und der SISMI, nehmen wir an, sind an dem vermuteten Verrat von Staatsgeheimnissen durch den Institutsagenten Salzmann interessiert«, erklärte Ari, »nach Erkenntnissen des israelischen Militärs handelt es sich um Beweise in der Ustica-Affäre, an denen alle drei Länder ihren Anteil hatten. Wir brauchen also umgehend das Original des Vermächtnisses, das sich in den Händen Ihrer Frau befindet, *commissario* Bassner.«

»Woher weiß man davon?«, Roberto wollte Einzelheiten wissen, aber der General war zu keinen Informationen bereit. Ari sprach wieder auf Hebräisch auf ihn ein und durfte schließlich die Information übersetzen, dass ein Agent der Firma das ermittelt habe.

»Welcher?«, Robertos Frage erntete Kopfschütteln, und so fragte er direkt: »Henry alias Salzmann alias Luzifer?«

Die Gesichtszüge des Generals entgleisten ein wenig, und Roberto war zufrieden. Aris dagegen signalisierten ihm, dass er aufhören und ihm das Weitere überlassen solle.

»*Commissario* Bassner, ich brauche noch die letzten beiden Zahlen von der Handynummer Ihrer Frau, so weit waren wir doch eben«, durch die förmliche Anrede verbarg er seine Vertrautheit mit Roberto, Ari hatte jetzt sein eigenes Handy in der Hand.

Roberto nannte sie ein wenig widerwillig, zwar akzeptierte er offiziell Aris Spiel, aber ein Rest von Skepsis blieb. Der Rufaufbau klappte sofort, und Ari ließ alle mithören.

»Hallo, *signora* Bassner, Ari Hirschfeld hier. Sie erinnern sich? Vor ein paar Wochen? Im Veneto?«

»Hirschfeld? Ach ja? Wissen Sie, wie spät es ist?«

»Tut mir leid, aber Sie müssen mir bei einem Problem helfen. Erinnern Sie sich, dass David Salzmann Ihnen ein versiegeltes Päckchen übergab?«

»Ein Päckchen? Nein, da müssen Sie sich irren!«

Hatte sie ihn nicht richtig verstanden? Doch bei ihrem nächsten Satz atmete er auf, Julia spielte perfekter mit, als er erwartet hatte.

»Aber einen versiegelten Brief hat er mir gegeben, den sollte ich zur Bar-Mitzwa-Feier seinem Neffen Daniel Garfinkel überbringen, meinen Sie den?«

»Ja, genau. Wo ist der jetzt.«

»Keine Ahnung. Ich nehme an in, seinem Kibbuz!«

»Nicht Daniel, ich meine den Brief!«

»Na, ich habe ihn Anfang der Woche an Daniels Adresse im Kibbuz Givat Shalom geschickt. Ich konnte nicht absehen, ob ich es persönlich schaffen würde, meine Laborarbeiten hier in Hannover zogen sich sehr in die Länge. Und damit Daniel ihn wirklich zu seiner Feier bekommt, habe ich ihn sicherheitshalber per Post geschickt.«

»Ach!«

»War das falsch?«

»Nein, nein, *signora*! Falls Agenten eines Geheimdienstes Sie nach diesem Brief befragen, geben Sie Ihnen genau diese Antworten, die Sie mir gegeben haben.«

»Was sollte ich sonst auch sagen? Ich habe den Brief nicht mehr, er ist auf dem Weg oder schon in Israel. Sonst noch was?«, Julias Stimme klang etwas befremdet, sie schauspielerte perfekt.

»Kommen Sie trotzdem nach Israel, zur Bar-Mitzwa?«

»Ja, meine Arbeit ist fertig! Meine Maschine geht morgen Mittag von München nach Tel Aviv. Sonst noch etwas?«

» Nein, danke, *signora*, guten Flug.«

Ari schaltete sein Handy aus und sah den General erwartungsvoll an.

»Alles Weitere überlässt du mir, Ari«, ließ der sich herab, auf Englisch zu sagen, »was geschieht mit dem *commissario*?«

»Der fliegt mit mir morgen früh nach Tel Aviv. Ich nehme ihn mit in den Kibbutz, er nimmt ebenso wie ich an der Bar Mitzwa meines Großneffen teil.«

Ari blieb bei der bisher offiziellen Version, David sei ein Halbbruder Yochana'ans und somit der Onkel von dessen Kindern.

»Shalom, meine Herren!«, der General verabschiedete sich, und Ari dachte ein wenig schadenfroh, dass jetzt eine fieberhafte Suche bei den verschiedensten Poststellen in Israel einsetzen würde, Yitzack hatte beste Verbindungen zum Inlandsgeheimdienst.

»So ganz große Lust auf Ihr Land habe ich nicht, Ari«, Roberto wirkte bedenklich, »und warum soll meine Frau unbedingt dorthin?«

»Sie bringt das Vermächtnis mit; und meinen Einfluss zu ihrem Schutz kann ich nur dort geltend machen. Und den brauchen Sie beide, wenn der Drei-Länder-Geheimdienst hinter dem Brief her ist. Yitzack will unbedingt das Dokument haben. Beweise verschwinden zu lassen und die anderen Geheimdienste damit zu erpressen, ist eine Spezialität aller Geheimdienste.«

»Das klingt nach Moral und als wollten Sie nicht mehr dazugezählt werden, Ari?«

»Man wird sehen!«

Florian hatte all die Aktivitäten ohne einen einzigen Kommentar sehr genau beobachtet.

»Glaubt Yitzack die Geschichte?«, wandte er sich direkt an Ari, dessen Schulterzucken ihn veranlasste, seinerseits zu seinem Handy zu greifen und eine Nummer zu wählen.

»Rüdiger, ist Katja bei dir?«

»Klar, Großmeister!«, die beiden jungen Agenten von Abteilung Fünf, operative Aufklärung, Auswertung, organisierte Kriminalität und internationaler Terrorismus, behielten ihren lockeren Ton auch in den prekärsten Situationen bei.

»Standort?«

»Katjas Bett. Pardon, Hamburg – Harburg.«

»Wie lange braucht ihr bis ans Steinhuder Meer?«

»Gleich? Eine Stunde zehn.«

»Zielperson: Julia Bassner.«

»Was ist mit ihr?«

»Eure Aufgabe ist, sie zu schützen.«
»Wer bedroht sie?«
»Das Institut, die Firma, der italienische Inlands-Geheimdienst und der militärische.«
»Der SISMI? So, so! Mehr nicht? Sonst keiner? Das machen wir mit links! Genaue Adresse?«
Florian hielt Roberto den Hörer hin, der eine genaue Wegebeschreibung gab.
»Morgen begleitet ihr die Zielperson nach München«, gab wieder Florian die weiteren Anweisungen, »und setzt sie in den Flieger nach Israel, sie bleibt keine Minute allein, auch nicht auf der Toilette, dass das klar ist, und ihr lasst sie euch nicht abschwatzen! Ihr allein verkörpert die deutsche Staatsmacht. Sonst noch Fragen?«
»Wir sind schon unterwegs.«
Ari wirkte sehr zufrieden, meinte aber, dass Florian sich Ärger an den Hals geholt hätte, Roberto konnte sich nicht mehr äußern, eben wirkten das Schlaf- und das Schmerzmittel, das Ari ihm insgeheim in dem letzten Glas Mineralwasser untergemischt hatte.

Steinhuder Meer: Donnerstag

Der Vollmond ging orange und groß hinter dem Wald auf, und obwohl Julia schon mindestens zwei Gläser Champagner zu viel getrunken hatte, Quasselwasser, wie ihr Vater sagte, genoss sie das Schauspiel ohne Worte wie die anderen Teilnehmer der Überraschungsparty, die ihr Onkel für sie arrangiert hatte.
Am heutigen Morgen war ihre Doktorarbeit angenommen worden, ihr Doktorvater Herb Meyer, der Nachbar ihres Onkels, hatte seine Finger ganz bestimmt beschleunigend im Spiel gehabt, aber was sollte es, es war geschafft!
Es Roberto mitzuteilen, war ihr bisher nicht gelungen, sein Handy lag unaufgeladen in Italien, er hatte es nicht einmal mitnehmen wollen. Im Hotel glänzte er immer zu den Zeiten, zu denen sie anrief, durch Abwesenheit, aber morgen in Israel, da wollte sie ihn mit der guten Nachricht überraschen. Das Hin- und Herfahren zwischen den Labors in Padova und Hannover und die Heimlichtuerei hatten nun ein Ende; nur noch einmal, zum Rigorosum,

musste sie die Alpen nach Norden überqueren, aber das konnte dauern.

»*Salute, dottoressa*!«, ihr Bruder war schon ganz schön angeschickert, das erste Mal seit langer Zeit hatte er wieder gelacht und sich mit ihr gefreut. Die anderen Familienmitglieder umringten sie ebenfalls und sie fühlte sich frei, frei von dem Druck des jahrelangen Studiums, des Abbruchs und Wieder-neu-Beginnens, und sie ließ sich gern feiern.

Gegen neun Uhr fasste sie sich plötzlich an den Hals, als ob ihr die Luft zum Atmen fehlte, wurde kreidebleich und antwortete auf die besorgten Fragen der anderen, sie glaube, Roberto sei etwas passiert, sie fühle es ganz sicher; aber ein Anruf in seinem Hotel brachte nur die Nachricht, der *commissario* sei bei dem Abschlussbankett, und seine Rückkunft könne dauern.

»Das bildest du dir ein, Juli«, Carlo beruhigte sie, »du hast zu schnell und zu viel Champagner getrunken!«

»Du bist doch nicht etwa wieder schwanger? Nein? Er kann schon auf sich selber aufpassen!«, tröstete ihr Vater sie.

»Hast du das Zweite Gesicht schon mal gehabt? Nein? Dann sind das nur die Nachwirkungen der Anspannung«, auch Jochim gab seinen Senf dazu, und Charly nahm sie in die Arme.

»Na, schon besser?«, Herb fühlte ihren Puls, und Julia bestätigte, das Gefühl sei vorbei.

Wohl eine halbe Stunde später, man war gerade bei der lautstarken Verabschiedung der Hamelner, morgen wartete wieder ein schwerer Arbeitstag auf Julias Vater, da klingelte ihr Handy. Sie rannte in Erwartung eines Anrufs ihres Mannes ins Haus, um ungestört telefonieren zu können.

Doch zu ihrer großen Enttäuschung war es nur Ari Hirschfeld, der ein sonderbares Ansinnen an sie stellte. Aber sie vertraute ihm, und so folgte sie seinen Anweisungen, besonders, nachdem er ihr versichert hatte, Roberto gehe es gut.

Das hohe, schmiedeeiserne Tor schloss sich hinter den letzten Gästen, Jochim schaltete die Alarmanlage und die Überwachungskameras ein und wünschte seiner Nichte eine gute Nacht.

»Frühstücken wir morgen zusammen, bevor du in dieses gefährliche Land aufbrichst?«

»Ach was, gefährlich! Ari Hirschfeld kümmert sich um unsere Sicherheit, wir fahren nicht mit öffentlichen Verkehrsmitteln, meiden Jerusalem und die besetzten Gebiete und bleiben die ganze Zeit nur in dem Kibbuz Givat Shalom am See Genezareth. Also beruhige dich!«

Julia gab sich weitaus gelassener, als sie nach Aris Anruf war, instinktiv wusste sie, dass irgendetwas falsch gelaufen war, und wartete auf seinen angekündigten zweiten. Der kam kurz nach Mitternacht, ihr Onkel sollte ruhig glauben, Roberto riefe an; und dann konzentrierte sie sich höllisch, um Aris Erwartungen zu erfüllen, und er schien zufrieden mit ihrem improvisierten Dialog.

Nachdenklich nahm sie den versiegelten Brief aus der Nachttischschublade, in die sie ihn zusammen mit ihrem Pass und dem Flugticket gelegt hatte, schob ihn tief ein in ihren Kopfkissenbezug und legte sich darauf. Doch einschlafen konnte sie so schnell nicht, zu viel geisterte durch ihren Kopf.

Das ebenerdige Gästezimmer hatte zwei großflügelige Glastüren, die auf eine eigene, kleine Terrasse führten, und seit ihr Onkel die Überwachungskameras und Alarmanlage hatte einbauen lassen, ließ sie die Türen bedenkenlos offen. Die leichten, weißen Gardinen bauschten sich im Wind, und schließlich ließen der ereignisreiche Tag, der viele Alkohol und die sehr späte Stunde sie tief und traumlos schlafen.

So entging ihr völlig, was in und um dieses Haus bis in die frühen Morgenstunden hinein alles passierte.

Steinhuder Meer: Freitag

Katja und Rüdiger stoppten ihren Golf mit der Surfbrettattrappe obenauf direkt gegenüber dem schmiedeeisernen Tor von Professor van der Veldes Wochenendhaus am Ende einer Stichstraße, die in eine Slipanlage mündete.

»Wochenendhaus?«, murmelte Katja. »Das sieht eher wie eine kapitale Villa, na ja, Zweifamilienhaus aus. Und dann diese vollelektronische Sicherung!«

»Wenn unsere Zielperson da drinnen bleibt, haben wir eine ruhige Nacht vor uns«, Rüdiger gähnte und dachte wehmütig an das schöne, große Wasserbett, aus dem der Anruf ihres Großmeisters, wie sie ihn scherzhaft, aber auch ein wenig ehrfurchtsvoll nannten, sie in ihrer schönen Unruhe so abrupt gestört und vertrieben hatte. Und dabei war ihnen ein dienstfreies, überlanges Wochenende versprochen worden.

Rüdiger stieg aus und sah sich um, nach einer geraumen Weile meldete er sich über Funk.

»Alles klar bei dir?«

»Vollmondklar. Und wie sieht es auf der Rückseite so aus?«

»Ein Kanal, aber keine Brücke und kein Boot in Sicht, und ebenfalls kameragesichert.«

»Na gut.«

Bis vier Uhr morgens geschah gar nichts, sie wechselten sich halbstündlich ab, einer schlief, einer wachte. Nur vom nahen Militärflugplatz tönten in diesen frühen Morgenstunden ungewohnte Geräusche von Landungen mehrerer Hubschrauber und eines Learjets herüber. Die Morgendämmerung begann mit leichtem Frühnebel.

Und dann ließen Motorengeräusche sie tief in ihre Sitze rutschen, und noch tiefer, als ein Mercedes direkt vor ihrem Golf hielt. Zwei maskierte Gestalten verließen den Wagen, fummelten mit einem kameraähnlichen Gerät und einer Art Notebook herum, sie mussten wohl *Sesam, öffne dich* eingegeben haben, denn wie durch Zauberhand öffnete sich das schmiedeeiserne Tor, und die beiden verschwanden dahinter.

»Los, hinterher!«, flüsterte Katja und steckte ihre Pistole in den Hosenbund. Vorsichtig sichernd passierten sie das Tor, schlichen um die Hausecke, nichts, schlichen um die nächste und postierten sich neben der offenen Terrassentür in den rechts und links symmetrisch angepflanzten, großen Rhododendronbüschen; weiße Gardinen bauschten sich im Wind; auf der einen Seite lugte Katja vorsichtig um die Ecke, auf der anderen Rüdiger; in der Dämmerung des beginnenden Tages konnten die beiden deutschen Personenschützer die Vorgänge im Zimmer gut beobachten. Die zwei Vermummten durchsuchten alle Schubladen und Schränke, ohne der Schläferin zu nahe zu kommen.

Als ihre Suche ergebnislos verlief, näherten sie sich der Zielperson, und nun holte einer der beiden aus seinem Rucksack eine Flasche, öffnete sie und tränkte einen großen Wattebausch mit einer Flüssigkeit, die bis zu Katja und Rüdiger hin nach Äther roch. Die beiden verständigten sich mit Blicken, nahmen ihre Waffen in die

Hand und wollten eben eingreifen, um die vielleicht geplante Entführung ihrer Zielperson zu verhindern, als zwei ebenfalls vermummte Gestalten durch die Terrassentür huschten. Ein Handgemenge, lautlos und gespenstisch, und dann lagen die beiden Erstvermummten, von ihrem eigenen Äther betäubt, reglos auf dem Boden, und die beiden neu Hinzugekommenen begannen, alle Schränke und Schubladen zu untersuchen; Katja und Rüdiger hätten ihnen sagen können, dass sie sich die Mühe sparen konnten.

Die beiden Vermummten zogen die betäubten Gestalten an den Füßen aus dem Zimmer auf die Terrasse bis unter die überhängenden Zweige einer Schwarzerle am Ufer und begaben sich wieder zurück ins Haus, nicht ahnend, dass die beiden deutschen Personenschützer die Gelegenheit genutzt hatten und sich nun im Gästezimmer hinter den schweren grünblauen Vorhängen verborgen hielten.

Die beiden Zweitvermummten näherten sich der Schlafenden und tasteten vorsichtig unter ihrem Kopfkissen, vergebens. Nun entnahmen sie ihren Hüfttaschen je eine Spritze, zogen sie auf und beugten sich über die schlafende Julia. Eben wollten die beiden Personenschützer ihrer Pflicht nachkommen und ihre Zielperson retten, als wieder zwei Maskierte durch die Terrassentür hereinhuschten; ein kurzes Handgemenge, fast lautlos, und dann sanken die beiden Zweitvermummten, von ihren eigenen Spritzen außer Gefecht gesetzt, zu Boden.

Rüdiger kam sich vor wie in einer Hollywood-Klamotte und auch Katja hatte Mühe, vor Vergnügen nicht zu kichern, aber beiden ließen in ihrer Wachsamkeit nicht nach. Die Drittvermummten zogen nun die Zweitvermummten an den Füßen auf die Terrasse und von dort in den Gärtnerschuppen, der sich ans Bootshaus anlehnte. Sie kamen zurück und durchsuchten alle Schränke und Schubladen, tasteten unter dem Kopfkissen herum, natürlich ebenso vergebens wie ihre Vorgänger, aber nun wurde die Lage doch ernst. Einer der Maskierten zog eine Pistole, schraubte einen Schalldämpfer auf, aber bevor er irgendein Unheil anrichten konnte, schlug Rüdiger ihn mit seinem Pistolenkolben nieder, und Katja tat dasselbe synchron mit dem anderen.

Sie schleiften die beiden unter das Rhododendrongebüsch links und rechts neben der Terrassentür, zogen all den Vermummten ihre Sturmhauben, Gummistrümpfe und Skimasken ab, fanden zwei bekannte Gesichter, einen Kollege von der Firma und einen vom Institut, und stellten sich wieder hinter die Vorhänge.

Von hier aus behielten sie ihre Zielperson am besten im Auge, denn wer konnte wissen, wie groß die Streitmacht der diversen Geheimdienste noch war, draußen auf der Straße oder in der näheren Umgebung?

Mehr als eine Stunde verging, ohne dass einer der Betäubten wieder aufwachte, Rüdiger und Katja waren ziemlich ratlos, wie sie sich weiter verhalten sollten, die Sonne schickte ihre ersten Strahlen ins Schlafzimmer.

Es mochte kurz nach sechs Uhr früh sein, als plötzlich zwei merkwürdige, nicht vermummte Figuren das Schlachtfeld betraten: Hinnerk und Krischan, die beiden Gärtnergehilfen des Professors, denen der liebe Gott eine schlotternd hagere Gestalt dem einen und eine prall kugelrunde Figur dem anderen gegeben und dabei vergessen hatte, ihnen Klugheit einzuhauchen.

»Süüß all, Krischan«, sagte der Kugelrunde und blickte sich empört im Garten um, »de hebbt all wedder 'ne üble Party fiert. Man gut, dass wir so früh dran sind.«

»Nu kiek di dat an!«, Hinnerk hatte unter dem Rhododendron hervorragende Beine entdeckt und zog erst den einen, dann den anderen Bewusstlosen hervor. »Total besopen, wenn du mi fragen deihst. Wat mak wi nu?«

»Ruut up de Straat! Der Herr Professor will bestimmt keine Snapsleichen auf seinem Grundstück. Hol fass!«

Und gemeinsam brachten sie erst den einen, dann den anderen Bewusstlosen auf die Straße und lehnten sie an die Mauer.

»Das war die Firma!«, flüsterte Katja.

Schon kamen die vor Aufräumwut strotzenden Gärtnergehilfen zurück und betraten den Gärtnerschuppen, um sich Gartengeräte zu holen.

»Wat to veel is, is to veel!«, hörten sie die aufgebrachten Rufe der beiden, und dann brachten sie erst den einen, dann den anderen auf einer Schubkarre zum Vordereingang und lehnten sie neben die beiden anderen an die Mauer.

»Das war das Institut!«, flüsterte Rüdiger.

Hinnerk und Krischan wirtschafteten nun auf dem Grundstück herum, bis der Kugelrunde die beiden Gestalten unter der Schwarzerle entdeckte.

»Wat sächst du nu, Hinnerk!«

»Kinner nee, dat wär ja een dolle Fier. Aber süh mal, de een muckst sich.«

»He, nich frech werden!«, Hinnerk fühlte sich angegriffen, und im Nu hatten er und Krischan den gerade wieder wach Werdenden gepackt, der eine an den Beinen, der andere unter den Armen, und als er sich nun wehrte, schwangen sie ihn hin und her, und unter lautem Zählen: »Een, twee, dree!«, warfen sie ihn kurzerhand und mit Schwung in den Kanal.

Der Zweite wurde wieder in die Schubkarre gelegt, zu den anderen vieren auf die Straße gebracht, und nun saßen sie da, die fünf schlafenden Agenten, sorgsam an die Mauer gelehnt und von der jetzt aufgegangenen Sonne beleuchtet.

»Das waren die Italiener«, der BND zog Bilanz, »und was machen wir jetzt?«

»Ziehen uns in den Golf zurück, hier ist ja alles klar.«

Und mit einem letzten Blick auf die ruhig schlafende Julia und dem pudelnass am anderen Ufer aus dem Kanal kletternden Agenten gelangten sie ungesehen gerade noch aus dem sich schließenden schmiedeeisernen Tor, bevor sich die Flügel automatisch schlossen.

Das Bild, das sich ihnen bot, erheiterte sie kolossal, Rüdiger konnte nicht umhin, mit seiner digitalen Kamera ein Erinnerungsfoto zu schießen. Aber dann zogen sie sich blitzschnell in ihren Golf zurück, denn die fünf Agenten erwachten einer nach dem anderen und konnten nicht schnell genug verschwinden.

Eine halbe Stunde später hörte man wieder unprogrammmäßigen Hubschrauberlärm, und bald darauf startete ein Learjet.

Zypern Airport: Freitag

Inzwischen würden sie auch Florians Handy geortet und überwacht haben, und so nahm Ari eine Handvoll Chipkarten verschiedenster Anbieter aus seiner Westentasche und suchte sich eine passende aus.

Er wich Roberto nicht von der Seite, dem das Schlafmittel einen albtraumfreien Schlaf bescherte. Aber Ari traute Yitzack nicht, der sowohl eine hohe Stellung beim Militär als auch beim Institut hatte, wo er zur Special Operations Division, einer der insgesamt acht Abteilungen der Organisation, gehörte, einer Spezialabteilung, die ihre Daseinsberechtigung nicht nur bei Sabotageakten, verdeckter und psychologischer Kriegsführung, sondern auch bei Tötungskommandos bewies und bei Freund und Feind unter dem Namen Metsada gefürchtet war und zu der auch David lange Jahre gehört hatte.

Henry hatte unglaublich gute, subversive Arbeit geleistet, wenn Yitzack persönlich sich der Sache annahm; er hatte angedeutet, dass David Salzmann Geheimmaterial veröffentlichen wollte, das bewies, dass damals bei der Ustica-Affäre, die am 27. Juni 1980 um 20.59 Uhr mit dem Abschuss der DC9 McDonell-Douglas begann, nicht nur die NATO beteiligt war, sondern eng mit dem Institut zusammengearbeitet hatte, ja, dass nicht wie vermutet britische, sondern israelische Froschmänner die noch schwimmende Maschine versenkt hatten, um alle bis hierher überlebenden Zeugen zu beseitigten. Und ebenfalls sollte David Geheimmaterial von den Russen erhalten haben, das bewies, dass der Mossad die beiden Maschinen der Frecce-tricolori-Piloten Mario Naldini und Ivo Nutarelli in Ramstein manipuliert hatte.

Blitzschnell hatte Henry all sein erst vor Kurzem erworbenes Wissen für seine Bedürfnisse fantasievoll umgemodelt, als er Aris und Robertos detaillierten Schilderungen über die fünfzehn, auf mysteriöse Weise ums Leben gekommenen Zeugen aufgesogen und das sofort ausgenutzt und es Yitzack hinterbracht hatte, was diesen in seiner Meinung bestätigte, dass der italienische Polizist mit Davids Vermächtnis und Aris Einverständnis ebendiese Beweise in der Hand gehabt und sie Giulia Bassner gegeben hatte, die sie in den Kibbuz Givat Shalom bringen sollte, der wiederum dafür bekannt war, der israelischen Friedensbewegung anzugehören und dem Institut gegenüber, ebenso wie dem Shabak, ausgesprochen kritisch zu sein, sogar aktiv gegen präventive Liquidierungen von Terroristen vorzugehen und der israelischen Menschenrechtsorganisation B'Tselem sehr nahe zu stehen.

Henrys mörderisches Vorgehen gegen den italienischen Polizisten war wohl mit Yitzack abgesprochen und vor ihm, Ari, geheim gehalten worden. Sie misstrauten ihm also, und sein Vorgehen bei Robertos Rettung aus Henrys Händen würde ihr Misstrauen verstärken, da war er sicher. Hatte er nicht mehrmals in den vergangenen Monaten, besonders nach Davids Tod, kritische Bemerkungen zu israelischen Todeskommandos gemacht? War es wirklich eine gute Idee, Roberto und Julia in die Höhle des Löwen reisen zu lassen? Konnte er sie wirksam schützen? Wie groß war sein Einfluss noch? Und wie groß war Rafis Macht mit dem Kibbuz Givat Shalom? Wie lange würde der Name des großen alten Mannes aus dem Sechs-Tage-Krieg die Friedensbewegler in seinem Kibbuz noch vor der Macht des Staates beschützen, die sich langsam, aber unaufhörlich von der Rechtsstaatlichkeit wegbewegte?

Und wie sollte er den *colonnello* einschätzen? Als Verbündeten? Dafür hatte er zu viel Nähe zu Henry gezeigt. Aber ohne seine Informationen wäre Roberto nicht mehr am Leben.

Ari zwang sich in die Gegenwart zurück, führte mehrere Handy-Gespräche, immer wieder die Chipkarten wechselnd, während Roberto langsam aus den Tiefen des Schlafes auftauchte und in die Strahlen der Sonne blinzelte.

Auf dem Weg zum Internationalen Flughafen von Larnaka zeigte der Morgen wieder den paradiesischen Charme der Aphroditen-Insel, und Ari erwies sich als ein talentierter Fremdenführer. Er wollte das Haus am Berg möglichst umgehend verlassen, verfrachtete den sich vergeblich wehrenden Roberto in einen Rollstuhl, denn seine Gehbewegungen erinnerte an jemanden mit einem schweren Hexenschuss, fuhr als Erstes auf die A 1 und zeigte ihm bei der Abfahrt 40 das sechshundertachtundachtzig Meter hoch gelegene Stavrovouni-Kloster, leider reichte die Zeit nicht, um dort hinaufzufahren, aber sehenswert sei der Blick von dort; als die Mutter von Konstantin dem Großen 327 von Jerusalem kommend das Kloster gegründet habe, sei ihr Geschenk ein Stück des Kreuzes von Jesu gewesen, und deshalb hieße das Kloster auch Kreuz-auf-dem-Berg, und auch heute noch dürften, wie auf dem Berg Athos, nur Männer die strenggläubigen Mönche besuchen.

Aber Roberto hatte ganz andere Sorgen und lauschte ziemlich ungeduldig den Ausführungen seines Lebensretters, seine Angst um Julia dominierte sein Denken, an zweiter Stelle gefolgt von dem Gedanken, wie er ihr seine Verletzungen erklären sollte, was wiederum dazu führte, über die Frage nachzudenken, was die hohen Voltzahlen seiner Männlichkeit angetan haben könnten; während Ari die B 4 nach Kiti nahm, um mit Roberto die Panagia-Angeloktistos-Kirche – die von den Engeln erbaute – zu besichtigen, die im 11. Jahrhundert auf den Ruinen einer frühchristlichen Basilika erbaut wurde, vergaß er auch nicht, Roberto zu dem seltenen, aus dem 6. Jahrhundert stammenden byzantinischen Mosaik zu schieben, das, stark an Ravenna erinnernd, Maria mit dem Kind zwischen zwei Erzengeln zeigte.

»Maria brauchte sich bei der Jungfrauenzeugung jedenfalls keine Gedanken um die Zeugungsfähigkeit ihres Josefs zu machen«, seine Ironie wurde von Ari sofort verstanden.

»Ihr habt doch zwei reizende Töchter«, sagte er leichthin, »sei froh. Söhne bringen nur Unglück! Mich hat der Kampf meines Volkes und meines Staates drei Söhne gekostet.«

»Darum geht es mir nicht«, erwiderte Roberto ziemlich bitter, ohne auf Aris Familiengeschichte einzugehen, »aber wie erkläre ich meiner Frau, dass ich als widerwilliger Terroristenjäger auszog und kastriert zurückkomme?«

»Ich würde erst eine Untersuchung abwarten, manchmal sterben die Spermien nur vorübergehend ab, bis zu einem Jahr kann das dauern, manchmal natürlich … Es tut mir wirklich leid, dass ich so spät kam. Ich wünschte, mein Freund, ich könnte die Zeit zurückdrehen, ehrlich! Und eines muss ich dir auch noch sagen, auch wenn du es nicht gern hören wirst: Es war dein Vetter Coglione, der mich auf deine Spur gesetzt hat. Ohne ihn hätte ich dich zu spät gefunden!«

Roberto antwortete nicht und schaute angelegentlich auf die Uhr, aber Aris Gefühlsausbruch ging vorüber, er fand seine äußerliche Unerschütterlichkeit wieder und brachte Roberto in aller Seelenruhe auch noch zur Moschee Hala Sultan Tekkesi an den großen Salzseen, die zwischen Flughafen und Binnenland lagen.

»Sie versprechen mir, meiner Frau mit keinem Wort zu sagen, was passiert ist! Aber nun los, wir verpassen die Maschine«, Roberto stand der Sinn nicht besonders nach Besichtigungen, aber Ari ignorierte ihn einfach und erklärte, dass hier das Grab der Umm Haram lag, einer Verwandten des Propheten Mohammed, die an dieser Stelle 649 während der ersten Arabereinfälle auf der Insel vom Maultier gefallen und verstorben sei, wohl die viertheiligste Wallfahrtsstätte der Muslime nach Mekka, Medina und Al Aksa in Jerusalem.

»Wir verpassen sie nicht, sie wartet auf uns«, beruhigte Ari seinen nervösen Patienten, »aber ich möchte erst in letzter Minute ankommen, damit dich keiner abfängt. Ja, ich verspreche es!«

Unverdrossen duzte er Roberto, der seinerseits beim Sie blieb, ein Rest von Misstrauen blieb eben, auch als der Israeli ihn bat, im Flugzeug nur über Unverfängliches zu sprechen.

International Airport Larnaka: Freitag

Sie warteten tatsächlich, die Triebwerke liefen schon, als Roberto in der ersten Klasse untergebracht wurde, sein Protest wurde im Keim erstickt, das Institut zahle, und Roberto würde sich wohl kaum in einen Sitz der Touristenklasse zwängen können. Mordechai, ein Mitarbeiter, wurde ihm vorgestellt, der sich sehr um Robertos Wohlergehen bemühte, brachte ihm eine Decke und ein Kopfkissen, verstellte die Rückenlehne, und Roberto meinte, er sei kein Pflegefall, ihn habe nur die Hexe geschossen, eine gute Ausrede übrigens auch für Julia.

Ari war nach Ankunft des jungen Agenten vom Institut für eine Zeitlang verschwunden, Roberto entdeckte ihn unten am Flughafenbus, mit dem sie eben bis ans Flugzeug gefahren waren, Ari stand noch halb im Bus und schien mit jemandem zu argumentieren. Der Bus fuhr an, Ari sprang ab, und Roberto meinte einen Augenblick lang, den *colonnello* gesehen zu haben; Ari würde ihm vielleicht erzählen, was den hierher trieb.

»Ich dachte schon, der *colonnello* wollte auch noch mit«, Roberto versuchte, den Israeli, der sich eben neben ihm niederließ und den Sicherheitsgurt anlegte, mit seiner Frage zu provozieren, vergebens.

»Seine Einflusssphäre endet hier«, antwortete der andere kurz, »Leute wie er – in welcher Form auch immer dem Faschismus nahestehend – sind in meinem Heimatland nicht gern gesehen.«

Der Flug sollte eigentlich kurz dauern, Larnaka – Tel Aviv ein Stundenprogramm, aber sie erhielten keine Landeerlaubnis, wurden in eine Warteschleife beordert, und nun war es Ari, der sichtlich nervös wurde. Als er trotz Verbot sein Handy benutzen wollte, erschien eine Stewardess und untersagte es streng. Zwanzig Minuten, eine halbe Stunde, Ari fragte beim Flugkapitän nach, aber der wusste nur, dass die Fluglotsen in einen unbefristeten Streik getreten waren, eventuell müssten sie nach Larnaka zurück.

Mordechai sah Ari besorgt an, und der meinte, nun wieder die

Ruhe selbst, er wüsste schon, was gespielt würde, man wolle die Maschine aus München und die aus Larnaka so dicht zusammen landen lassen, dass Ari nur einen Teil der Familie Bassner schützen könne. Nun zeigte Roberto sich tief besorgt, aber Ari tröstete ihn.

»Diese Tricks habe ich ihnen beigebracht«, meinte er und trank einen Schluck Cola, »aber glaube ja nicht, alle.«

In der Tat landeten sie fünfzehn Minuten vor der Maschine aus München, und kaum hatten sie das Flugzeug verlassen, Roberto wurde von Mordechai geschoben, telefonierte Ari schon wieder wie ein Weltmeister, allerdings ausschließlich auf Hebräisch, sodass Roberto wie auf Kohlen saß. Diese Assoziation entsprach seinem tatsächlichen Gefühl, denn das lange Sitzen tat seinen Verletzungen nicht gut, obwohl Ari ihn vor ihrer Abfahrt noch einmal verarztet hatte.

Sie umgingen mit dessen Beziehungen die langwierigen Einreiseformalitäten, und bald standen sie vor dem flachen Flughafengebäude auf dem Bürgersteig. Mordechai war zum Gepäckband geschickt worden, und Ari sah sich suchend um.

Tatsächlich, links und rechts neben der Eingangstür standen zwei Leute von Shin Beth, sie würden Roberto zur Befragung haben, Ari das aber nicht zulassen wollen.

»Lass alles geschehen«, raunte er Roberto zu, gab dem Rollstuhl einen vehementen Stoß, sodass der bis an den Bordstein rollte, an dem eben einer der typischen, hinten offenen Kibbuz-Laster ankam, zwei Kibbuzniks beugten sich herunter, ergriffen Roberto unter den Achseln und rissen ihn hoch auf die Ladefläche, ein dritter zeigte demonstrativ seine Uzi, und schon gab der Fahrer wieder Gas, und der Rollstuhl lag umgekippt am Straßenrand.

Die beiden Shin-Beth-Agenten waren drei Schritte nach vorn gelaufen, Ärger im Gesicht, aber Ari schritt mit einem Lächeln zwischen ihnen durch und betrat wieder das Flughafengebäude. Hoffentlich hatte Julia sich an seine Instruktionen gehalten.

1443 bis 1446: Colleoni und Mailand

Er packte seine wenigen Sachen und beeilte sich unnötig. Die Maschine zurück nach Italien ging erst in zwei Stunden.

Was würde passieren? Wie schnell würden die Neuigkeiten aus Zypern ihren Weg ins Hauptquartier des Betriebs finden? Wie lange würde die Analyse dauern, und wann würden sie anfangen, nach ihm zu suchen? Und warum hatte er Roberto nicht von den Drohungen Bonlucas gegen seine Familie berichtet und den Betrieb so vehement verteidigt?

Das Taxi brachte ihn nach Paphos, und unbehelligt betrat er den Flieger. Wie immer bevorzugte er einen Gangplatz, und nach dem Start schloss er die Augen, er wollte von keiner Stewardess, keinem Mitreisenden behelligt werden.

Sein großes Vorbild war ohne ersichtlichen Grund Opfer des unberechenbaren Filippo Maria Visconti geworden, er würde Opfer des Betriebs werden, dessen war er fast sicher. Was würden sie tun? Wahrscheinlich ihn wegen eines konstruierten Verbrechens mit falschen Zeugen und hieb- und stichfesten falschen Beweisen anklagen, er wusste, wie man so etwas deichselte! Ob er so standhaft bliebe wie sein Vorbild?

Ein ganzes langes Jahr lang, von September 1446 bis August 1447, vegetierte Bartolomeo Colleoni in den Öfen von Monza, ungebrochen und dank seiner robusten Gesundheit überlebend, den Forderungen des Visconti nicht nachgebend, nämlich seine Soldaten von ihrem Treueeid zu ihm zu entbinden.

Sorgen um seine Frau und seine Töchter, um seine Soldaten brachten ihn nicht dazu nachzugeben, damit hätte er sich selbst verleugnet.

Die Ereignisse überschlugen sich plötzlich. Am 13. August 1447 starb Filippo Maria Visconti, kurz zuvor hatte er noch Francesco

Sforza zurückgewonnen. Die Mailänder riefen umgehend die Ambrosianische Republik, und keiner dachte in diesem allgemeinen Aufruhr an den gefangenen Kondottiere in Monza. Als sich seine Gefängnistüren nicht öffneten, griff er zur Selbsthilfe. Schwere Krankheit vortäuschend, verschaffte er sich Leinenbinden, die er zusammenknüpfte und sich an ihnen in den Burggraben hinunterließ. Da der Kastellan keine anderen Befehle bekommen hatte, ließ er die Glocke läuten und wollte den entsprungenen Gefangenen wieder einfangen.

Der jedoch traf in der zusammenlaufenden Menge Giorgetto Poma aus Bergamo, einen seiner früheren Soldaten, der ihm bereitwillig sein Pferd gab, mit dem Colleoni sich umgehend nach Landriano aufmachte und von seinen Soldaten mit grenzenlosem Jubel empfangen wurde. Sein Weiterritt nach Pavia, das gerade von Francesco Sforza eingenommen worden war und wo sich seit einiger Zeit Tisbe und ihre zwei Töchter aufhielten, versetzte alle in Erstaunen. Der so unwürdig und schmerzhaft gefangen gehaltene Colleoni ritt und befreite seine Familie ohne jede Pause.

Die Ambrosianische Republik engagierte Francesco Sforza und mit ihm Bartolomeo Colleoni. Der Herzog von Orleans, ein Sohn Valentino Viscontis und Herr von Asti, meldete Erbansprüche auf Mailand an, und der König von Frankreich schickte ihm dreitausend Reiter und Infantrie unter dem Befehl von Rinaldo de Dresnay.

Sie fielen im Oktober bei Alessandria in die Ambrosianische Republik ein, eroberten eine Reihe von Burgen und gaben kein Pardon. Sforza war mit seinen Truppen anderweitig gebunden, und so blieb es unter der Führung von Bartolomeo Colleoni mit nur tausend Reitern und sonstigen, nicht sehr erfahrenen condottieri, wie Astore da Faenza, Giacomo Bono Trotti und anderen mit kleineren Kontingenten überlassen, den Franzoseneinfall zu stoppen.

Bei Borgomarengo trafen sie aufeinander, Colleoni als italienischer Heerführer mit völlig anderen Wertmaßstäben als die Franzosen, deren unglaubliche Brutalität die Italiener schockierte und lähmte.

Der Beginn der Schlacht verlief für die Beschützer der Ambrosianischen Republik sehr ungünstig. Die Franzosen warfen große Teile ihrer Streitmacht auf die Verbände des Giacomo Bono Trotti und säbelten vierhundert Reiter gnadenlos nieder.

Der Angriff Colleonis geriet ins Stocken, und die ersten Soldaten setzten ihre Gedanken an Rückzug oder Flucht in die Tat um. Taktisch ließ sich nichts mehr retten, und so ließ Bartolomeo Colleoni seinen Kommadostab Kommandostab sein, dirigierte mit einer Hand sein Pferd, mit der anderen schwang er sein Schwert und ritt an der Spitze seiner ihm nun wieder folgenden Soldaten auf die Franzosen mit dem Ruf zu: »Vorwärts, ihr seid doch Italiener!«

Die Franzosen, die sich schon einen leichten Sieg ausgerechnet hatten, erfuhren Colleonis persönliche Tapferkeit am eigenen Leibe, und nachdem ihr Anführer Rinaldo de Dresay und viele französische Söldner von Colleoni und seinen Soldaten gefangen genommen worden und der gesamte Tross in italienische Hände gefallen war, flohen die Franzosen kopflos.

Was für eine Tat, dachte er und hielt die Augen geschlossen, so konnte er sich die Gegend südwestlich von Alessandria und Borgomarengo gut vorstellen.

Keine zwei Monate nach seiner Gefangenschaft hatte der mit einer robusten Gesundheit ausgestattete Bartolomeo Colleoni eine bemerkenswerte Schlacht geschlagen, die ihm in der Lombardei größte Bewunderung eintrug und die die Begehrlichkeiten der Franzosen erst einmal eindämmte. Er war wie Phönix aus der Asche gestiegen und hatte seine Strahlkraft in den Öfen von Monza nicht eingebüßt.

Die Einwohner von Romano bekamen nicht nur ihren geliebten Feudalherren Colleoni zurück, sondern auch noch das Spektakel, den berühmten französischen Heerführer de Dresnay in ihren Stadtmauern als Gefangenen besichtigen zu können.

Romano war einer der Lehnsorte, die Bartolomeo besonders gern hatte. Hier hielt er sich oft mit seiner Familie im castello auf, das er ausbauen, befestigen und mit einer für ihn charakteristischen Loggia ausstatten ließ.

Die Serenissima ließ leise anfragen, ob der Kondottiere es sich vielleicht überlegen und vorstellen könne, wieder der Serenissima zu dienen, aber Bartolomeo Colleonis Stolz war noch so schwer verletzt, dass er es sich nicht vorstellen wollte. Er und Francesco Sforza bildeten ein gutes Team, er besaß die ihm wertvollen Lehen wieder, warum also als Untertan zurückkehren?

Vielleicht ließ sich der Preis, um den er zu haben war, ja noch ein wenig hochtreiben. Und Romano gefiel ihm prächtig.

Man kann sich das heute noch gut vorstellen, dachte er, im Museum des castello von Romano gibt es viel aus dem Leben von Bartolomeo Colleoni zu sehen, und in der Stadt ist heute noch sein Wappen mit den drei Hodenpaaren an verschiedenen Stellen zu finden.

Das Flugzeug setzte zur Landung an, er würde sich einen Mietwagen nehmen müssen, um von Mailand nach Bergamo zu kommen.

Doch das erübrigte sich, denn kaum hatte er das Flugzeug verlassen, flankierte ihn eine Polizeieskorte und schnitt ihn von dem übrigen Passagierstrom ab.

Sie waren schneller, als er erwartet hatte, und er würde sicher nicht wie Colleoni fliehen können; der zweite Unterschied zu seinem Vorbild war der, dass er wusste, warum man ihn inhaftierte, er hatte ganz klar Befehle verweigert, und sein Vetter lebte immer noch.

Colleoni hat ein eindrucksvolles Comeback hingelegt, dachte er, als sie ihn auf dem Rücksitz eines Polizeiwagens verstauten, er war wieder wer in der Lombardei, war bei Frau und Töchtern, also überaus erfolgreich. Und er? Seine Karriere war beendet, und ihm fehlte jeder Kampfeswille. Nur gut, dass er sich um Frau und Töchter nicht sorgen musste, dank Robertos Fürsorge passte die caramba *auf sie auf.*

Kapitel 5

Israel/Ende Mai 2002

Hannover und München Airport: Freitag

Julia wurde von Joachim zum Flughafen in Langenhagen gebracht, checkte ein und verabschiedete sich von ihrem noch immer bedenklich blickenden Onkel, sie hatte seine Vorurteile gegen das sich seiner Meinung nach im Krieg befindliche Land nicht ausräumen können.

Im Flugzeug saß neben ihr ein junges Pärchen aus Hamburg, das sich ausschließlich mit sich selbst beschäftigte und ziemlich hemmungslos turtelte. Auch am Gepäckband standen die beiden direkt neben Julia und zogen sie in ein Gespräch.

Ärgerlich, dass man nach Israel das Gepäck noch immer nicht durchchecken könne.

Ach, sie reisten auch nach Israel?

Ja, und dann dieser weite Weg zu dem abseits gelegenen Terminal, einfach lästig.

Julias Koffer kam, und der junge Mann bat sie, seine Frau doch schon zum Terminal mitzunehmen, er warte auf das Gepäck. Aber dann stand er plötzlich neben Julia am Schalter, an dem sie eben eincheckte, und die junge Frau stand auf der anderen Seite, Julia fühlte sich ausgesprochen unbehaglich.

»Ganz ruhig, Frau Bassner«, der junge Mann legte der Stewardess einen amtlich aussehenden Ausweis vor, »bitte keinerlei Aufsehen. Ich möchte nur wissen, wo Sie sitzen.«

»BND«, raunte die junge Frau Julia ins Ohr, »Ari schickt uns.«

Obwohl die Maschine eigentlich ausgebucht war, blieb der Mittelplatz neben Julia unbesetzt, und auf die Frage, wer auf dem Gangplatz säße, bekam der junge Mann die Auskunft, ein Israeli, Yuri Friedhelm.

Die beiden wichen Julia nicht von der Seite, beobachteten die intensive Gepäckkontrolle durch einen israelischen Sicherheitsoffizier, ein Zugeständnis der deutschen Behörden an das extreme

Sicherheitsbedürfnis der Israelis, brachten sie in den Warteraum, sich überall mit ihren Ausweisen legitimierend, antworteten auf Julias Fragen mit Kopfschütteln und begleiteten sie bis in die Maschine, verließen diese als Letzte, bevor die Tür verriegelt wurde, und Julia atmete auf. Das sonderbare Verhalten der beiden BND-Beamten würde sie sich von Ari erklären lassen müssen, die beiden waren verschlossen wie zwei Austern gewesen.

Tatsächlich blieb der Mittelplatz leer, und der Sicherheitsoffizier, der ihr Gepäck kontrolliert hatte, setzte sich auf den Gangplatz. Julia hatte irgendwo gelesen, dass in jeder israelischen Maschine ein Agent des israelischen Inlandsgeheimdienstes Shabak mitreiste, in diesem Falle wohl Yuri Friedhelm.

Das Gefühl des Unbehagens verließ sie nicht, wie sollte sie ungesehen den versiegelten Brief an eine Stewardess namens Sarah weitergeben? Und dann wollte das Unglück es auch noch, dass beide Stewardessen in ihrem Bereich ein Schild mit dem Namen Sarah angeheftet hatten, welche war die richtige, Sarah Cohen oder Sarah Fairbanks? Wahrscheinlich die mit dem jüdischen Namen, Julia unterdrückte das aufsteigende Panikgefühl und befahl sich: Geschehen lassen!

Das koschere Essen, von einem Flughafen-Rabbi geprüft, schmeckte ihr nicht sonderlich, und so griff sie nach einer der Zeitschriften, die die Stewardess Sarah Fairbanks ihr reichte, auch Yuri griff nach einer. Julia blätterte ziemlich lustlos in der Illustrierten, und plötzlich sah David Salzmann sie von einem Foto an, das in der Mitte der Zeitschrift eingelegt worden war. Sie hielt sie so, dass Yuri es nicht sehen konnte, und ihr schossen die Tränen in die Augen, als David sie so unvermutet ansah, jung, lachend, mit seinen fröhlich unbeschwert blickenden graublauen Augen, einer verstrubbelten Frisur und einem Säugling auf dem Arm, den anderen um eine ausgesprochen apart aussehende, rothaarige und ebenso glücklich wie er in die Kamera blickende sehr junge Frau gelegt, ebenfalls mit einem Säugling im Arm, die Julia an irgendwen erinnerte. Sie kannte das Foto schon, es war das gleiche, das Gabriëlla zugespielt worden war. Was für eine Vergeudung von jungem, erwartungsvollem Leben waren Davids und ihr Tod gewesen!

Aber dann zwang sie sich wieder in die Gegenwart, sie wollte um jeden Preis Davids Vermächtnis erfüllen, und Sarah Fairbanks würde dank Ari die Mittlerin sein. Julia musste warten, bis Yuri irgendwie abgelenkt war, vielleicht zur Toilette ging, aber er blieb stoisch auf seinem Platz, und eine um die andere Stunde verrann.

Schließlich half Sarah wieder, in dem sie sich im Vorbeigehen zu Yuri beugte und ihm leise etwas sagte, und er wandte sich ihr kurz zu. Diesen Moment nutzte Julia, zog den Brief aus dem Hosenbund und legte ihn zu dem Foto in die Mitte der Zeitschrift, die sie der Stewardess nun wieder zureichte.

Nach der Landung ließ sie sich viel Zeit, Ari hatte gesagt, er würde sie aus der Maschine abholen, aber er erschien nicht. Yuri Friedhelm blieb auf seinem Platz, und auf Julias Bitte, sie durchzulassen, reagierte er nicht. Sie rief nach der Stewardess, aber in diesem Augenblick verließ der letzte Passagier die Maschine, und vom hinteren Ausgang her kamen zwei Männer durch den Gang. Angst beschlich sie, was war schiefgegangen? Und diese unbestimmbare Furcht, Roberto könne etwas zugestoßen sein, ergriff sie wieder. Nur gut, dass sie Davids Vermächtnis nicht mehr bei sich hatte, sie würde bei ihrer Post-Version bleiben, was auch immer geschehen mochte.

Ben Gurion Airport: Freitag

Ari hastete durch die Gänge, ein paar Minuten fehlten ihm, was, wenn sie Julia schon in einen der vielen Räume im Flughafen gebracht hatten? Nie würde er sie in diesem Labyrinth finden! Gott sei Dank, die Maschine stand noch an ihrem Platz. Sein Freund im Shabak hatte die Bitte hoffentlich an den Sicherheitsbeauftragten im Flugzeug weitergegeben, dass er Julia an Bord behalten sollte; das würde ihn zwar die Freundschaft kosten, aber das konnte er nun auch nicht ändern. Wenn bekannt wurde, dass er das Institut für immer verlassen wollte, würden die meisten dieser sogenannten Freundschaften zerbrechen, die nichts anderes als Zweckfreundschaften gewesen waren. Hauptsache, Yitzack hatte sein Misstrauen gegen ihn noch nicht öffentlich gemacht!

Als er den Passagierraum der Maschine betrat, atmete er auf, zwei sich gegenseitig behindernde Shabak-Agenten versuchten gerade vergeblich, Julia von ihrem Fensterplatz wegzuziehen, ein weiterer Agent stand im Gang und Sarah dahinter.

»Was geht hier vor?«, donnerte Ari, und alle hielten in ihren

Bewegungen inne, nur Sarah Fairbanks drängte sich an den Männern und auch an Ari vorbei und verschwand vorn in der Pantry.

»Die Frau weigert sich auszusteigen!«

»Mit Recht, sie sollte hier auf mich warten!«, Aris Stimme klang moderater.

»Wir haben Befehl, sie zum Verhör abzuholen«, die drei Agenten wirkten nicht ganz souverän, und Ari nutzte das sofort aus.

»Das ist eine Zeugin des Instituts. Ihr könnt sie haben, wenn ich mit ihr fertig bin! Erst einmal lassen wir sie, wie üblich bei der Einreise, ordentlich durchchecken.«

Julia hatte nicht ein Wort verstanden, folgte nun aber Ari sichtlich erleichtert, der ihr die Prozedur des *ordentlichen Durchcheckens* gern erspart hätte, aber keinen Verdacht erregen wollte. Sie wurde in einen separaten Raum gebracht, Ari und einer vom Shabak gingen in einen Nebenraum, von wo sie durch ein als Spiegel getarntes Fenster und Lautsprecherübertragung alles mitbekamen.

Wenn so eine Maßnahme auch nur in Einzelfällen praktiziert wurde, schämte Ari sich zum ersten Mal der unwürdigen Behandlung, Julia musste eine Menge Fragen zu sich und ihrer Familie sowie ihrem Ziel und ihrer Absicht in Israel beantworten, sich dann völlig entkleiden, und Ari hätte am liebsten den anzüglich grinsenden Kollegen neben ihm mit einem Kinnhaken niedergestreckt.

Als Julia sich dann auch noch bücken musste und eine Beamtin ihr mit latexbehandschuhtem Finger den After untersuchte, konnte Ari kaum an sich halten, wozu diese entwürdigende Prozedur? Nie hatte er auch die extremsten Sicherheitsmaßnahmen in welcher Form auch immer infrage gestellt, aber seit gestern Abend löste sich sein bisheriges Staats- und Weltbild langsam auf.

Er nahm eine zornrote, die Zähne zusammenbeißende Julia in Empfang, sie folgte ihm wortlos, und der Kollege vom Shabak ließ sie ohne Widerstand in die schwarze Limousine mit den dunklen Fenstern steigen, die ein offizielles Zeichen für das Institut war. Mordechai packte ihren Koffer ein und setzte sich ans Steuer, und bald waren sie auf der Autobahn nach Norden, Ari atmete tief und erleichtert durch.

Julia sagte kein Wort, starrte vor sich hin und versuchte, das eben Erlebte zu begreifen.

»Ich entschuldige mich für diese Prozedur, Julia, ich hätte sie dir wirklich gern erspart, wollte aber keinen Verdacht erregen!«

»Und wenn schon keinen Verdacht, hatten Sie und die übrigen Zuschauer eine andere Art von Erregung! Wahrscheinlich haben Sie auch noch zugeschaut, durch diesen Spiegel!«, Julias ließ ihrem Zorn nun freien Lauf und siezte Ari weiter, bei irgendjemandem musste sie ihren Frust loswerden, und außer Ari gab es niemanden. »Mir ist angst! Wenn ein Staat seine Freunde schon so behandelt, wie erst muss er dann mit seinen Feinden umspringen!«

Mordechai, dessen Karriere beim Institut kaum angefangen, Ari für beendet hielt, bog bei Hadera von der Autobahn ab, fuhr über kleine Nebenstraßen und hielt schließlich neben einem Kibbutzlaster, der in einem Orangenhain geparkt stand.

Sie stiegen aus, und Ari sagte mit einem entschuldigenden Lächeln, den versiegelten Brief aus der Jackettasche ziehend und ihn ihr hinhaltend: »Danke für dein Opfer, Julia. Nun, war es die Sache wert?«

Verblüfft sah sie auf den unversehrten Siegellack des Umschlags, ergriff ihn zögernd und sagte: »Nun verstehe ich gar nichts mehr!«

»Sarah und ich sind ein gutes Team! Als sie sich an mir vorbeidrängte, hat sie ihn mir in die Tasche gesteckt.«

»Giuli?«

Als Julia in diesem Augenblick Robertos Stimme von der Ladefläche des Kibbutzlasters hörte, vergaß sie die demütigende Einreise in den Staat Israel, und Erleichterung, ihren Mann am Leben zu finden, erfüllte sie, ebenso wie die Freude auf den Kibbutz, auf Rebecca und die inzwischen dreizehnjährigen Kinder von David Salzmann alias Hirschfeld.

Sie umarmte ihn, und Robertos Erklärung zu seinem Aufzug in Jogginghosen, er habe einen fürchterlichen Hexenschuss, erweckte ihr Mitleid, gemischt mit ein paar Zweifeln. Doch sie vergaß sie, als sie Hand in Hand mit ihm auf einer Bank der Ladefläche des Kibbutzlasters saß und mit ihm auf die sich im üppigsten Maigrün zeigende Landschaft sah, Blumenfelder, Zitrushaine und prächtige rote Mohnfelder, die sich abwechselten und an ihnen vorbeiflogen. Sie verfolgten Aris Erklärungen mit wachen Blicken und voller Interesse, als sie an Megiddo vorbeifuhren, einer Festung, die die Ebene Yesre'el überblickte, Durchzugsgebiet vieler Heere von Assyrien nach Ägypten und schon von König David erobert worden war.

»Vierunddreißigmal erobert, zwanzigmal wieder aufgebaut«, sagte Ari mit ein wenig Ehrfurcht, aber auch Staunen in der Stimme.

Zehn Kilometer weiter, Afula passierend, wies Ari sie auf den im Südosten sichtbaren Hügelzug hin.

»Hare Gilboa! Dort oben starben König Saul und sein Sohn Jonathan in der Schlacht gegen die Philister. *Saul und Yochana'an, holdselig und lieblich im Leben, sind auch im Tode nicht geschieden; schneller waren sie als die Adler und stärker als die Löwen.* König Davids Worte rühren mich auch heute noch und beschreiben genau ihren Tod, den Tod von Saul, dem ersten Mann meiner Frau, und Yochana'an, meinem Stiefsohn.«

Ari gab sehr viel von sich preis, einen Augenblick sah er nach innen, und auch die anderen schwiegen, dachten an den so sinnlosen Tod erst von Saul und Yochana'an und schließlich an den von David und Gabrièlla.

Dann, fünfunddreißig Kilometer später, kam der See Genezareth in ihr Blickfeld, an dessen Ufer sie entlangfuhren, bis sie an seinem Ostufer den Kibbutz Givat Shalom erreichten, am Fuße der Golan-Höhen liegend, und von dort konnte man weit über den See schauen.

»Der Golan im Frühling ist das Schönste, was ich kenne«, sagte Ari und half, zusammen mit den beiden Kibbutzniks, Roberto von der Ladefläche in einen Rollstuhl.

»So schlimm?«, fragte Julia.

»Sehr schlimm! Und ich überlebe es nur, wenn du meine Hand hältst!«

Mordechai schob mit Hingabe den Rollstuhl, er schien für das Institut endgültig verloren.

See Genezareth: Freitag

Es war Julias erste Reise nach Israel, und sie hatte – trotz ihres sie deprimierenden Empfangs – schon auf dem Flughafen dieses besondere Lebensgefühl erspürt, das Lockerheit und Freiheitsliebe und Stolz auf das Land miteinander verwob. Die Menschen waren weniger formell gekleidet, Krawatten sah sie fast überhaupt nicht, und jetzt, im Kibbutz, verstärkte sich diese besondere Lebensatmosphäre noch mehr.

Alle duzten sich nun, sie taten auch Ari den Gefallen, der Roberto mit zur Krankenstation nahm. Julias Mitkommen konnte verhindert werden, weil Rebecca gerade rechtzeitig erschien und Julia in die Arme schloss und ganz fest hielt. Während Rebecca sie zu ihrem kleinen, gemütlichen Gästehaus geleitete, fragte Julia, wie es ihr ginge, und sie antwortete mit einem traurigen und trotzdem warmherzigen Lächeln.

»Ich vermisse die beiden so! Und auch David. Aber ich bin hier im Kibbutz mit meiner Trauer nicht allein, alle teilen sie, denn alle sind meine Familie, und alle fangen mich auf.«

»Und wie kommen deine Kinder damit zurecht?«

»Daniel empfindet ebenso wie ich; obwohl er sehr schwer darüber hinwegkommt, dass er innerhalb eines halben Jahres zwei Väter verloren hat. Nach Yochana'an Tod musste ich ihnen erzählen, dass wir sie adoptiert hatten, dass David ihr Vater war. Dina hat weniger Probleme damit, es interessierte sie eigentlich nicht. Sie lebt seit einem Jahr bei ihrer Großmutter. Dorit ist Modedesignerin und das ist auch Dinas Welt. Sie hasst das Leben im Kibbutz und will unbedingt nach USA, in die Heimat ihrer Mutter. Sie wird dort bei den Großeltern Salzmann leben. Unsere Erziehung hat sie nicht erreicht.«

Rebecca bereitete ihnen in der Kochecke einen Kaffee zu und sie setzten sich auf die Terrasse in gemütliche Korbliegestühle, und der weite Blick über den Kinneret-See ließen die Anspannung von Julia langsam abfallen. »So ganz blicke ich durch eure verzwickten Familienverbindungen nicht durch«, sagte sie und trank ihren Kaffee, aber in diesem Moment brachten sie Roberto, schoben ihn auf die Terrasse, und Ari verabschiedete sich gleich wieder, er müsse noch einiges für heute Abend nach dem Essen regeln, es gebe eine außerplanmäßige Generalversammlung aller Mitglieder im *haderochl*, dem Speisesaal, Julia und Roberto würden natürlich auch erwartet. Dann winkte er Mordechai, der einen irgendwie verlorenen Eindruck machte und Roberto wie einen getretenen Hund anblickte, um dann ergeben davonzutrotten.

Nachdem sich Roberto mit Julias Hilfe auf einem Liegestuhl niedergelassen hatte und mit Kaffee versorgt worden war, über seinen Hexenschuss nicht reden wollte und abwinkte, erzählte Rebecca ihnen die Geschichte ihrer Familie und ihrer Gemeinschaft mit all ihren Höhen und Tiefen.

»Saul Garfinkel war mit Dorit liiert, ihr Sohn Yochana'an war fünf, als Dorit die beiden verließ und zu Ari Hirschfeld zog. Die beiden hatten zwei Söhne, Daniel und David, und drei Töchter, die jetzt alle in den USA leben. Daniel wurde Pilot und ist vor fünf Jahren von einem Aufklärungsflug nicht zurückgekehrt.«

»Aber Ari sprach von drei Söhnen, die er verlor?«, warf Julia fragend dazwischen.

»Er zählte Yochana'an als seinen Stiefsohn mit«, Rebecca fuhr mit ihren Erklärungen fort, »1988 feierten wir hier im Kibbutz sehr fröhlich eine Doppelhochzeit: Ich heiratete Yochana'an, David heiratete eine junge Amerikanerin, Rachel Salzmann, die hier im Kibbutz ihr Praktikum machte und seine ganz große Liebe wurde. Er hatte gerade seine Matura gemacht und war beim Militär. 1989 bekamen sie Zwillinge, Dina und Dan, und sie waren unendlich verliebt und unendlich glücklich.

Als David 1990 seine Militärzeit hinter sich hatte, begannen die beiden ihr Studium an der Universität in Jerusalem, die Kinder blieben hier im Kinderhaus. Beim Kauf einer Wassermelone auf einem Jerusalemer Markt wurde Rachel bei einem der ersten Selbstmordattentate durch einen fanatisierten Hamas-Anhänger von dem Sprengstoff zerrissen, zuerst dachten wir, David ebenfalls, aber er war nur abgetaucht und ging dann zum Institut, und sie bauten ihm eine Karriere in den USA als David Salzmann.

Yochana'an und ich waren zu unserem Leidwesen bis dahin kinderlos geblieben. Durch Ari ließ David uns wissen, dass er es begrüßen würde, wenn wir seine Zwillinge adoptierten. Als Dorit, Aris Frau, erfuhr, dass er David zum Mossad gebracht hatte, trennte sie sich von ihm. Sie zog nach Tel Aviv, Ari verließ unseren Kibbutz. Schon damals traten wir hier für die Friedensbewegung ein, allen voran Yochana'an.

Das große Glück der nächsten Jahre waren Dina und Dan für meinen Mann und mich, und als uns dann auch noch zwei eigene Kinder geboren wurden, waren wir unbeschreiblich glücklich. Yochana'an suchte während seiner Zeit als Gastdozent in den USA Kontakt zu David und versuchte, ihn von der Schiene der Rache fortzubekommen, die beiden mochten sich sehr. David war kurz davor, das Institut zu verlassen, da bat Ari ihn um einen weiteren Einsatz, den in Italien.

Den Rest kennt ihr. Er wurde das Opfer der italienisch-arabischen Terrorbewegung *XX. Gennaio.*«

»Nein«, sagte Roberto, »es war ein rein krimineller Akt. Wahrscheinlich war er dem Mittelsmann zwischen dem Colleoni-Drogensyndikat, dem *XX. Gennaio* und den Geheimdiensten auf der Spur. Er ist denselben Kreaturen zum Opfer gefallen wie dein Mann und dein Schwiegervater. Ich werde die Schuldigen finden! Das ist ein Versprechen, Rebecca!«

Die Sonne ging blutrot hinter dem galiläischen Bergland unter, und Rebecca meinte, nachdem sie lange Zeit schweigend zusammengesessen hatten und jeder für sich an die so sinnlos Gemordeten dachte, dass es nun Zeit sei zum gemeinsamen Abendessen, bei dem Julia wieder spürte, dass hier eine Gemeinschaft zusammen aß, die Verbundenheit als oberstes Gebot lebte, trotz aller zur Schau getragenen Individualität, und sie staunte, wie unformell und herzlich alle miteinander und selbst mit ihnen umgingen und auch gekleidet waren. Roberto in seiner Jogginghose fiel überhaupt nicht auf, sie missfiel nur ihm.

»Kibbutz bedeutet wörtlich übersetzt: eine Sammlung der Gemeinschaft. Und der Urgedanke des Kommunismus oder der Essener-Gemeinschaft oder der frühen Christen wird hier gelebt, mit allen menschlichen Schwächen! Unsere Grundphilosophie ist der Glaube an die Würde der Arbeit, der Gleichheit aller Mitglieder und die Bereitschaft, zugunsten der Kibbutzgemeinschaft persönliches Interesse hinten anzustellen«, erklärte Rebecca ihren Gästen auf Nachfrage.

»Und seit wann gibt es Kibbutze?«, Julia fand die Grundidee faszinierend.

»Kibbutzim gibt es schon seit 1909 in Israel.«

See Genezareth: Freitag

Ari traf Yitzack im Büro des Kibbutzsekretärs, und Rafi, der große alte Mann der Friedensbewegung, trotzdem ein Major der Reserve, so etwas konnte auch nur in Israel gelingen, kam kurz darauf hinzu.

»Und du hältst dein Wort, dass das Institut durch mich als Erstes Einblick in das Vermächtnis deines Sohnes erhält?«, wollte

Yitzack eben von Ari wissen, die beiden Brüder saßen sich ziemlich feindselig gegenüber, Yitzack war stocksauer, von Ari so ausgespielt worden zu sein, aber hier im Kibbutz konnte er nicht den Ranghöheren herauskehren, so etwas zählte hier einfach nicht.

»Ganz so nicht«, sagte Ari mit Nachdruck, »dann erklärst du, es stünden Staatsgeheimnisse darin und konfiszierst es. Wir schauen es uns zusammen an, Dan, du und ich, und wenn Staatsgeheimnisse darin stehen, werden mein Enkel und ich sie vergessen und du bist am Zug.«

»Ein Dreizehnjähriger! Du bist ja verrückt.«

»Da Ari ganz fest glaubt, dass David seinem Sohn keine Staatgeheimnisse zur Bar-Mitswa vermacht hat, sehe ich keinen Grund, nicht so zu verfahren, wie Ari es vorschlägt«, mischte sich Rafi vermittelnd ein.

»Okay, okay. Und was verlangst du als Gegenleistung, Ari, wenn du mich beteiligst?«, Yitzack versteckte seinen Ärger nicht.

»Dass du David rehabilitierst und ihn nicht weiter als Verräter von Staatsgeheimnissen bezeichnest. Und dass du das Ehepaar Bassner in Ruhe lässt und es keinen Repressalien aussetzt.«

»Also gut, versprochen! Du scheinst dir ja sehr sicher zu sein!«

»Bin ich auch, nicht mein Sohn ist der Verräter!«

»Was willst du damit andeuten?«, fuhr Yitzack auf.

»Dass du dir die Machenschaften deines Sohnes lieber anschauen solltest, wo ist Henry übrigens?«

»Das müsstest du besser wissen. Er arbeitet nicht in meiner Abteilung, und du hast seine Ausbildung überwacht und versprochen, deinen Neffen im Auge zu behalten«, Yitzack versuchte, Ari anzuklagen, aber er befand sich auf dem Rückzug, und er wusste es.

»Lasst uns in die Generalversammlung gehen, es wird Zeit«, drängte Rafi.

»Was? Das soll in der Generalversammlung vonstatten gehen? So ein Schwachsinn!«

»Nein«, sagte Ari und sah seinen Bruder gelassen an, »ich möchte möglichst viele Zeugen bei der Vorstellung von Davids Vermächtnis haben.«

»Einen ganzen Kibbutz?«

»Komplett!«

Ein emsiges Summen – wie von mehreren Bienenschwärmen –

erfüllte den Speisesaal, der von denen, die Dienst für die Allgemeinheit taten, zu einem Konferenzsaal umgeräumt worden war. Vorn war ein Tisch auf einem Podest aufgebaut, auf das die drei Männer jetzt zielstrebig zugingen, Ari nickte seinem Enkel zu, der sehr aufgeregt zu ihm kam und sich neben ihn setzte, Yitzack nahm auf der anderen Seite seines Großneffen Platz. Von Familienliebe war bei ihm nichts zu spüren.

Rafi begrüßte die Versammlung und legte kurz die Tagesordnung fest, die nur aus einem Punkt bestand.

»Ich stelle euch allen Julia aus Deutschland und Roberto aus Italien vor. Um das Vermächtnis eines unserer Mitglieder hierher zu bringen und damit den letzten Wunsch des von uns allen so tief betrauerten Davids zu erfüllen, haben die beiden, hartnäckig und mutig, ziemlich viel Unannehmlichkeiten auf sich genommen. Durch ihre Beharrlichkeit ist es ihnen gelungen, das Vermächtnis nicht in die Hände skrupelloser Geheimdienste verschiedener westlicher Länder fallen zu lassen. Ich bin sehr gespannt, was David seinem Sohn und damit uns allen hinterlässt. Julia?«, Rafi setzte sich.

Julia kam mit dem versiegelten Brief nach vorn und gab ihn dem Jungen, der sie mit den wachen, graublauen Augen Davids erwartungsvoll anblickte. Auch sonst meinte sie, die Züge seines Vaters zu erkennen, jung und weich noch, aber unverkennbar. Ehrfurchtsvoll erbrach er die Versiegelung und setzte sich, ein Kibbutznik dokumentierte alles mit einer Videokamera.

»Wo ist Dina, das Vermächtnis gilt auch ihr?«, fragte Julia flüsternd ihre Nachbarin.

»Sie wollte nicht. Ich habe eben erfahren, dass sie mit Dorit gestern in die USA geflogen ist, zu ihren anderen Großeltern, den Salzmanns«, antwortete Rebecca ebenso leise, »sie wollen beide keine Erinnerungen an David!«

Erwartungsvolle Stille herrschte jetzt in dem großen Raum, als der Junge und die beiden Männer sich über das Dokument beugten. Ari richtete sich als Erster auf, ein unverkennbar strahlendes Lächeln erhellte seine sonst meist düstere Miene, und Julia sah in die gleichen graublauen Augen, die auch seinen Sohn so sympathisch gemacht hatten, er nickte ihr zufrieden zu.

Yitzacks Miene verdüsterte sich, und er sah aus, als ob ihn gleich der Schlag träfe, so sehr stieg ihm das Blut in den Kopf. Daniel erhob sich und sagte mit einem Ernst und einem Stolz in der Stimme und einer für einen Dreizehnjährigen bemerkenswerten Autorität:

»Ich möchte, dass ihr alle das Vermächtnis meines Vaters hört, hier ist es:

Herr,
mach uns zu einem Werkzeug deines Friedens.
Dass wir lieben, wo man hasst;
Dass wir verzeihen, wo man beleidigt;
Dass wir verbinden, wo Streit ist;
Dass wir Glauben bringen, wo Zweifel droht;
Dass wir die Wahrheit sagen, wo Irrtum ist;
Dass wir Hoffnung wecken, wo Verzweiflung quält;
Dass wir Freude bringen, wo Traurigkeit wohnt;
dass wir Licht entzünden, wo Finsternis regiert.
Herr,
lass uns erkennen, worauf es ankommt:
nicht, dass wir getröstet werden, sondern dass wir trösten.
Nicht, dass wir verstanden werden, sondern dass wir verstehen.
Nicht, dass wir geliebt werden, sondern dass wir lieben.
Denn wer gibt, der empfängt,
wer verzeihet, dem wird verziehen,
und wer stirbt, ist nicht umsonst gestorben, wird nicht verloren sein.

Wir, Gabriėlla El-Atasoy, christlichen Glaubens,
und David Hirschfeld, jüdischen Glaubens,
bekennen uns frei nach dem Heiligen Franz von Assisi zu diesem Gebet des Friedens
und bitten euch, danach zu leben.

Mein, Davids Wunsch:
Man möge meinem Vater meinen Platz im Kibbutz Givat Shalom anbieten, wenn er ihn will, und Gott schütze meine Kinder und euch alle auf eurem Weg!
Mein, Gabriellas Wunsch:
Man möge meinem Vater diese Worte bringen, Gott schütze ihn und mein Volk.
Assisi, den 25. Januar 2002.«

David und Gabriѐlla waren am 24. Januar zum interreligiösen Treffen nach Assisi gefahren, zu dem Papst Johannes Paul II. vierhundert Führer aller Religionen eingeladen hatte, und unter dem Eindruck des 11. Septembers 2001 waren fast alle gekommen. Gabriѐlla war nicht, wie Henry laut vermutet hatte, in einem Trainingslager von Al-Qaida gewesen.

Im Stillen bat Roberto Gabriѐlla um Vergebung, der er ihr dies damals absolut zugetraut hatte, oder doch zumindest eine Beteiligung an dem Bombenattentat in Padova.

Unter dem Eindruck dieses religiösen Treffens hatten David und Gabriѐlla am Tag darauf ihr Vermächtnis aufgesetzt.

Atemlose Stille herrschte im Raum und hielt für weitere drei Minuten an, während Dan voller Ehrfurcht den Brief zusammenfaltete und vor sich auf den Tisch legte. Yitzack erhob sich, und das Schurren seines Stuhls bildete das einzige Geräusch, er verließ den Tisch, das Podest, den Raum, und kein Blick folgte ihm.

Und dann brach eine verhalten freudige Begeisterung los, die Menschen umarmten sich, schüttelten sich die Hände, und schließlich bildete man eine lange Menschenkette, in die Roberto, Julia und Ari wie selbstverständlich eingegliedert wurden, man machte sich mit Rollstühlen, Gehhilfen und zu Fuß auf den Weg ins Freie und durch den ganzen Kibbutz bis hinunter an den See. Dann trennte man sich und zog sich leise in das jeweilige Privatleben zurück.

Die Gruppe um Ari begab sich auf die Terrasse des Gästehauses. Gestern hatte der Vollmond das Meer bei Zypern in Silber eingesponnen, heute malte der zwar nicht mehr ganz volle, aber sehr helle Mond einen Goldstreif auf den See Genezareth.

Julia hätte am liebsten Robertos Hand gehalten, aber sie wollte mit dieser Geste der Gemeinsamkeit Rebecca nicht kränken, die ihren Verlust dann wieder umso schmerzlicher fühlen musste.

Rebecca und Ari tranken keinen Alkohol, hatten aber für ihre Gäste einen samtigen Rotwein von Rothschild aus Rishon-Le-Zion aufgezogen, und Roberto lobte ihn sehr.

»Warum kann die Welt nicht so sein wie euer Kibbutz«, sagte Julia träumerisch, »hier toleriert einer den anderen, und ich habe die verschiedensten jüdischen Sprachen beim Abendessen gehört. Hier könnte die Welt so sein, wie Gabriѐlla und David sich das wünschen.«

»Ja, unser Kibbutz ist eine Besonderheit, hier gibt es Sefardim und Aschkenasim, Chassidim und Kotschin-Juden, und sie alle sprechen miteinander Hebräisch, pflegen aber auch ihre alten Sprachen, die Sefardim Ladino, eine dem Spanischen ähnliche, die Askenasim und die Chassidim jiddisch«, erklärte Ari.

Und auf Julias und Robertos fragenden Blick, die in dieser Welt völlig Fremde waren, erläuterte er, dass die Sefardim die Nachkommen der vom Katholizismus vertriebenen spanischen Juden, die Chassidim die Nachkommen osteuropäischer Juden und die Aschkenasim die der mitteleuropäischen seien, während die Kotschin, das hätten sie sicher an ihrer andersartigen Hautfarbe gesehen, aus Indien rückgewandert seien.

»Aber das geht auch nur, weil wir keine Strenggläubigen bei uns haben«, erklärte Rebecca, deren Augen aufleuchteten, als Ari *unser* Kibbutz gesagt hatte »denn dann käme Fanatismus auf, und der ist in allen Religionen beheimatet, und den bekämpfen wir ohne Gewalt in unserer Friedensbewegung. Und weil man keinem Kibbutznik Vaterlandsuntreue vorwerfen kann – ohne die Kibbutzbewegung gäbe es den Staat Israel nicht –, entgehen wir wie andere Friedensbewegungen in Israel der Diffamierung, unpatriotisch zu sein.

Aber glaube ja nicht, dass wir hier im Paradies leben! Wo Menschen zusammenleben, gibt es Probleme, selbst wenn das Grundlebensgefühl stimmt. Habt ihr bemerkt, wie viele junge und ganz alte Menschen hier leben? Der Mittelbau ist fast vollständig verschwunden, hat sich ins normale Berufsleben und in die normale Gesellschaft eingegliedert. Das Ich-Gefühl hat das Wir-Gefühl besiegt. Und das macht uns ganz schöne wirtschaftliche Probleme. Patriotismus allein ernährt keine Gemeinschaft.«

Ari stand auf.

»Ein Patriot geht jetzt das erste Mal seit vielen Jahren mit friedlichen Gedanken und ohne Hass ins Bett. Ich danke euch noch einmal, Julia und Roberto, mein Leben hat dank eurer Hilfe eine neue Perspektive erhalten.«

»Dank lieber deinem Sohn«, sagte Roberto, »er hat Maßstäbe gesetzt.«

»Schlaf gut, Ari«, Julia lächelte zu ihm hoch, »David wird nicht vergessen werden.«

»Ein Gedanke, der auch mir hilft. Unser Luzifer alias Henry dagegen ...«, er blickte zu den Sternen hoch und schwieg.

»Lässt du nach ihm fahnden?«, Robertos Stimme klang nur sachlich.

»Du meinst, um David zu rächen? Nein, davon habe ich nach seinem Vermächtnis Abschied genommen. Ich will Gerechtigkeit, und zu der verhelfen mir die Geheimdienste, die er gegeneinander ausgespielt hat, und…«, wieder schweifte sein Blick zu den Sternen, »… und der *XX. Gennaio.*«

»Aber den gibt es doch nicht mehr!«, entfuhr es Julia.

»Dann sag das Colleoni-Syndikat, du hast doch selbst ausgesagt, dass der Chef des Synikats und *Il Primo* ein und dieselbe Person waren.«

»Du hast mir geglaubt, Ari?«

»Ich schon! Und die anderen Geheimdienste auch, nur passte es nicht in ihr Konzept der *strategia della tensione.* Also in Luzifers Haut möchte ich nicht stecken, denn die Geheimdienste fahnden ebenso nach ihm wie das Colleoni-Syndikat respektive die übrig gebliebenen Terroristen. Nein, er wird seine verdiente Strafe bekommen, irgendwann. Ich habe keine Eile, mir gefällt es hier im Kibbutz eigentlich sehr gut.«

»Du bleibst also bei uns, Ari?«, Rebecca sah ihn voller Hoffnung an.

»Sie nehmen mich nur wieder auf, wenn ich aus dem Institut ausscheide.«

»Und?«

»Man wird sehen.«

See Genezareth: Samstag

Weit nach Mitternacht waren sie endlich allein, die Fenster des Schlafzimmers weit geöffnet, Fliegengitter boten Schutz vor Insekten, und ein leichter, samtiger Wind strich durch das Haus, das traditionell wie die ersten Kibbutzgebäude in Nord-Süd-Richtung gebaut war, denn die Pioniere von 1909 und auch die danach hatten keine Klimaanlagen gehabt und den Wind in den Sommermonaten als Linderung der Hitze genutzt.

Ganz vorsichtig schmiegte Julia sich an ihren Mann und flüsterte: »Ich habe eine solche Sehnsucht nach dir gehabt und würde so gern mit dir schlafen.«

Endlich, dachte Roberto, endlich will sie mich ganz wieder haben, seit Wochen habe ich mir nichts anderes gewünscht. Und nun hindern mich die Hinterlassenschaften zweier kleiner Metallplatten daran, und ich kann es ihr noch nicht einmal sagen.

»So ein blöder Hexenschuss!«, er küsste sie und spürte ihre Leidenschaft, aber auch, wie das Blut schmerzhaft in seine ohnehin geschwollenen Genitalien strömte, und eben konnte er Julias Hand noch abfangen, die sich streichelnd an seinem Körper nach unten bewegte.

Nun möchte ich doch einen Sohn mit ihr, wenn es jetzt nicht zu spät ist, dachte Roberto voller wehmütiger Zärtlichkeit. Aber ob seine Spermaproduktion durch die Folter nicht für alle Zeit vorbei war, musste er zu Hause untersuchen lassen, auch darüber konnte er jetzt nicht reden.

»Der scheint aber schon viel besser zu sein, du bist schon viel beweglicher.«

Was nur würde sie als Entschuldigung akzeptieren, ohne gekränkt zu sein? Denn die Wahrheit würde er ihr nicht sagen können.

»Aber leider hat meine Periode frühzeitig eingesetzt, wahrscheinlich wegen der Aufregung«, hörte er sie zu seiner grenzenlosen Erleichterung sagen, heuchelte Enttäuschung, und schon im Einschlafen murmelte sie: »Morgen musst du mir deinen ominösen Hexenschuss erklären!«, und war fast umgehend eingeschlafen.

Ich habe sie also nicht täuschen können, dachte er, während er sie in den Armen hielt und einen unendlich tiefen Frieden empfand. Als er sie, um sie nicht zu wecken, ganz vorsichtig streichelte, spürte er, wie sie ihn selbst im Schlaf begehrte, denn ihre *capezzoli* wurden ganz hart.

Noch vierzehn Tage bis zu unserem *luna di miele*[13], bis dahin sollte ich wieder funktionstüchtig sein, dachte er und küsste Julias Halsbeuge, sie drängte sich im Schlaf näher an ihn, und erstmals seit vielen Wochen fühlte er sich restlos glücklich, zu glücklich, um einschlafen zu können, und der leicht pochende Schmerz in seinen Hoden wurde zur Nebensache.

Doch dann trübten andere Gedanken sein Glücksgefühl ein. Gut, der *XX. Gennaio* war vernichtet, und alle überlebenden Verhafteten hatten bestritten, David Salzmann getötet zu haben, obwohl sie sich doch mit dem Tod aller anderen Opfer gebrüstet

13 *Flitterwochen*

hatten. So sicher, wie *IL Terzo* und das Colleoni-Syndikat und das der Serenissima für Sauls und Yochana'ans Tod verantwortlich waren, einen rein kriminellen Akt also, so sicher war auch David ihr Opfer geworden.

Hatte es den italienischen *XX. Gennaio* überhaupt jemals gegeben? Hatte nicht das Colleoni-Syndikat nur billig Drogen vom palästinensischen *XX. Gennaio* bekommen und nur so getan, als gehorche es terroristischen Gedanken? Solange Colleoni nicht enttarnt war, würde Roberto keine Ruhe finden, er beschloss, am nächsten Tag noch einmal alles genau mit Ari durchzugehen, er vertraute ihm nun völlig, mit diesen Gedanken schlief er schließlich ein.

Außer Dan feierten noch elf andere gleichaltrige Jungen das Fest, das sie zu erwachsenen Mitgliedern ihres Glaubens machte. Auch wenn der Kibbuz nicht zu den religiösen zählte, wurden die meisten der traditionellen Riten und Feste doch gefeiert, allerdings ohne großes religiöses Zeremoniell, und Julia wurde an ihre Konfirmation erinnert, die sie in diesem Alter auch gefeiert hatte.

Wie bei ihr, so zählten auch die vielen Geldgeschenke zu den Hauptattraktionen für die Jungen, und auf Robertos erstaunte Frage, es gäbe doch kein Privateigentum im Kibbutz, wurde ihm erklärt, dass das ein alter Zopf sei, den man in diesem Kibbutz schon seit Jahren abgeschnitten habe, Edelkommunismus und Ur-Christentum funktionierten im menschlichen Miteinander eben nicht, auch nicht im Kibbutz.

»Yochana'an arbeitete außerhalb des Kibbutz an der Universität«, erklärte Rebecca ihm an einem Beispiel, »er musste einen gewissen, jährlich wieder neu auszuhandelnden Prozentsatz seines Gehalts an den Kibbutz überweisen. Den Rest behielten wir. Meine Töpferarbeiten werden im Kibbutzladen verkauft, und ich bekomme dreißig Prozent Dividende. Viele arbeiten außerhalb, denn die reinen Agrarstrukturen der ersten Kibbutzim funktionieren nicht mehr. Wir haben hier drei verschiedene Standbeine, Milchproduktion«, Julia hatte sich bei den vielen Schwarz-Bunten wie in Schleswig-Holstein gefühlt, »und deren industrielle Verarbeitung und Vermarktung und zum Dritten der Campingplatz und die Ferienhäuser. Einen Pardes mit Zitrusfrüchten halten wir uns nur noch aus Nostalgiegründen und für den Eigenbedarf.«

Überraschenderweise gab es bei der Feier eine nette Einlage, Ari trat als Zauberkünstler auf, seine Assistentin kam Julia irgendwie bekannt vor, bis sie in ihr Sarah Fairfield erkannte, die nun, nicht mehr in ihrer strengen Stewardessenuniform, große Ähnlichkeit mit Rachel Salzmann hatte, Davids ermordeter Frau. Auf Julias erstaunten Blick erklärte Rebecca, Ari hätte eine ganz große Karriere als Zauberer vor sich gehabt, früher, als er noch Mitglied des Kibbutz gewesen sei, hätte er an vielen Geburtstagen und Feiertagen vom indischen Seiltrick bis zum Durchsägen einer Frau alles perfekt beherrscht.

»Und Sarah?«

»Ist eine geborene Salzmann, Rachels Schwester. Die hat Ari oft assistiert. Und jetzt macht das Sarah.«

Langsam rundete sich das Bild dieser Familie. Julia erzählte Roberto und Rebecca, was ihr widerfahren war, nur die erniedrigende Durchsuchung ließ sie weg.

»Und wie hat er Sarah ausgerechnet auf den Flug von München nach Tel Aviv bekommen?«, wollte Julia wissen.

»Das musst du schon Ari fragen! Ich nehme an, er hatte alle Flugzeiten und alle Flugnummern im Kopf. «

Aber der redete sich mit dem unglaubhaften Wort Zufall heraus, das Julia durch das Wort Glück ersetzte.

Am Spätnachmittag, als Rebecca Julia zu dem Kinderhaus mitnahm, um ihre Sprösslinge in Empfang zu nehmen, die nach der Feier wieder dorthin gegangen waren, trafen sich Ari und Roberto im Büro des Kibbutzsekretärs.

Eben kam ein Fax vom Polizeihauptquartier in Jerusalem mit dem Ergebnis der ballistischen Untersuchung der Projektile, die Roberto aus Aris Zimmer in dem Hotel von Kalavassos sichergestellt hatte. Ari traute seinem Institut nicht mehr. Man hatte die dazugehörige Waffe identifiziert und deren Nummer durchgegeben, den Halter allerdings nicht ermitteln können.

Aber Ari kannte ihn, sein Zahlengedächtnis sagte es ihm sofort.

»Und ich habe ihm diese Waffe auch noch geschenkt«, sagte er erbittert, »damals, als er seine Ausbildung bei der Firma mit Auszeichnung abgeschlossen hatte und als Mittler zwischen den Geheimdiensten eingesetzt werden sollte. Mein eigener Neffe hat versucht, mich damit umzubringen!«

»Henry?«

»Ja, *Luzifer* oder Henry Salzmann alias Paled. Mein Bruder Yitzack fand Hirschfeld zu askenasisch und hat sich einen israelischen Namen zugelegt.«

Aber Roberto war mit seinen Gedanken ganz woanders, ließ sich die Faxnummer des Büros geben und telefonierte mit Vittorio und Umberto.

Nach nicht einmal einer Stunde hielt Roberto den ballistischen Bericht über die Projektile in den Händen, die der italienische und amerikanische Geheimdienst damals nach Davids Obduktion mit fremden vertauscht hatte, Umberto hatte sie gefaxt, ebenso den Bericht von den Projektilen, die die beiden Garfinkels getötet hatten.

Sicherhaltshalber hatte Roberto damals das vierte Projektil aus der Türfüllung des Ca'Vecchia Brandolin seinem Freund Vittorio bei den *caramba* anvertraut, und sein Fax mit dem Gutachten kam kurz darauf.

Sie verglichen die ballistischen Ergebnisse, und schnell wurde Robertos Verdacht zur schrecklichen Gewissheit, das von ihm sichergestellte Projektil war aus derselben, aus Henrys Waffe abgefeuert worden. Und es war identisch mit dem aus Saul Garfinkels Körper obduzierten.

Ari reagierte tief betroffen. »David wurde von seinem eigenen Vetter erschossen und Sauls Tod geht ebenfalls auf Henrys Konto! Bei allem Misstrauen, darauf wäre ich nicht gekommen!«

»Hast du eine Ahnung, warum David? Das alte Kain-und-Abel-Motiv?«

»Wohl kaum. Bei Kain und Abel ging es letztlich darum, dass Kain glaubte, Gott liebe Abel mehr als ihn, aber so ein edles Motiv hatte Henry nicht, ihm ging es nur um Geld. Henry ist *Luzifer*, der gefallene Engel.«

»Wie das?«, Roberto war von dem Erfolg seiner Intuition überrascht, wenn Ari ihm auch leidtat, so viel Unglück in einer Familie war schon mehr als erträglich.

»David hat kurz vor seinem Tod mit mir über den Verdacht gesprochen, einer aus unseren Reihen mische unter Colleoni im Serenissima-Syndikat mit und vergolde sich die Finger im Drogenhandel. Henry war bei der Unterredung zugegen. Und dann, als er gegangen war, hat David mich gebeten, Henrys Konten zu überprüfen. Aber das habe ich als nicht so wichtig hinausgeschoben, Davids Misstrauen eher seiner Animosität seinem Vetter gegenüber zugeschrieben.

Du musst wissen, er ist wie ein Hund hinter meinem Sohn hergelaufen, und David hat ihn schließlich an seinen Aktionen …«

»Präventivtötungen?«

»Ja … teilnehmen lassen. Aber als er herausfand, dass Henry es nicht wegen unserer Staatssicherheit tat, sondern des Geldes wegen, hat er ihn wie einen Hund mit einem Fußtritt davongejagt. Sehr unklug, fand ich damals, aber David war manchmal sehr absolut in seinen Handlungen. Er selbst litt unter jeder erfolgreich abgeschlossenen Aktion, und er konnte Henrys Spaß am Töten und dessen Lustgewinn durch finanzielle Belohnungen der Geheimdienste nicht ertragen. Aber das hat keinerlei Beweiskraft.«

»Aber das Projektil! Du erwähntest eben *Luzifer.* Meinst du, Henry war der Verfasser der *Luzifer*-Faxe?«

»Ich bin mir ziemlich sicher. Aber frage mich nicht nach einem Beweis.«

»Was willst du nun tun, Ari?«

»Yitzack informieren! Und ihn fragen, was er damit zu tun hatte. Der Betrieb und die Firma mit Sicherheit, sie haben die Vertauschung der Projektile in Auftrag gegeben.«

»Weswegen?«

»Diese dämliche *strategia della tensione!«*

»Du stehst nicht mehr dahinter, Ari?«

»Habe ich nie ganz. Aber es war der Befehl des Instituts.«

»Dem du jetzt nicht mehr folgst?«

»Nicht in allem.«

Als habe es Gedankenübertragung gegeben, betrat in ebendiesem Augenblick Yitzack das Büro, und, konfrontiert mit dem Mord an David und dem Mordversuch an Ari und den eindeutigen Beweisen, sah man plötzlich, dass er ein alter Mann war.

»Auge um Auge, Zahn um Zahn, Ari?«, mit hängenden Schultern und gebrochenem Blick sah er seinen Bruder an, von dem trotz aller Trauer ein neues Strahlen ausging, das Yitzack aber völlig falsch interpretierte. »Ja, tue es, ich werde dich dafür nicht verdammen. Und ich gebe dir mein Ehrenwort, das Institut und auch ich haben Davids Tod nicht gewollt. Es hätte andere Mittel gegeben.«

»Bis vorgestern wäre es mir Berufung gewesen, den Mörder meines Sohnes zu töten«, hörte Roberto Ari sagen, als er sich zur Tür begab, die Auseinandersetzung der Brüder wurde ihm zu persönlich, »aber seit gestern weiß ich sicher, dass ich das Erbe meines Sohnes antreten will, mithilfe von Francesco d'Assisi …«

Roberto zog die Tür leise hinter sich ins Schloss, die tief stehende Sonne vergoldete die roten Blüten der exotischen Bäume, und er überlegte, dass auch hier wieder ein mit Gottes Hilfe von Menschen geschaffenes Paradies lag, das nur sie erhalten oder zur Hölle machen konnten.

Aber sie versuchten mit aller Macht, den Höllenweg zu gehen, denn eben verbreitete sich die Nachricht, dass ein neues Selbstmordattentat in einem Linienbus ein schreckliches Blutbad angerichtet habe, Roberto erahnte das Aufsteigen von israelischen Kampfjets zur Vergeltung, und er wünschte Ari mit aller Macht Erfolg auf seinem neu eingeschlagenen Weg.

Kibbutz Givat Shalom: Samstag

Roberto fand außer seiner Frau zwei weitere auf der Terrasse ihres Gästehäuschens, Rebecca und Sarah, und die drei schienen in ein ernsthaftes Gespräch vertieft.

»Störe ich?«

Sie verneinten zwar, aber er hatte das deutliche Gefühl, nur aus Höflichkeit; sie nötigten ihn auf einen der bequemen Korbliegestühle und konfrontierten ihn mit einem ganz neuen Problem, Gabrièllas Vermächtnis.

»Nicht schon wieder!«, stöhnte er. »Dabei kommen dann sicher noch palästinensische und arabische Geheimdienste ins Spiel, und mir reichen die mörderischen westlichen eigentlich völlig.«

»Nein, nein«, beeilte Julia sich ihm zu versichern, »diesmal ist es ein ethisches Problem, und die beiden *sabras*[14] hier sehen das nicht so wie ich.«

Sie schilderte kurz, dass Gabrièlla sie in der Nacht vor ihrem Tod gebeten habe, wenn ein paar Wochen ins Land gegangen seien, solle Julia zu Professor Ebromanezer gehen, dem umstrittenen Klon- und Retortenfürsten, der habe ihr, Gabrièllas Vermächtnis und warte auf Julia.

»Vorvergangene Woche war ich bei ihm«, sie blickte ihren Mann

[14] *in Israel geborene Juden*

nicht an, wieder eine dieser kleinen Unaufrichtigkeiten, die sie aus purer Rücksichtnahme immer wieder in schwierige Situationen brachte. Roberto war so beschäftigt gewesen, dass sie ihn nicht schon wieder mit etwas Neuem belasten wollte, und sie war sich auch selber nicht klar darüber, wie sie mit Gabrièllas Vermächtnis umgehen sollte, weil sie selbst Retortenbabys und geklonte Menschen aus tiefster Seele ablehnte. So hatte sie der Nachricht, der Professor habe ein Verfahren entwickelt, um befruchtete menschliche Eizellen tiefzufrieren und bei Bedarf Leihmüttern einzupflanzen, misstraut. Genau das hatten David und Gabrièlla getan, Julia stand diesem Verfahren ziemlich ablehnend gegenüber; das Problem hatte sie zwar mit Fra Ioannis erörtert, der sie in ihrer ablehnenden Haltung bestärkt hatte, aber sie wollte das Wissen um diese von zwei Toten geschaffenen Tatsachen nicht für sich behalten.

Sarah und Rebecca dagegen fanden überhaupt nichts dabei und bestürmten Julia, sich nicht weiter zu sträuben.

»Nein«, sagte Julia, »ich kann es nicht. Aber ich überlasse euch das Vermächtnis, macht damit, was ihr für richtig haltet. Es gibt nur noch ein Problem, der Professor besteht auf die schriftliche Einverständniserklärung eines nahen Angehörigen von jedem der beiden. Aris oder Dorits Unterschrift würde reichen, aber mit Gabrièlla wird es schwierig, ihre Mutter weigert sich«, wieder vermied sie, ihren Mann anzusehen, denn der schätzte sicher nicht, dass sie Angela ohne sein Wissen telefonisch kontaktiert hatte, »also muss ihr Vater ausfindig gemacht werden, und das kann wohl nur Ari.«

Roberto hielt das Ganze für eine undurchführbare Fantasie, aber Ari, der nun hinzukam und mit dem Problem konfrontiert wurde, sah es wie die beiden *sabras*.

»David und Gabrièlla haben es verdient, in einem Kind weiterzuleben«, befand er nach einigem Nachdenken, »ihr Vater ist nach Israel aufgrund einer Amnestie zurückgekehrt, er hat sich verpflichtet, sich nie mehr politisch zu betätigen, dafür wird er nicht nach Italien ausgeliefert. Wartet, ich versuche, ihn telefonisch zu erreichen.« Er ging hinter das Haus, wohl nicht aus Rück-, sondern antrainierter Vorsicht.

»Ja, die El-Atasoys«, sagte Rebecca nachdenklich, »das ist eine lange Geschichte, die auch mit unserem Kibbutz zu tun hat.«

»Hier in Israel scheint ja alles mit jedem zu tun zu haben«, wunderte sich Julia, aber Rebecca widersprach.

»Du erlebst nur einen bestimmten Ausschnitt unseres Landes, bist nur in diesem Kibbutz mit den dazugehörigen Verflechtungen. In unseren Großstädten lebt es sich genauso anonym wie in euren deutschen oder italienischen.«

»Also, erzähl«, Julias Neugierde war geweckt.

»Saul Garfinkels Vater, also mein Schwiegergroßvater, kam in dieses Land 1929 und war einer der Gründer dieses Kibbutzim. Er schloss Freundschaft mit einem arabischen Clan, der nicht weit von hier in den Westbanks in Sebastiya lebte, dem alten Samaria, damals noch britisches Mandatsgebiet. Eine kleine Enklave christlicher Araber, die hauptsächlich Olivenbäume pflanzten und ihr Öl verkauften. Damals lebte man noch relativ friedlich zusammen.

Saul und Gabriel El-Atasoy waren bis zur Gründung unseres Staates Freunde, wie ihre Familien. Dann zog man neue Grenzen, und das gemeinsam geplante Studium platzte.

Mein späterer Schwiegervater studierte Journalismus in Jerusalem, Gabriel Medizin in Amman, wo er auch blieb – dort lernte er übrigens Angela Gallardi kennen, sie fand ihn goldig exotisch, er sie schlichtweg schön, und es wurde gegen den Willen der Familien geheiratet, Gabrièlla geboren, und ein Jahr später wurde die Ehe anulliert, das Kind blieb beim Vater.

Gabriel und Saul, verbunden durch ihre alttestamentarischen Namen, aber getrennt durch die Politik. Bis 1967, als der Sieben-Tage-Krieg die Grenzen wieder verschob.

Die alte Freundschaft der Familien lebte wieder auf, übrigens auch mit den Hirschfelds, und überdauerte alle folgenden Kriege, bis das schreckliche Jahr 1989 anbrach. Als israelische Vergeltung für das Selbstmordattentat eines fanatischen Palästinensers in Jerusalem am 20. Januar wurde das Haus seiner Eltern in Sabatiya gesprengt, dabei kamen die beiden zufällig anwesenden Söhne Gabriel El-Atasys unter nicht geklärten Umständen ums Leben. Gabriel wandte sich dem palästinensischen Widerstand zu, jeglicher Kontakt zwischen uns brach ab, und fortan herrschten Krieg und Hass zwischen den Familien.«

»Er gründete die kleine Terrorgruppe *XX. Gennaio*«, ließ Ari sich vernehmen, der inzwischen wieder zu ihnen getreten war.

»Dann könnte es sein, dass Angela Gallardi, geschiedene El-Atasoy, verwitwete Saccardo und jetzt frisch verheiratete dall'aria, dass sie das Bindeglied zwischen dem italienischen und dem palästinensischen *XX. Gennaio* war«, vermutete Roberto, aber Ari zuckte mit den Schultern.

»Vielleicht, vielleicht auch nicht.«

»Und die hat sich unseren Questore geangelt, damit sie immer gut informiert ist«, Julia ließ ihrer Fantasie freien Lauf, »ob ihr Mann das weiß?«

»Lassen wir die Spekulationen«, meinte der besonnene Ari, »Gabriel will nicht hierherkommen, Shin Beth könne das missverstehen.«

»Schade!«, Rebecca und Sarah waren enttäuschter als Julia.

»Er hat uns aber, und ganz speziell Julia, in sein Haus bei Sabatiya eingeladen, doch da möchte ich heute Abend nicht unbedingt mehr hin, nicht nachts mit einem israelischen Kennzeichen im autonomen Gebiet«, Ari überlegte, »aber wenn ich euch morgen zum Flugplatz bringe, könnten wir über Sabatiya fahren, tagsüber habe ich keine Sicherheitsbedenken.«

Und so einigten sie sich, nur Rebecca war traurig.

»Ich hätte euch so gern noch die Schönheit des Galil gezeigt«, sagte sie bedauernd, »den Hügel der Bergpredigt oder Kfar Nachum, das alte Kapernaum. Oder Beth Shean an der Kreuzung zweier wichtiger Römerstraßen. Oder wir hätten im Nationalpark Gan Haschloscha unter den Wasserfällen baden können, das alles liegt auch auf dem Weg zum Flughafen!«

Roberto lachte und schloss Julia in seine Antwort mit ein.

»Wir nehmen das als Einladung wiederzukommen. Es ist so schön bei euch. Wir sind froh, dass wir der Einladung zu Daniels Bar-Mitswa-Feier gefolgt sind, und wir kommen wieder!«

»Trotz aller Widrigkeiten?«, fragte Ari.

»Was kann ein Land für seine Geheimsdienste!«, schloss Roberto den Abend philosophisch. »Auf die Menschen kommt es an.«

Sabatiya: Sonntag

Die morgendliche Fahrt durch Untergaliläa wurde zu einem kaum zu überbietenden Genuss. Ari ließ Mordechai fahren, der irgendwie die schwarze Mossad-Limousine wieder beschafft und Roberto überaus beflissen die beiden kleinen Gepäckstücke fast aus der Hand gerissen hatte, die dieser in den Kofferraum stellen wollte, was Roberto zu der Frage veranlasste, ob alle jungen Institutsagenten so freundlich seien.

»Dies ist seine letzte Fahrt für das Institut«, erklärte Ari, »er hat erkannt, dass die Welt der Geheimdienste nicht seine ist. Mit der Limousine gibt er auch seine ganze Ausrüstung zurück. Er wird in die reguläre Polizei eintreten, dafür habe ich gesorgt.«

»Ach, und warum ist er ausgerechnet mir gegenüber so hilfsbereit?«, Roberto hatte einen vagen Verdacht und bekam ihn bestätigt.

»Er hat an dem von Henry manipulierten Computer gesessen.«

Mordechai hatte die letzten Worte gehört und lief puterrot an, aber Roberto fühlte sich an diesem frühen, friedlichen Junimorgen so überaus wohl, seine Jeans passten wieder – die Schwellung war, wie von Ari vorausgesagt, am Vorabend schon zurückgegangen und keinerlei Schmerzen plagten ihn mehr, was Julia zu der etwas spitzen Bemerkung veranlasste, die Kibbutzärztin habe wohl ein besonderes Heilmittel bei seinem Hexenschuss angewandt, und Roberto wusste, dass sie über kurz oder lang die Wahrheit erfragen würde –, dass er dem jungen Mann nichts nachtrug, sondern im Gegenteil die Bemerkung machte, Mordechai solle sich kein schlechtes Gewissen machen, der eigentlich Schuldige würde schon noch zur Verantwortung gezogen; was den jungen Mann wiederum zu noch größerer Dankbarkeit anstachelte, sodass er ihm sogar die Tür der Limousine aufriss und wie ein gelernter Chauffeur sie auch wieder hinter ihm schloss. Sie nahmen kleine Nebenstraßen bis zum Mount Tabor, von dem nach christlicher Überlieferung die Himmelfahrt Christi stattgefunden hatte, und Julia ärgerte sich schrecklich über eine Gruppe deutscher Betschwestern, die unter Führung eines Pfarrers laut, falsch und störend *Jesu, geh voran, auf der Lebensbahn* intonierten und damit die Stille des Morgens empfindlich störten.

»Andere möchten vielleicht in stiller Andacht hier stehen«, murrte Julia, und Roberto stimmte ihr uneingeschränkt zu, »sollen sie doch nach innen singen!«

Wesentlich stiller ging es auf dem Berg Gilboa zu, zu dem sie sich auf einer kühn gebauten Straße emporschraubten und von dem sie einen grandiosen Blick über die Ebene Yesre'el hatten und nun begriffen, warum Megiddo so strategisch wichtig lag und vierunddreißigmal zerstört worden war.

Bald danach durchfuhren sie eine israelische Straßensperre und befanden sich in Samaria, das sich äußerlich nicht sehr von Untergaliläa unterschied, vielleicht nur ein wenig lieblicher war und ein anderes Bild in den Dörfern zeigte, die sie durchfuhren, ein wenig mehr Orient, ein wenig mehr arabische Kleidung im Straßenbild, aber die Fernsehantennen auf den Dächern, die Straßenbeleuchtung und der Zustand der Landstraßen signalisierten keine fundamentalen Unterschiede.

Wahrscheinlich war genau das das Problem, zwei sich ähnliche, semitische Völker lebten zu nahe zusammen, wie die ähnlichen Völker der Griechen und Türken oder die der Serben, Kroaten und Bosnier oder der Iren und der Engländer, immer nur durch ihre Religion getrennt.

Ari sah auf die Uhr, als sie bei Burqa von der Hauptstraße auf eine kleine Nebenstraße nach Sabatiya abbogen.

»Wir können noch einen kleinen Abstecher auf den Tell Samaria machen?«

Julia und Roberto hätten all seinen Vorschlägen zugestimmt, denn die silberschimmernden Olivenbaumplantagen mit den Wiesen von bunten Sommerblumen darunter, Bienenkörbe und das Rauschen des Windes deuteten darauf hin, dass die Pforten des Paradieses auch hier gelegen haben konnten.

Tel Samariya: Sonntag

Sie durchfuhren den kleinen, staubigen Ort Sabatiya – nach griechischer Lesart bedeutete der Name Alexander und meinte den Großen – und hielten an einem kleinen, mit fliegenden Händlern bevölkerten Platz, die seit Tagen vergeblich auf Touristen gewartet hatten. Aber als sie die Limousine der von ihnen so verhassten israelischen Besatzungsmacht erkannten, beschäftigten sie sich angelegentlich mit sich selbst, und keiner bot sich als Führer auf den kleinen, mit verschiedensten Bäumen bewachsenen Tell an.

Nach einem kurzen, aber steilen Anstieg erreichten sie die

archäologischen Reste des alten Sebastiya, Teile eines Amphittheaters, Mauerfragmente einer Burg und Tempelruinen kündeten von der kulturellen Vielfalt der wechselnden Besitzer dieses strategisch günstig liegenden Hügels. Von hier oben bot sich ihnen ein eindrucksvoller Blick auf die umliegende, blühende Landschaft mit ihren kleinen Dörfern, allerdings in der Ferne auch auf eine stark befestigte Ortschaft mit jüdischen Siedlern, und ganz im Westen meinte Ari, die Skyline von Haifa auszumachen.

Bienen summten, Vögel zwitscherten, und Ari wies sie auf eine kleine Moschee hin, die zwischen einigen Bäumen hindurch zu sehen war.

»Aladin hat die Kreuzfahrerkirche vor annähernd achthundert Jahren in eine Moschee umgewandelt«, erklärte ihnen Ari, als sie im als Fußballfeld genutzten Vorhof standen, »die Kirche soll den Kopf Johannes des Täufers beherbergt haben.«

Die kickenden Jugendlichen hatten sich beobachtend zurückgezogen, zögerlich kam ein alter Mann an und zeigte ihnen eine in ein schmutziges Tuch gewickelte Glasvase mit einem langen, zierlichen Hals.

»Römisch«, flüsterte er und zog sich dann schnell wieder zurück, als ein drohendes Zischen seiner Landsleute seinen mutigen Vorstoß beendete, in diesem fruchtbaren, biblischen Land mit seiner jetzt so hohen Arbeitslosenzahl und wucherndem Fundamentalismus ein paar israelische Pfund zu verdienen.

Mit gemischten Gefühlen machten sie sich auf zu Gabriel El-Atasoy, der nur ein Autoviertelstündchen entfernt wohnte.

Ein durchaus europäisch anmutendes Haus lag inmitten von Olivenhainen, ein schon etwas älteres Schild zeigte in drei Sprachen an, dass hier die Praxis von Dr. Leila El-Atasoy lag, ein noch ganz neues, kürzlich erst angebrachtes, informierte den Betrachter ebenfalls in Arabisch, Englisch und Hebräisch, dass hier jetzt auch Dr. Gabriel El-Atasoy praktizierte.

Ari wollte im Wagen warten, aber die ihnen jetzt die Tür öffnende, in einem kurzärmeligen, weißen Leinenkostüm sehr europäisch anmutende Ärztin ging zum Auto, sagte ein paar Sätze auf Arabisch, worauf Ari ihr ein wenig zögernd folgte.

Sie war eine schöne Frau mit einer Kurzhaarfrisur, etwa fünfzig und einer unbestimmbaren Trauer im Blick, von jetzt an sprachen sie englisch. Sie begrüßte besonders Julia sehr herzlich, was diese etwas befremdlich fand, aber den Grund sollte sie im Laufe dieses Vormittags erfahren.

Sie betraten ein sehr geräumiges Wohnzimmer, das sich in seiner Ausstattung nicht unbedingt von einem italienischen unterschied, wenn man von einer Wasserpfeife absah, die in einer Ecke stand; und der Blick durch die offen stehende Küchentür zeigte eine höchst moderne Einrichtung, sogar ein amerikanischer Kühlschrank, aus dem nach Wunsch Eiswürfel oder zerstoßenes Eis genommen werden konnte, fehlte nicht.

Kalte Getränke wurden angeboten, und nun begann ein Zeremoniell, das doch deutlich machte, dass man sich im Vorderen Orient befand, auch als der Hausherr jetzt erschien, im hellgrauen Anzug, gestreifter Krawatte, gepflegtem Oberlippenbart, und Julia bei seinen Begrüßungsworten eine Gänsehaut über den Rücken lief: *IL Primo*, den sie eindeutig an seiner Stimme erkannte, *IL Primo* vom arabischen Teil des *XX. Gennaio.*

Roberto nickte ihm kurz zu, ohne Anstalten zu machen, ihm die Hand zu geben. Er musste sich unglaublich beherrschen, Zorn stieg wie eine Riesenwelle in ihm hoch; dieser Mann hatte so viele junge Leben willentlich zerstört, und zuletzt sogar das seiner Tochter! Es gab keine Möglichkeit, ihn zur Rechenschaft zu ziehen. Der Mensch in Roberto wollte Vergeltung, doch der Staatsdiener gewann die Oberhand, und die Welle des Zorns verebbte.

»*IL Primo*«, begrüßte Julia den Hausherrn, auch sie hatte ihm nicht die Hand gegeben aber keiner der Anwesenden nahm Notiz, denn so, gleich zum Wesentlichen zu kommen, war hier ein Ding der Unmöglichkeit. Ohne den eigentlichen Grund ihres Besuchs auch nur zu erwähnen, machten sie eine Stunde lang Konversation, erhielten neue Getränke, der Hausherr schälte ihnen eigenhändig einen Apfel und zerteilte ihn, kleine, gefüllte Teigtaschen standen plötzlich auf dem Tisch, und noch einmal wurden Getränke nachgereicht.

Bis sich die Hausherrin mit der Bemerkung entschuldigte, ihre Patienten und die ihres Mannes warteten auf sie, aber man sollte sich nicht stören lassen und sich wie zu Hause fühlen.

Kaum hatte sie den Raum verlassen, änderte sich Gabriel El-Atasoys Haltung grundlegend.

»Ich bin zu lange in Europa gewesen, als dass ich nicht weiß, dass Sie etwas Dringendes mit mir zu besprechen haben. Aber meiner

Frau gegenüber wäre es unmöglich gewesen, europäisch direkt zu sein. Nehmen Sie auf mich keine Rücksicht mehr. Aber bevor ich Sie anhöre, möchte ich mich bei Ihnen, *La Tedesca*, bedanken, ich stehe tief in Ihrer Schuld. Auch im Namen meiner Frau, sie hat Gabrièlla wie ihre eigene Tochter geliebt.«

Julia blickte den Sprecher ziemlich verständnislos an, und auch Roberto sah man an, dass er nicht wusste, worauf der amnestierte, ehemalige Terrorist hinauswollte. In Roberto sträubte sich alles gegen diesen Mann, der an einer Vielzahl von Verbrechen in Italien beteiligt gewesen war und den er nicht zur Rechenschaft ziehen konnte, solange er sich weiterhin in Israel aufhielt.

»Sie haben das getan, was ich hätte tun müssen! Zusammen mit Ihrem Bruder haben Sie die letzten Stunden vor ihrem Tode bei meiner Tochter ausgehalten und ihr Trost gespendet.«

Wobei sie sich dem Problem näherten, dessentwegen sie sich hierher begeben hatten, und Julia wehrte den Dank nicht nur ab, sie habe Gabrièlla einen Freundschaftsdienst erwiesen, selbstverständlich, obgleich sie immer weniger verstünde – und nun wurde Julia sehr direkt –, warum Dr. El-Atasoy den Tod seiner Tochter nicht verhindert habe.

»Ich habe mich an die Regeln des *XX. Genaio* gebunden gefühlt, und meine Tochter hatte uns verraten. Dachte ich damals. – Mich hat dieser Krieg mit Israel drei Kinder gekostet«, und nun wandte er sich direkt an Ari, »ich möchte mich bei dir entschuldigen, dass meine Tochter deinen Sohn auf dem Gewissen hat, ich glaube nicht mehr an die Auge-um-Auge-Zahn-und-Zahn-Theorie des Alten Testaments! Ich habe mich nicht amnestieren lassen, weil ich alt und müde bin und in meine Heimat wollte, sondern weil dieser bewaffnete Kampf sinnlos war, sinnlos ist und immer sinnlos sein wird.«

Stille breitete sich im Zimmer aus, Julia und Roberto fühlten, dass sie hier Zeugen eines historischen Kompromisses wurden, eines Austauschs von Gefühlen zwischen zwei alten, weise gewordenen Männern, die den Irrtum ihres Lebens einsahen.

»Du musst dich nicht entschuldigen, Gabriel. Nicht deine Tochter hat ihn verraten und seinen Tod herbeigeführt. Dank der Arbeit dieses unbestechlichen Polizisten der italienischen Polizei mit zugegebenermaßen etwas unorthodoxem Sichern von Beweismitteln weiß ich mit Bestimmtheit, dass kein arabischer Terrorist mithilfe deiner Tochter David erschossen hat, es war mein eigener Neffe.«

»Luzifer?«

»Du wusstest?«

Der Palästinenser nickte. Die beiden Männer waren sich dieses historischen Moments wohl bewusst, hatten Roberto und Julia für einen Augenblick völlig vergessen, standen auf, reichten sich die Hände und umarmten sich dann und tauschten einen Bruderkuss.

Als sie sich nun wieder der anderen beiden erinnerten, Roberto hatte sorgenvoll auf seine Uhr geblickt, ihre Zeit war begrenzt und der Grund ihres Hierseins noch nicht erörtert, kam Ari zum Problem des Retortenbabys, das Daniels und Gabriėllas Wunsch war.

Der Palästinenser unterschrieb das vorgelegte Blatt bedenkenlos, meinte nur, es sei vielleicht schwer, eine Leihmutter zu finden, aber Ari beruhigte ihn, er habe sogar zwei; Sarah und Yochana'ans Witwe seien beide bereit.

»Ich habe in diesem Krieg zwischen unseren Kulturen drei Kinder verloren«, sagte er zum Schluss, »wenn Yochana'an auch nur ein Stiefsohn war. Aber jetzt will ich das Testament der Kinder erfüllen, paradox eigentlich, denn sie sollten die Zukunft sein.«

»Willst du mich beteiligen?«, der Palästinenser blickte den Israeli bittend an.

Und alle standen ebenfalls auf und hoben ihre Gläser: »*Le Chajim*, auf das Leben!«

»Habt ihr Luzifer schon?«, erkundigte Gabriel El-Atasoy sich, und als er in Aris Gesicht sah: »Also nein. Er ist schlau. Wenn ihr ihn lahmlegen wollt, lasst sein Konto in der Schweiz einfrieren. Ich gebe euch seine Kontonummern. Er hat uns viel Schaden zugefügt.«

Er zog ein vorbereitetes Blatt Papier aus der Brusttasche, Ari warf einen Blick darauf und ging nach draußen zum Telefonieren, während Gabriel El-Atasoy das Vermächtnis seiner Tochter las und die Träne, die über seine Wange lief, nicht fortwischte. Kurz darauf erschien Ari wieder mit einem zufriedenen Lächeln.

»Er hatte noch nichts von seinen Konten abgeräumt. Sie sind vorerst gesperrt, und unser Kontaktmann in der Schweiz ist schon auf dem Weg zur Bank.«

Bei der Verabschiedung konnte Roberto nicht umhin, den Arzt

nach einigen Details zu fragen. Während die anderen schon zum Auto gingen, hielt er den Palästinenser am Arm zurück.

»Könnten Sie Colleoni für mich identifizieren?«

»Tut mir leid, *commissario*, ich bin kein Verräter. Auch ich habe meine Ehre. Außer Informationen über den Mörder meiner Tochter verrate ich keinen.«

Roberto hatte es gewusst, gab aber trotzdem noch nicht auf.

»Können Sie mir wenigstens bestätigen, dass der *XX. Gennaio* nicht zum *Al Qaida*-Netzwerk gehört?«

»Keine Chance«, El-Atasoy lächelte hintergründig, »aber überlegen Sie einmal selber! Ich bin ein christlicher Palästinenser!«

Roberto fühlte sich in seiner ganzen Haltung bestätigt, diesen Gedanken hatte er seinerzeit schon gegenüber Bon Luca bei dieser missglückten Geburtstagseinladung seines Vetters geäußert.

Obwohl der Mann vor ihm dem Terrorrismus abgeschworen hatte, fiel es dem Italiener schwert, ihm die Hand zum Abschied zu reichen. *IL Primo* hatte zu viel Unheil unter unschuldigen Studenten angerichtet, und es widerstrebte dem Polizisten und auch dem Menschen in ihm immer mehr, ihn für diese Untaten nicht zur Rechenschaft ziehen zu können.

Am Flughafen hielt Ari Julia zum Abschied lange im Arm, und ebenso lange hielt er Robertos Hand in der seinen.

»Shalom, meine Freunde«, sagte er und tat, als sei ihm ein kleines Insekt ins Auge geflogen, »man trifft sich irgendwann, irgendwo.«

Sie kamen noch während der Mittagspause, vermummt bis auf die Sehschlitze, sie drangen von drei Seiten in das Haus ein, das inmitten der Olivenhaine lag. Zertraten die wilden Gladiolen und die gelben Butterblumen, und sie fesselten und knebelten die Ärztin fast ein wenig ehrfurchtsvoll.

»Du brauchst keine Angst zu haben«, wisperte einer in ihr Ohr, »du hast während all der vielen Jahre zu uns gestanden, hast unsere Brüder kostenlos behandelt, auch wenn sie Schussverletzungen hatten, und du hast uns niemals verraten.«

»Bei deinem Mann ist es anders«, flüsterte ein Zweiter, »wenn ein Auto des Instituts so lange vor einer Tür steht, und wenn dann keiner verhaftet wird, waren sie bei einem Kollaborateur.«

Der Erzengel Gabriel hatte mit einem Speer das Paradies bewacht. Gabriel El-Atasoy hatte keinen und für ihn knüpften sie eine Schlinge.

Sie hängten ihn dort an einen der uralten Olivenbäume, wo keine zwei Jahre später eine acht Meter hohe Mauer die Trennung im Herzen der Menschen sichtbar machen sollte, und Gott, Jahwe und Allah ließen es geschehen.

Isolationsgefängnis, irgendwo in Italien: Mittwoch

Bald würden sie ihn zu einem erneuten Verhör holen, das hatte er im Gespür, und die Panik, die ihn hier in dem völlig lichtlosen Verlies wieder angesprungen war, würde seinen Schweigewillen diesmal brechen, er besaß kein Quäntchen Kraft mehr, um sich aufzulehnen.

In genau diesem Augenblick knirschte der Schlüssel im Schloss, und gleichzeitig flammte das gleißende Deckenlicht auf. Geblendet schloss er die Augen, und trotzdem flammten rote Blitze hinter seinen Augenlidern.

Gut also, er würde jetzt ihre Fragen beantworten und sagen, was sie hören wollten, dass er sich den Befehlen widersetzt und die Eliminierung seines Vetters nicht nur nicht geduldet, sondern aktiv verhindert hatte!

Ein Justizvollzugsbeamter forderte ihn in höflichem Ton auf, mitzukommen. Sie hatten es also gemerkt, sein Widerstand war gebrochen, und der Wärter blaffte nicht mehr sein *Mitkommen*!

Vielleicht nahmen sie ihm endlich die Handschellen und Fußfesseln ab, er hatte sich nicht einmal den Hintern abwischen können und stank erbärmlich.

Genau das tat der Wärter und befahl ihm zu folgen. Völlig unüblich, dachte Bartolomeo, sonst muss man doch immer vor ihnen hergehen. Vorgestern noch hätte er den Wärter von hinten angesprungen, um zu fliehen, aber achtundvierzig Stunden in völliger Dunkelhaft hatten seinen Willen gebrochen.

Zwei Treppen tiefer öffnete der Wärter eine Tür und gab ihm dreißig Minuten. Wofür? Die Tür schloss sich hinter ihm, aber kein Schlüssel drehte sich um.

Er befand sich in einem Badzimmer, seine Uniform lag gebügelt zusammen mit Hemd und Unterwäsche auf einer Ablage neben der Duschkabine. Er stank wie ein Puma, riss sich das entwürdigende, hinten offene Nachthemd vom Leib und drehte die Dusche auf, schrubbte sich von Kopf bis Fuß, hüllte sich in heiße Wasserdampfschwaden und Duschöl, wusch zweimal seine Haare mit einem ebenfalls vorhandenen duftenden Shampoo und ließ das heiße Wasser über sich hinströmen.

Er trocknete sich ab und zog seine Uniform über. Sogar seine Schuhe hatten sie geputzt! Aber auch wenn er nun nach einer sorgfältigen Rasur äußerlich wieder in Form war, würden sie von ihm zu hören bekommen, was sie wollten. Die Angst, wieder in diesem dreckigen Loch ohne Licht und in völliger Isolation zu verschwinden, wich nicht, ebensowenig wie die, dass sie erneut versuchen könnten, seine Frau und seine Töchter zu bedrohen.

Die Tür wurde wieder geöffnet, und der Wärter beschrieb ihm das Büro am Ende des Ganges, wo er erwartet würde, und verschwand.

Er gab sich einen Ruck, drückte seine Wirbelsäule durch und ging entschlossen ans Ende des Ganges. Sein rechter Arm begann wieder zu schmerzen, aber er ignorierte es.

Seine linke Hand verhielt etwas über der Klinke, aber dann gab er sich einen Ruck und öffnete die Tür.

Das Büro hätte in jedem Verwaltungsgebäude der Republik liegen können, keine Anzeichen von Gefängnis. Zu seiner Überraschung stand General Bonluca bei seinem Eintritt auf und kam mit ausgebreiteten Armen auf ihn zu, ebenfalls in Uniform und strahlend.

Nach einer ausgiebigen, wenn auch einseitigen Umarmung hielt Bonluca ihn etwas von sich ab, schaute ihn lange und wohlwollend an und bat ihn, sich zu setzen.

Bartolomeo Coglione hatte bisher keinen Ton gesagt und Bonlucas Freudenkundgebungen wortlos über sich ergehen lassen.

»Gut hast du das gemacht, mein Junge«, sagte er jovial, als er sich hinter dem leeren Schreibtisch niedergelassen hatte, »ich konnte den Betrieb nach den letzten Berichten überzeugen, dass du ganze Arbeit geleistet hast in Zypern.«

»Ich verstehe nicht ganz«, in Bartolomeo gewann der Verstand langsam wieder Oberhand über die Panik, »ich habe Ihren Befehl verweigert, meinen Vetter sterben zu lassen! Erst lassen Sie mich in Beugehaft bringen, damit ich das zugebe, und jetzt bin ich wieder Ihr guter Junge. Das verstehe ich nicht ganz.«

»Da hast du meinen Befehl aber völlig missverstanden! Wenn du nicht so perfekt mit dem Institut zusammengearbeitet und so das Leben deines Vetters, dieses unbeugsamen Polizisten, gerettet hättest, wäre die Eliminierung jenes terroristischen Elements El-Atasoy nicht gelungen.«

Bartolomeo schwieg, was sollte er auch darauf antworten, die vor vier Tagen ihm vorgeworfene Disziplinlosigkeit sollte nun als Heldentat gefeiert werden?

Bonluca sah die Skepsis im Gesicht seines ehemals besten Mannes und beeilte sich mit seiner Erklärung.

»Ich habe dich nur auf Befehl von oben in Beugehaft nehmen lassen, und man hatte mir zweiundsiebzig Stunden Zeit gegeben, Beweise für die Richtigkeit deiner Handlungen beizubringen. Und das ist mir gelungen«, setzte er selbstgefällig hinzu.

»Mich interessiert vielmehr, wie es meiner Frau geht. Oder was habt ihr mit ihr gemacht?«

»Ihr geht es prächtig, sie wartet im Krankenhaus auf dich!« Und als Bartolomeo aufspringen wollte, befahl er ihm mit einer unmissverständlichen Handbewegung, sich wieder zu setzen.

»Einen Moment noch! Interessiert es dich gar nicht, wie ich dich rehabilitieren konnte? Du hast Ari Hirschfeld den Rücken freigehalten, sodass er mit *dottor* Bassner nach Israel in die besetzten Gebiete zu diesem Terroristen El-Atasoy gelangen konnte. Und die beiden haben saubere Arbeit geleistet.

Nur der große *dottor* Bassner konnte den kleinen El-Atasoy festhalten, sodass Ari ihm die Schlinge um den Hals legen konnte. Dann hat der *dirigente* den Terroristen hochgehoben, während Ari das lose Ende des Seils über einen Ast geworfen und befestigt hat. Dein Vetter hat dann den Terroristen losgelassen und ihn, ja, so seiner gerechten Strafe zugeführt.«

Bartolomeo Coglione verbarg seinen Unglauben. Wenn das hier wahr wäre, würde er, zu Hause angekommen und seine Frau in Sicherheit wissend, diese Uniform ausziehen, in der er sich schmutziger fühlte als eine Stunde zuvor, ungeduscht und mit Kot besudelt und in diesem entwürdigenden Aufzug.

»Dein Anteil ist zwar nicht so offensichlich, aber ohne dich hätten wir auch diesen israelisch-amerikanischen Doppelagenten *Luzifer* nicht identifizieren können.«

»Wie, Henry Salzmann ...«

»... hat die amerikanische Staatsbürgerschaft. Und das wusstest du ganz genau. Wie dem auch sei, zu gegebener Zeit wird man dir einen Orden für deine Verdienste verleihen, und einer Beförderung steht nichts mehr im Wege. Nur über deine beruflichen Perspektiven müssen wir neu nachdenken, Mexiko ist nun nichts mehr für dich.«

Er erhob sich, und Bartolomeo tat es ihm gleich.

»Man hat dich hoffentlich nicht zu sehr bedrängt während der Beugehaft?«

»Bedrängt?«, Bartolomeo platzte fast vor Abscheu und Wut. »Es war entwürdigend!«

»So? Na dann entschuldige ich mich für meine Vorgesetzten. Aber wahrscheinlich haben diese Vollzugskröten hier wieder ihre Kompetenzen überschritten, besonders, wenn durchgesickert ist, dass du einer vom Betrieb bist!«

Bartolomeo würdigte ihn keiner Antwort, diese Infamitäten musste er erst einmal verdauen. Er verabschiedete sich militärisch korrekt.

Auf dem Weg zu Vilma überdachte er das Gehörte. Das würde seinen Beziehungen zu Roberto den Todesstoß versetzen.

Keine Minute glaubte er daran, vorhin nicht und jetzt ebenso wenig, dass Roberto mit dem Tod El-Atasoys auch nur das Geringste zu tun hatte, bei Ari war er sich da nicht so sicher, aber nun würden Betrieb, Institut und die Firma, natürlich unter der Hand, verbreiten (hatten es wahrscheinlich schon, denn sie hatten die vier Tage seiner Beugehaft sicherlich nicht ungenutzt gelassen), dass der Terroristenjäger Roberto Bassner unter Lebensgefahr über Zypern nach Israel in die besetzten Gebiete gereist war und direkt mit dem Tode El-Atasoys zu tun hatte; und Roberto würde ihn, Bartolomeo Coglione, dafür verantwortlich machen. Sie waren wirklich Meister der *strategia della tensione*.

Aber erst einmal freute er sich nun auf Vilma, und ihm war nicht bange darum, ihr die Scheidung auszureden. Die Zeiten hatten sich kolossal geändert.

… alias Bartolomeo Colleoni

(Epilog)

Angela verspätete sich, und er lief wie ein gefangenes Tier in seinem Arbeitszimmer auf und ab. Wie lange konnte er Angela noch an der Nase herumführen, bevor sie es bemerkte.

Er war bankrott! Noch wusste es keiner außer ihm; und das konnte noch gut so ein paar Wochen bleiben. Dieser verdammte marchese *hatte ihn ruiniert. Zuerst hatte er ihm nacheinander die fähigsten Mitarbeiter verhaftet. Die schwiegen zwar noch, aber für immer? Solange er die Angehörigen der Verhafteten mit genügend Geld versorgte, drohte keine Gefahr, aber er musste schon hohe Beträge von seinem Privatkonto nehmen, und das ging nicht unbegrenzt so weiter.*

Dann hatte der marchese *auf Befehl des Präfekten das Hauptquartier des sogenannten* XX. Gennaio *in Treviso ausgehoben und wieder wertvolle Mitarbeiter verhaften lassen; eigentlich hatte es sich um das Drogenvorratslager des Colleonisyndikats gehandelt, wenigstens das war diesem verdammten* marchese *verborgen geblieben. Aber der Drogenvorrat war weg, und er stand vor der fast unlösbaren Aufgabe, für den Nachschub zu sorgen.*

Der über neunzigjährige Vater des Präfekten hatte sich aus den Zeiten der resistenza *an das damalige Hauptquartier in einem Kellerlabyrinth in Treviso erinnert, und der* marchese *hatte es tatsächlich gefunden.*

Der Präfekt würde das büßen, irgendetwas Perfides würde ihm einfallen; genau wie für den marchese. *Alle Anschläge auf den waren vereitelt worden, er verfügte offenbar über eine ganze Armada von Schutzengeln.*

Colleoni schritt nervös in seinem Arbeitszimmer auf und ab. Konnte der marchese *seine wahre Identität aufdecken? Er glaubte es nicht, aber was half einem schon der Glaube!*

Sie waren nur noch eine Führungsgruppe zu viert, er selbst als IL Primo; dann gab es da IL Secondo, den Sprengstoffspezialisten. Auf IL Terzo, den Vollstrecker, auch Luzifer genannt, musste er für die nächsten Wochen verzichten. Seine Identität galt als entdeckt; und so, wie sie IL Quarto ein neues Gesicht verpasst hatten, sollte auch Luzifer zu dem ihm, Colleoni, verpflichteten Gesichtschirurgen nach Rovigo geschickt werden.

Nun, mit IL Quinto, besaßen sie einen neuen Mitarbeiter direkt aus dem Drogendezernat in Padova. Seine Rekrutierung war perfekt gelaufen, und zwar ohne großen finanziellen Aufwand. Diese Schiene war ausbaufähig, der Mann war erpressbar.

Angela erschien, durchgestylt wie gewohnt, ohne Erklärung für ihre Verspätung, und sie begrüßten sich.

»Champagner wie gewohnt?«, erkundigte er sich.

»Natürlich.«

Sie wirkte wie immer, hatte also noch keinen Verdacht geschöpft, setzte sich in einen Sessel und schlug dekorativ die Beine übereinander.

»Ich warte auf die Einlösung deines Hochzeitsgeschenks«, sie kam direkt zum Punkt.

»Der marchese? Ich sehe an deinem Gesicht, dass ich richtig liege«, antwortete er mit Bedacht, »ich habe da ein kleines Problem. Luzifer braucht ein neues Gesicht, du müsstest dich etwas gedulden.«

»Ich habe da eine andere Idee«, sie lächelte bösartig, »wir treiben den marchese in den Selbstmord.«

»Lässt du mich an deinen Gedanken teilhaben?«

»Alle Anschläge auf ihn sind fehlgeschlagen. Er hat einen Vertrag mit dem Erzengel Michael, mein Erzengel Raffael mit seinen sechs Flügeln ist ihm nicht gewachsen. Wenden wir uns doch seiner Familie zu«, sie bürstete ein nicht vorhandenes Stäubchen von ihren schwarz lackierten Fingernägeln.

»Du bist echt raffiniert«, sagte er übertrieben bewundernd, »hast du einen Plan?«

»Eine Idee, die dir deinen XX. Gennaio zurückbringt. Hör zu, der marchese muss gezwungen werden, ihn anzuerkennen.«

»Wie sollen wir das wohl schaffen?«

»Meine Idee ist, dass der XX. Gennaio seine Frau kidnappt und diese Anerkennungsforderung an den marchese stellt. Und wenn das nicht reicht, hat er auch noch zwei Töchter.«

»Genial. Aber dazu brauche ich Luzifer, also ein paar Wochen Geduld?«, bat er.

»Die werden wir brauchen, um unsere Strategie genauestens abzustimmen«, Angela erhob sich bei ihren letzten Worten und tiefe Befriedigung breitet sich auf ihrem Gesicht aus, »die Gefährdung und vielleicht sogar den Tod seiner Familie verkraftet er nicht. Er ist ein erpressbares Weichei geworden.«

Literaturangaben

Die Texte zum historischen condottiero *Bartolomeo Colleoni haben biografischen Charakter und sind durchgehend kursiv gesetzt. Authentisch sind auch die historischen Villenbeschreibungen.*

Viel Wissen verdanke ich folgenden Autoren:

Block, Willibald: *Die Condottieri (Studien über die sogenannten unblutigen Schlachten)*. Berlin 1913

Browning, Oscar: *The Life of Bartolomeo Colleoni of Anjou and Burgundy*. Arundel Society 1891

Burckhardt, Jacob: *Die Kultur der Renaissance in Italien*. Rev. Ausg. Stuttgart 1958

D'Annunzio, Gabriele: *Elettra*. Rom 1939

Erben, Dietrich: *Bartolomeo Colleoni. Die künstlerische Repräsentation eines Condottiere im Quattrocento*. Sigmaringen 1996

Hrg. Civica Biblioteca Bergamo: *La figura e l'opera die Bartolomeo Colleoni*. Bergamo 2000

Köster, Baldur: *Palladio in Amerika*. München 1990

Machiavelli, Niccolò: *Der Fürst*. Frankfurt 2001

Mussolini, Benito: *Doktrin des Faschismus*. Zürich 1934

Operti, Piero: *Bartolomeo Colleoni*. Torino 1935

Palladio, Andrea: *Die vier Bücher zur Architektur*. Zürich und München 1983

Semerau, Alfred: *Die Condottieri*. Jena 1909

Trease, Geoffrey: *Die Condottieri. Söldnerführer, Glücksritter und Fürsten der Renaissance*. München 1974

Wittkower, Rudolf: *Palladio and English Palladianism*. New York 1983

Personen, Orte und Dienstgrade der Romanhandlung sind frei erfunden, Übereinstimmungen mit der Wirklichkeit wären rein zufällig. Die Geschichte hätte auch in jeder anderen norditalienischen Stadt angesiedelt sein können, soweit sie über eine Universität verfügt.

Dem Internet verdanke ich viele interessante Einsichten über faschistische Gruppierungen wie Ustica, Gladio *und* Genua, *auch wenn ich dem Rat meiner Söhne gefolgt bin, bestimmte Seiten nicht allzu oft aufzurufen, da ich sonst den Verfassungsschutz im Hause hätte!*

Posthum danke ich meiner Mutter, dass sie mich zur Veröffentlichung gedrängt hat. Sie konnte diesen ersten Teil von Bartolomeo Colleoni *noch kurz vor ihrem Tod in der Rohfassung lesen und hat mich bestärkt, weiter zu fabulieren.*

Wiebke Lübbers